초심자를 위한

분재기르기 강좌교실

감수 **최병철** 박사 / 편저 **조연조**

한국사진문화원

초심자를 위한

분재기르기 강좌교실

2014년 9월 20일 1쇄 발행
2015년 7월 20일 2쇄 발행
2020년 1월 20일 3쇄 발행
2024년 4월 27일 4쇄 발행

가격 32,000 원

고문	이일로
감수	최병철
편집 겸 발행	조연조
대표사진작가	김운기 이일로, 조연조
편집디자인	김영희, 조려진
등록번호	제 5-491호
등록일	1984년 11월 20일
주 소	서울 종로구 숭인동 1375번지
전 화	02-2266-4848, 2277-8787
이메일	yyj4848a@nate.com
인쇄	씨엔제이프린팅
전화	031~944~5641 Fax. 031~945~5640

판권소유

※ 잘못된 책은 바꾸어 드립니다.
※ 편저자의 허락없이 무단복제 불허

감수자 최병철 박사

건국대학교 산림자원학 박사
전 신구대학 식물응용과 교수역임
전 건국대학교 농축대학원 분재학전공 교수
사단법인 한국분재조합 전 부회장
전 경원대학교 조경학과, 동아문화센타 강사
효림분재식물 전 연구원장

글 / 도움

김재인/한국분재박물관 대표
문형열/해제분재 대표
서삼룡/신세계분재원 대표
김종우/설뫼원
이춘희/분재인생 저자
정한원/고려분재원 대표
조준환/소목분재농원 대표
최동원/효림분재 대표

참고문헌

분재기르기 강좌 1, 2권
박우정 저 분재이야기
원예분재총람/한국의 분재
현대분재총서 전5권
현대의 분재와 화훼/
한국의 화훼원예식물

Contants

발간사
분재란 무엇인가?
이것이 분재이고 살아있는 예술이다
분재 감상의 포인트
물주기
토양土壤
식물을 자라게 하는데 필요한 식물
비료 주기
병·해충 진단과 대책
깻묵 비료 만드는법 & 주는법
분재 기르기 기초의 실제
뿌리의 처리
잎의 처리
싹의처리
가지의 처리
철사 감기
개화와 결실
뿌리 삽목으로 소품분재 만들기
뿌리올
분재의 4계절 관리법
갈아심기 이론과 실제
분에 용토 넣기와 나무의 배치
분갈이의 실제
삽수와 꽂는법
치자나무 삽목의 실제
잡목류雜木類의 삽목법挿木法
감나무 접목의 실제
가정용으로 소수를 접 붙인 경우
이끼를 입히는 방법
잡목류의 삽목법
감나무 접목의 실제
소나무 접목의 실제

취목이란?
송백류의 취목取木
 소나무赤松취목取木의 실제
 취목取木〈높이떼기〉-소사나무 실제
잡목류雜木類의 분주법分株法
뿌리이음根連의 기법
모아심기 분재의
기본수형基本樹形 만들기
돌붙임石付 분재의 기법 강좌
돌붙임분재石附 이론과 실제
개성을 살린 수형의 패턴
나무와 분의 조화를 고려
나무와 분의 배합의 좋은 예
분재 기르기 강좌
꽃식물
열매식물
좋은 분재를 구별하는 포인트는 이것이다.
관엽식물
송백분재
관엽식물
흔히 잘못 생기는 이론과 실제
분재관리의 29가지 핵심 포인트
미니분재 기르기로 생활의 활력을!
자유로운 분 고르기로 개성적인 작품 만들기
나무와 야생초를 이용하여 자연을 연출
야생초野生草분재 기르기와 감상鑑賞
초목草木분재 기르기와 심는 법
야생초류의 분재심기의 실제
나무 분재 심기의 실제
나무그늘 밑에서 시원한 바람을~
이끼공 분재 심기 분재심기의 실제
분재를 잘 기르기 위한분재심기의 실제

꽃·열매·단풍은 즐거움이 많은 분재
존재감이 있는 분에, 봄의 경치가 머문다
포트의 실생묘나, 삽목묘의 분에 옮겨 심기의 실제
야생초와 가을 열매의 평온한 경연!
소나무 싹 따주기
가지 분재 기르기의 실제
가지 분재의 철사감기의 실제
대나무와 참죽나무
곰솔黑松 배양관리
곰솔 전정방법
매화梅化
매화나무 개작의 실제實際
상부절단으로 줄기 기울이기의 맞춤 가지에 의한,
반 현애 구상
매화나무 가지치기
단풍나무 배양관리
단풍, 청현 별명, 청풍
단풍나무 기르기
단풍나무 잎자르기와 전정
단풍, 당단풍
나긋 나긋한 나무가지 분재 만들기 강좌
모아심기
소품분재
용어해설

발간사

초심자를 위한
분재 기르기의 강좌 교실 발간에 부쳐

생배를 주리던 시절에도, 우리네 부모님들은 집안 주변의 이곳저곳의 빈 땅에 채소와 그리고 유실수들을 심어 가꾸고 기르는 것을, 어린 시절을 시골에서 자란 사람들은 보았고 또한 기억할 것이다. 유실수 중에서도 고염나무를 심어 그것에 접接을 붙여 봄이면 하얀 감꽃이 피어 젖빛에서 노랗게 색이 변하고 그곳에서 풋풋한 열매에 햇빛이 영양분을 저장해 주어, 노랗게 익은 감에의 추억을 마음속에 간직하고 있기도 할 것이다.

복잡다기한 현대 사회에 있어서 유년 시절을 시골에서 자란 사람들은 늘 시골집 주변의 자연들의 풍성함을 잊을 수가 없을 것이다. 환경은 비록 옛날처럼은 할 수는 없지만, 인위적으로나마 자연의 일부인 나무를 분에 담아 지극 정성으로 보살피며 기르기를 하면, 그래도 순간순간 잊혀진 고향에의 추억을 되살릴 수 있을 것이다. 이것이 분재 기르기의 정수이고 여가선용餘暇選用에 매우 유익하다 하겠다.

2012년에 초목분재 기르기 강좌를 2권 발간한 바에 따라 금번에 초심자들이 누구나 분재를 쉽게 기르를 하여 취미생활 즉 여가선용에 도움이 되도록 기르기의 기초적인 내용들을 엄선하여 초목분재를 게재 했다. 그리고 재판을 할적에 새로운 내용들을 엄선 수록했다. 나 자신이 분재 기르기에 많은 잘못을 범하였던 그 아픈 경험들을 거울삼아 보다 광범위하고 현실적인 기법들을 수록했하는 것에 최선을 다 했다고 자부한다. 사진촬영과 원고집필에 적극적으로 도와주신 고 문형렬님과 설매원 김종우작가님께 진심으로 감사를 드린다. 아울러 초심자들의 분재 기르기에, 본서가 많은 도움이 되리라 확신하며 발간사를 갈음하는 바이다.

2024년 4 27

발행인 조 연 조

분재기르기 강좌교실

　현대사회는 여러가지로 복잡해 정신적으로 피폐해진 상황에서 작금에 있어서 몸과 마음을 살찌우기에 분재기르기가 그 대안의 일부가 되고 있다.
　일반적으로 분재盆栽하면, 값이 만만치 않고 기르기가 어렵다고들 한다. 하지만, 알고 보면 꼭 그런 것만은 아니다. 분재원에 가면 소품小品 분재는 값이 몇 만원부터 시작해 천차만별이다. 초심자들은 자기의 여건에 맞게 소품 분재부터 시작하여 단계적으로 기르기 하는 것이 정도이다. 그리고 기르는 기초부터 상세히 설명한 본서가 많은 도움이 될 것이다. 그리고 보다 자세한 것은 분재 상담원에 가서 의문점들을 자문을 받아서 기르기 하면 된다. 전원주택, 옥상과 기타 생활공간들을, 그리고 많은 사람들이 오고 가는 영업장 입구에 예술성 짙은 분재수를 놓아두면, 오는 사람 가는 사람들에게 정서적으로 매우 좋은 것은 자명하다. 그리고 소재 또한 우리 생활 주변에 눈을 돌리면 커라 있다. 문제는 취미생활 즉 많은 사람들의 여가선용에 매우 바람직스러운 것은 자명한 일이다. 본서의 분재 기르기의 이론과 실제를 공부해 그것을 바탕으로 전문 분재원의 대크들에게 상담 받는 것이 분재 기르기의 중요한 포인트라 하겠다.

초심자를 위한 | 분재기르기 강좌교실

이것이 분재이고,
살아 있는 예술이다.

　채움에 필요한 공간과 틈 사이에서 우리 인간은 시시각각 숨쉬고 휴식을 취할 수 있는 공간이 필요하다. 초하初夏의 계절이 성큼 식물원에 자연의 섭리를 앞고 싱그러움을 배품에 있어 오고 가는 사람들이 그 공간의 사이에서 휴쉼을 즐기며 생각한다. 그리고 마음의 평화를 얻는다. 이것이 자연이 인간에게 준 크나큰 은혜가 아니고 무엇이겠는가?

　가족 나들이 나온 아기들은 엄마와 즐거운 대화를 하며 삶의 여유를 즐기는데 아이들의 아버지는 자녀들의 사진 쯕기에 바쁘다. 가파른 길을 가던 아가씨 둘은 그것을 구경 하다가, 한 사람은 가던길을 가는데, 한 사람은 분재수여 정신이 팔려 일행과 순간 이별을 한다.

　예술이란 무엇인가? 어떤 재료나 기교, 양식 따위에 의한 미美의 창작 및 표현을 보고 아름다움을 느낄 수 있는 것이다. 그렇다면 가던길을 멈추고 구경 하는 것은? 또한 셧터를 눌러 대는 것은? 모두다 아름다움에 취한 결과이다. 이것이 분재가 갖는 의미이고, "예술이다"라고하면 어떨런지…….

　많은 사람들이 분재란 무엇인가란 질문들을 한다. 도식적으로 자연의 일부를 분에담아 기르는 것 또는 여러가지로 대답을 할 것이다. 위에서 말한 가던 길을 멈추고 보는 것이 분재 예술이라고 하였다. 그렇다면 분재기르기의 기법은 무엇인가의 질문이 있을 것이다.

　분재수에 따라 토양과 비료 그리고 물주기 등으로 대답할 것이다. 이것은 어디까지나, 바둑의 정석, 골프의 스윙, 서도의 필법, 댄스의 기본스텝 등이 있듯이, 분재기르기도 마찬가지이다. 기본을 알고 전문가에게 자문을 받아야 한다. 이유는 바둑의 정석이 많은 변화가 있듯이 분재기르기도 마찬가지 이다.

　많은 시간을 들여 연구하고 노력해 터득한 노하우를 초보자들은 하루아침에 배우려 든다면 정도가 아닐 뿐아니라 배울수도 없다. 전국에 많은 분재원의 전문 상담사들에게 가르침을 받다 소품 분재부터 시작해 생애生涯의 걸작품을 만들어 후대에 남기는 즐거움을 갖는 것도 보람된 일일 것이다. 그리고 여가선용에도 많은 도움이 되어 삶이 보다 윤택해질 것이고 하루 하루가 즐거울 것이다. 이것이 분재가 갖는 의미이고 창작의 묘미이다.

분재란 무엇인가?

글 : 최병철 박사

분재라는 용어가 언제부터 사용 되었는지는 정학히 알 수 없지만, 현재 사용하고 있는 분재(盆:동이분, 栽:심을재)는 일본식 한자이며 중국에서는 분경(盆景)이라고 하였고, 우리나라에서는 반경(盤景, 盤景)이라고 사용한 기록이 있다. 영어사전에는 일본식 용어 Bonsai로 기록되어 있고 일부 전문용어로는 Miniature tree로 사용되고 있다. 아무튼 분재란 인간이 그릇이나 기타 용기를 이용하여 식물을 심어 가꾸는것을 의미하지만, 근래에 들어 화분식물이 다양화되면서 일반 화분식물과 차별화 한다면 다음과 같다.

1. 일반화분 식물은 열대지역의 식물로서 연중 항상 파란 잎이 있으면서 꽃이나 열매가 화려하고 지속적인 생장生長을 하는 반면 분재수盆栽樹는 주로 온대지역의 식물로서 생장기와 휴면기休眠期가 있어 사계절의 변화를 보며 관상할 수 있으며 특히 휴면기 상록수의 단정한 모습과 낙엽수의 섬세한 가지와 다양한 변화를 감상하며 즐길 수 있는 장점이 있다.

2. 일반화분 식물은 현재의 아름다움을 보고 가꾸지만, 분재는 인간이 자연에서 오랜 세월을 살아오면서 이루어지는 나무의 고태미古態美를 연출하여 자연스럽고 다양한 모습으로 가꾸면서 작은 나무로부터 거대한 자연 또는, 어린 나무에서는 느낄 수 없는 노거수의 모습을 분재수를 통하여 연상할 수 있다.

3. 일반 화분 식물은 짧은 기간에 가장 아름다운 모습을 보기위한 관리를 하지만, 분재는 숙달된 기술을 통하여 작은 나무로부터 노거수의 모습을 인위적으로 만들기를 하여 균형미 있게 가꾸어 나무와 분 그리고 분대가 함께 조화를 이루는 조형미 예술이라고 할 수 있으며 또한 미래 지향적인 살아 있는 미완성 작품이라고 할 수 있다.

4. 일반화분은 대부분 열대성 식물이므로 실내 공간의 장식이나 구조물과의 조화를 이루도록 가꾸지만, 분재는 정성을 다하여 가꾸면서 자연에 대한 존엄성과 나무의 삶을 통하여 인간들로 하여금 교훈과 지혜를 얻게 하여 보다나은 인성을 기르고 수양하는데 그 목적이 있다.

위에서 열거한 바와 같이 분재는 나무 본래의 성장을 인위적으로 억제하고 축소시키면서 자라지 못하게 하는 것이 아니고 바위틈이나 열악한 환경에서도 수백 년을 적응하며 왜소하게 자란 모습의 아름다움을 재연하기 위하여 적절한 관리를 통하여 기술적으로 가꾸면서 건강하지 않으면, 분재로서의 참 모습을 느낄 수 가 없다. 분재를 한마디로 정의를 내린다면 온대지방의 자연에서 생존하는 고령목의 여러가지 모습을 작은 용기에 심어서 재현, 계절의 변화에 따른 아름다운 모습과 세월의 흐름에 따라 차원높은 여러가지 고태미를 감상하면서 나무의 삶을 통하여 자연을 이해하고 보다나은 인성을 함양 하는데 그 목적과 참 뜻이 있다.

분재의 유래

사료들의 역사적 배경, 이용된 수종들이 지역적으로나 생태적으로 볼 때, 온대성 기후대인 동양의 문화권에 속하는, 오랜 역사를 이어져 왔으므로 분재문화 역시 전해지는 사료만으로 그 유래를 정리하는 것이 바람직 할 것이라고 본다.

우리인류가 유목생활로부터 농경사회로 정착하여 집단적인 주거생활을 시작하기 이전에 자연에는 이미 분재와 같은 수목들이 존재하고 있었으며 식물을 가꾸는 행위는 생활속에서 자연스럽게 이루어 졌을거라고 추정할 수 있기 때문이다.

예를 든다면 버려진 생활 용기에 떨어진 씨앗이 싹이 트고 자랄 수 있으며, 돌이나 고사목 위에 붙어 자라는 식물을 보고 뜰에 옮겨 물을 주고 가꿀 수도 있었을 것이다. 특히 부족사회나 왕조시대에 귀족들의 정원이나 궁궐의 조경문화 유적으로 미루어 볼 때 분재와의 연관성이 매우높다고 사료된다.

결국 분재의 특성상 실물이 보전 된다는 것은 불가능 하므로 후세에 전해질 수 있는 것으로는 화분이나 기타 용기 그리고 그림이나 벽화, 시, 서화, 자수 등에 나타나는 것으로 그 유래를 반추할 수 밖에 없다고 본다.

인류가 식물을 화분과 유사한 용기를 이용하여 식물을 기르기 시작한 역사는 자세히는 알 수 없으나 약 400년 전 경에 이집트의 그림에서 돌을 깎아서 만든 화분에 식물이 심어져 있는 것이 전해지고 있어, 인류의 주거생활과 관련하여 주변의 좋아하는 식물들을 화분에 기르기 한 유래를 찾아 볼 수 있다.

식물을 용기에 심어 기르는 것은 목적에 따라 식용, 약용 또는 관상, 장식, 향기 등 다양하게 활용할 수 있으므로 일반적인 화분식물로서의 유래로 짐작할 수 있으나 현실적인 의미의 분재와는 성격이 다른 포괄적인 의미로 보아야 할 것이다.

분재를 어원상으로 해석하여 분에서 기르는 식물의 전부를 의미 한다면 동서양을 막론하고 폭넓게 유래를 찾아야겠지만, 일반적인 화분식물은 식물체의 직접적인 형태에서 요구하는 목적에 따라 가꾸는 경우라면, 분재는 자연에서 이루어 질 수 있는 노태老態의 자연미를 바탕으로 하여 조형 및 조경을 한 형태로 축소 해석 하여 유래를 찾아야 할 것이다.

따라서 인위적으로 분에 심어 자연을 연상한다는 것은 상당한 기술적인 솜씨를 가미하게 되고 오랜 세월동안 지속되는 사이에 분재수의 수형이 변모되어 왔을 것으로 생각 되지만, 그 유래를 명확히 규명하기란, 애매 모호 하여 어려운 점이 있다.

자연 상태에서 오랜 세월 동안 생존하고 있는 노거수나 특수한 조건에서 자연물과 조화를 이루면서 살아가는 노령목들의 아름다운 자태는 실로 인간의 능력으로는 기를 수 없는 것으로 신비로움을 보고 감동하는 것은 예나 지금이나 다를 바 없을 것이다.

전한前漢, BC200년 서경잡기西京雜記에 장안長安에서의 종수가성행하였음이 기술되고, 상림원上林苑에는 화목이 많이 심어져 있었으며, 이때부터 귀족貴族, 권신權臣, 부상富商들이 원림을 소유하면서 풍류를 즐기며 자연에 대한 시와 노래, 서화 등이 성행하였다는 사료들이 발견되고 있으며, 여기에 수목을 심어 길러 왔음을 입증하는 자료들이 다양하게 보여주고 있음을 볼 수 있다.

이 무렵 불교가 성행하여 우리나라에도 중국의 문화가 전해지면서 분재의 교류가 있었을 것으로 추정 해 볼 수 있으나 확실한 근거가 없으므로 분재 문화가 우리나라에 중국으로 부터 들어 왔다고 속단 하기에는 섣부른 판단이라고 본다.

당나라에 이르러서는 도자기의 발달로 많은 요업이 성행 하였으므로 그에 따라 화분 역시 다양하고 많은 형태와 색상으로 만들어 져서 상업적으로 성행 하였음이 신안 앞 바다에서 발굴된 유물들중에 다수의 화분이 발견되어 우리나라와 교역이 활발하게 이루어 졌음이 입증 되었다. 이후에는 열거할 수 없을 만큼 분재 분을 포함하여 많은 사료들이 발견되고 있고, 지금까지 꾸준히 분재문화를 유지 보전하여 오고 있으며, 북경의 고궁박물관에는 수백년 된 청나라시대의 분재가 지금까지 살아 현존하고 있다.

근세는 사회적인 국가로서 경제적 침체와 함께 분재의 지속적인 유지는 해오고 있으나 기술적으로는 발전하지 못하였고 소극적으로나마 서방국가들에게 분재의 소재나 고전 화분들이 보급 되다가, 1911년 신해혁명辛亥革命이후 개방의 바람과 함께 분재의 가치성을 인정하고 일본으로부터 작품과 기술을 입수하여 체계적으로 세계 각 국에 상당한 양을 수출하고 있으며 자국에서는 다양한 전시 및 행사를 진행하면서 급속도로 세계의 관심을 모으고 있다.

오늘날에는 관동廣東과 상해上海등에 대 규모의 분재 농장을 육성하고 식물원 등을 조성하여 국제적인 규모의 박람회를 개최하면서 전통적인 분재를 전시하여 저변 확대와 관광산업으로 발전 시켜 나가고 있다.

분재예술의 고풍적이면서도 독특한 형태의 작품들이 관람객들을 매료시키고 중국식의 분재문화를 전승하여 이어가고 있으며 미래의 분재강국으로 도약하려는 의지가 확고 하다고 본다.

한국 분재의 어제와 오늘

우리나라의 분재역사를 밝히기 전에 중국, 일본과는 양상과 형태 뿐만이 아니고 이용된 소재나 수종들이 매우 유사한 점들이 많은데, 그것은 동양문화권인 삼국이 생활풍습과 자연적 배경이 비슷하고 불교적 문화의 전래와 함께 승려와 귀족사회에서 성행하였으며 불자들의 자연숭배 사상에서 비롯되어 지속되었을 것으로 사료된다.

아울러 중국으로부터 영향을 받아 유사한 점이 많은 것은 사실이나, 분재문화가 중국에서 시작되어 우리나라에 전래되었다는 확실한 근거가 없으므로 섣불리 판단하는 것은 바람직하지 않다고 본다.

사료에 의한 분재의 유래를 찾아 볼 때, 대부분 자연에서 소재를 구

하여 이용했으며, 이는 발견된 사료보다 훨씬 이전에 자연에는 분재화 할 수 있는 소재가 이미 존재하고 있었으며, 또는 인위적으로 분에 심지 않았다 할지라도 생활 주위에 자연적으로 발생된 분재와 같은 형태의 실물을 옮겨 가꾸었다고 생각할 수도 있다.

사료에 의하여 우리의 분재 유래를 찾아본다면, 대부분 자연에서. 따라서 현실적인 관점에서 볼 때 인위적으로 작품화하는 것으로만 분재라고 고집하거나 사료에 의해서만 유래를 규명하는 것은 역사적 의미가 정확 하다고는 할 수 없다. 특히 우리나라의 경우는 자연의 아름다운 풍경이 분재의 모델이라고 할 수 있을 만큼 미적인 형태가 같을 뿐 아니라, 소재의 대부분이 우리의 자생수종 이므로 발견된 사료 이전에 발상지라고 하여도 억측은 아닐 것이다.

사료에 의하여 우리의 분재유래를 찾아 본다면 우리민족은 역사적으로 한반도에 농경사회를 이루면서 5000년 이상의 토착 생활을 하여온 민족이며 전 국토의 65% 가량인 산을 배경으로 한 아름다운 자연의 경관과 함께 산, 돌, 나무 등을 숭배하면서 살아 왔다. 따라서 이때부터 정원문화가 시작 됐다는 학설로 미루어 보아 분재와도 무관하지 않았을 것으로 짐작이 된다. 삼국시대부터 이어오던 불교는 점차 쇠태하게 되어 사찰은 줄어들고 유학儒學을 공부하는 선비들이 서원書院을 중심으로 귀족문화가 형성되고 식물에 대한 많은 기록이 전해지고 있으며, 특히 세종(1418~1468)때의 강희안(1417~1465)선생이 쓴 양화소록 원예서적에 선생이 직접 경험에 의한 기술을 집필한 것으로 1449년에서 1465년 사이에 기록한 것으로 미루어 짐작할 수 있다.

주목나무를 손질하는 감수자 고 최병철 박사

11

산단풍나무〈제주아트랜드〉

여기에는 노송〈老松, 소나무〉, 만년송〈萬年松, 향나무〉, 오반죽〈烏班竹, 오죽〉, 국화菊花, 매화梅花, 서향화〈瑞香花, 서향나무〉, 석류화石榴花, 치자화梔子花, 사계화四季花,〈장미류〉, 산다화〈山茶花, 동백나무〉, 자미화〈紫微花, 배롱나무〉, 일본척촉화〈日本躑花, 영산홍〉, 률수〈栗樹, 귤나무〉, 석창포石蒼捕 등 여러가지 수종에 대한 기르는 방법을 소개하고 특히 분盆에서의 종류와 배양법을 수록 하였다는 것은 매우 놀라운 것이다.

그리고 종분 내화수법種盆內花樹法〈화분에 꽃과 나무를 기르는방법〉, 최화법〈催花法, 꽃을 피게하는 방법〉, 백화기의〈百花忌宜-모든 꽃이 싫어하는 것〉, 취화훼법〈取花卉法-꽃을 대하는 마음〉, 양화법〈養花法-꽃을 기르는 방법〉, 배화분법〈排花盆法-화분을 배열하는 방법〉, 수장법 〈收藏法-겨울에 보관하는 방법〉 등 본인이 경험으로 터득한 내용뿐 만이 아니라 이전부터 전해져 내려오던 분재의 생활상을 느낄 수 있어 분재문화의 대표적인 고전으로서 의미가 크며 매우 놀라운 저술이 아닐 수 없다.

당시의 화분은 주로 자기磁器로 만든 고급스럽고 예술성이 높은 것이 많이 전래되고 있으나, 양화소록에서는 질그릇화분〈瓦器〉을 주로 사용하는 것이 좋다고 하는 내용으로 보아 우리의 전통적 화분의 의미를 갖는다. 1441년〈세종23년〉에는 일본에서 철쭉 몇 분을 보내와서 임금이 궁궐 뜰에서 기르도록 명하였다고 기록 되어있다. 1570년 퇴계〈退溪〉 이황〈李黃-1501~1570〉선생이 돌아가실 때 남긴 말에 "매화분에 물을 주어라" 라고 하였다고 전해져 오고 있다.

그러나 조선시대의 화려했던 분재문화가 7년간의 임진왜란을 격으면서 사장死臟되거나 소멸 되었는데 분재의 특성상 실물이나 자료들이 보존될 수 없음은 매우 유감스러운 일이라고 생각하며 안타깝게 생각한다.

이후에도 뜻이있는 선비나 귀족들에 의해 존속하였고 다시 맥을 이어 왔는데 홍만선〈洪萬選1643~1715년〉의 산림경제〈山林經濟〉에는 분경이라는 용어를 사용하여 분경통론〈盆景統論-자연과분재, 분재의 예술성을 논한〉, 분경품제〈盆景品第-분재수의 품위〉분품〈盆品-화분의 품격〉을 수록하였고 정약용〈丁若鏞1762~1836년〉의 정다산전서에는 이미 공중취목법〈空中取木法〉에 대하여도 기록 되어있다.

조선 말기에는 국력이 쇠퇴하여 한일합방〈1910년〉이후에는 일본인들이 우리나라에 상주하면서 분재 농장을 운영하면서 많은 자연산 소재들이 일본으로 건너가기도 하여 지금도 생존하고 있는 명목들이 귀중한 예술품으로 보전되고 있다. 1945년 해방 후에 다시 6.25라는 민족비극의 전란을 격으면서 국가적 경제적 어려움과 사회의 혼란속에 우리의 전통적 분재문화는 거의 사장되다시피 하였고 서양문물의 급속한 도래는 이국적인 열대관엽 식물들이 화분에 심어져 생활의 공간을 차지하게 되었으며 무관심 속에서 일부 극소수의 분재인들에 의하여 취미생활로 맥을 이어왔다.

우리나라 70년대의 경제 성장과 함께 다시 분재가 붐을 이루기 시

어쩌면 이렇게 새 색씨 자태姿態처럼 잘 정돈 되었을까?
- 제주흙느릅나무〈제주 생각하는 정원〉

작 하면서 분재전문 농장이 전국 곳곳에 생기게 되었고, 분저인들의 부단한 노력으로 1981년 8월 31일에 사단법인 한국분재협회가 창립 되어 문화공보부에 국가공인 단체로 등록 되었다.

또한 1986년에 분재전문 업자들이 모여 한국분재연합회를 결성하고 1991년 8월31일에 사단법인 한국분재조합이 창립되어 산림청에 등록 되었다.그러나 매우 중요한 우리의 전승문화로 자리 잡아야 할 순수한 분재문화가 급격히 상업화 되면서 그 정체성이 상실되고 학술적인 바탕이 무시된 채 지나치게 인위적인 기교와 관리기술의 부족으로 도태 되거나, 무분별하게 자연의 소재가 채집 되면서 고갈 되거나 자연을 훼손 한다는 일부 식자들의 비판을 받고 있지만, 진정한 분재문화의 가치성과 중요성을 체계적으로 연구하여 발전시켜야 할 필요성이 점차 확산 되면서 현재에 이르고 있다.

위에서 살펴 기술한데로 열악한 환경에서 지금껏 분재기르기를 해오다가 해방 후 청주 이강수작가가 분재기르기를 본격적으로 하여 후진양성에 전력하고 한국 최초로 분재전시회도 개최하여 우리나라에 거의 불모지나 다름 없는곳에 분재의 활성화의 개기에 일조를 하였다고 본다.그리고 전국어 그의 문하생들이 활발히 활동들을 하고 있다. 또한 부산의 문용택작가가 분재에 남다른 애정과 열정으로 학원을 열어 많은 분재인들을 양성하여 왔으며 그의 제자들 또한 전국에서 활동들을 하고 있다.

특히 1999년에 부산의 문용택작가의 제자인 이춘희여사가 한국 최초로 야생초와 나무분재를 소재로 분재인생이라는 작품집 출간으로 좋은 반향을 불러 일으켰으며, 청주에 2000여평의 대지에 동보원이라〈회장 이두기〉는 분재 배양장을 조성하여 온바, 앞으로 우리나라 중부지방에〈청주,청원〉지역에 10만여평의 자연 휴양지를 조성 한국 분재의 위상과 관심을 높이리라고 본다. 또한 지방 자치로써는 처음으로 3만여평에 신안분재공원을 조성하였으며, 효림분재원〈대표 최병철〉평생 가꿔온 분재들을 기증하였다.

신안군에서는 그 고마운 뜻을 기리고자 최병철 분재기념관을 건립을 하기에 이르렀다.전국의 분재기르기 전문 농원이 1000여곳에 이르렀다 또한 해마다 분재조합에서 전국 회원들의 우수한 작품들을 모아 전시회도 열고있다. 앞에서 열거한 모든 일들이 한극분재의 위상과 많은 분재 대호가들과 취미인들의 저변확대와 활성화를 시켰다고 본다. 아울러 국제적 개방화시대에 들어서면서 세계인

들의 분재 문화에 관심도가 높아지고있는 가운데 분재의 예술성이 인정되면서 세계적인 규모의 박람회가 각국에서 열리고 있어 분재의 중요성이 날로 새롭게 인식되고 있는가 하면 분재 기르기의 전문인과 취미인들 역시 증가하고있는 추세에 있다.

이에 따라 1980년 일본에서 11개국의 분재대표자들이 모여 회의를 하게 되었고, 1989년 4월 6일에는 일본에서 32개국이 세계분재 연맹을 결성하기에 이르러 분재의 국제화시대가 이루어지고 갖가지 국제행사가 진행되고 있으며 우리나라에서는 전국 회원들의 우수한 작품들의 전시회를 해마다 열리고 있다.

따라서 가장 적합한 조건과 우수한 자원을 확보하고 있는 우리나라는 분재에 대한 새로운 인식과 함께 앞으로는 보다 적극적인 연구개발이 이루어져서 분재기르기 저변확대가 더욱 더 이루어지도록 하여야 할 것이다.

그리고 앞으로 국가에서도 여러가지 우수한 조건을 갖인 우리나라의 분재의 발전과 활성화를 위해서는 적극적인 지원이 있어야 할 걸로 안다.왜냐하면 앞에서 말한 많은 국,내외의 관광객들이 분재공원을 찾기에 이르렀다. 특히 제주 생각하는정원은 중국 강택민 국가주석이 방문하여 기념식수를 하였다.

이처럼 부가가치가 높은 분재산업을, 적극육성지원으로 명실공히 한국의 분재가 세계적으로 수출을 할 수 있도록 정책적으로나 금융적인 지원이 따라야 할 것으로 안다.

앞에서 열거한 프랑스 박람회와 미국 200주년 독립기념일에 분재수를 기증하여 그에 따라 일본분재 문화 위상이 세계적으로 높아 졌음을 상기하여야 할 것이며 특히 작금의 농촌의 여러가지 여건에서 분재산업 육성으로 수입 창출에 일조할 수 있도록 정책적인 지원이 따라야 한다고 거듭 강조하는 바이다.

소나무를 분에 담아 분재로 기르기한 작가의 수준과 안목이 대단하다. 우리 민족에게 소나무는 생활과 너무나 밀저한 것이다. 지블 지을 때 그리고 땔감으로써 절대적이었다.

밑둥이 절반 정도 남았고 사리가 만들어져 세월의 흐름을 말 한듯 하며 고태미가 이 분재의 진가를 말해준다 하겠다.

우리나라 지방 자치로는, 전남 신안군에서 최초로 3만여평의 부지에 분재공원을 조성하였다. 사진은 연못가에 버드나무가 세월의 흐름을 어쩌하지 못하여 몸이 거의 70%가 없어져버렸는데도, 줄기 끝에 가지를 내어 푸른 잎들을 달고 마지막 남은 생生을, 강인하게 살아가는 모습이 너무도 충격적이고 신비 스러웠다. 마치 부모가 자식들에게 아낌없이 모든 것들을 다 주고 빈약한 몸만 남아 있듯이…나무가 고요하고자 하나 바람이 가만 놔두질 않고, 효도 하고자 하나 부모가 기다려 주질 않으니 이 어찌 가슴 아프다 하지 않을 수 있을까?
〈이제는 이 나무가 흔적을 볼 수 없도록 없어져 버렸다〉

● 분재 감상의 포인트

"분재를 한다는"는 말을 하면, 흔히 "그럼 저희 분재에 대한 고견 한 말씀을…"하는 청을 받는 수가 있을 것이다. 칭찬이나 비판에 앞서, 감상의 포인트만은 알아 두어야 할 것이다.

분재는 감상에 앞서 정면을 정할 줄 알아야 한다

분재는 균형의 조화를 제1의 조건으로 정하고 있지만, 그것은 어디까지나 평면적으로만 해석 하려 든다면, 물고기의 뼈처럼 좌우로 가지枝를 배치 하기만 하면 된다. 하지만 분재란 그렇게 하는 것만으로 되는 것이 아니다.

왜? 그리고 무엇 때문일까? 이유는 분재는 각기 그 나무가 가지고 있는 특성대로 정면이 있고 그 정면을 보는 관점에서 감상의 포인트가 각기 따로 있기 때문이다. 일반적으로 말할 때 분재란 자연의 축도縮圖라고들 흔히 말 한다. 이것은 분재의 수형에서 자연의 일부나마 연상하고 이해할 수 있기 때문이다. 그러나 자연적으로 자생하고 있는 나무는 정면이 없지만, 분재는 그렇지 않다.

자연수는 그 나무가 갖고 있는 상태 뿐만이 아니라 입지적立地 的 환경과 그 주변에 있는 나무와 풀들이 배경을 이루면서, 그 나무들이 자연스럽게 분위기를 자아내기 때문이다. 그러나 분재는 스스로의 모습이 단 하나로 국한 하면서 최소한으로 간략한 표현이기 때문에, 그 나무의 가장 아름다움을 감상하는 시점視点이 필요하고 그 시점이 곧 정면이 되기 때문에 분재를 하는 사람이라면 무엇보다도 먼저 정면을 정할줄 알아야 함은 너무나 당연하다. 그럼 분재의 정면은 어디인가? 그리고 어떻게 정해야 하는가? 모든 분재의 정면을 정하는데 아래 3가지를 참고가 되리라 본다.

첫째-횡폭우선橫幅優先
둘째-만곡내측灣曲內側
셋째-전경前傾

이 3가지의 원칙은 곧 좌우로 벌어진 폭의 아름다움이 우선 되어야 하고, 깊이를 느끼게 하는 앞쪽으로의 구부러짐이 자연스러워야 하고, 또 앞쪽으로 기울어진 가지가 있어야 한다.

이러한 원칙에서 위의 해설 도해를 보면 어느정도 이해가 갈 것이다. 그러나 이것은 분재 기르기의 정석이다. 어느정도 변형의 미를 추구 하는것은 기르기 한 사람의 자유이고 몫이다. 마치 바둑의 정석의 변화처럼 말이다.

물주기

전남 무안 해제분재 고 문형열 선생님

 분재 기르기에 있어서 중요하고 어려운 일이 없는가 하면 그에 따른 즐거움도 많다. 왜냐하면 시들어가는 나뭇잎에 물을 준 후 얼마 있지않아 생생해지는 그 맛이란 분재를 키워 본 사람이 아니면 모를 것이다.
 분재에서 물 주기의 중요성은 재론할 필요도 없지만, 물 주기란 쉬우면서도 가장 어려운 일중의 하나이다. 물 주기는 나무의 종류와 분의 크기및 분토盆土와 흙의 입자에 따라서 보수력이 차이가 나므로 무엇보다도 직접 체험하여 터득하지 않으면 안된다.

분수盆樹가 급히 말라죽는 원인
 – 분수가 말라죽는 원인으로는 대체로 3가지가 있다.

 1. 물이 심하게 말랐을 때, 2. 진한 거름이 너무 많았을 때, 3. 물이 너무 많아 뿌리가 썩었을 때 등이다. 이상과 같은 3가지인데 이것을 제외하면 병·충해가 문제인데 이 문제는 예방할 수도 있고 드한 병·충해에 강한 나무는 금방 죽는 일은 거의 없다.
 아울러 위의 3가지 조건 중에서 물로인한 관계가 가장 큰 원인이라 할 수 있으므로 물 주기에서 다음과 같은 경우만 조심하면 분재 기르기에 큰 실수는 없을 것이다.
 1. 물 주기의 요령을 잘 모르고 형식적으로 분토의 위만 적시는 경우(분토와 분이 똑같이 있을경우 더욱 심하다) 2. 분재를 막 시작한 초심자 중에는 나무를 빨리 키우고자 하는 욕심에 진한 비료를 마구 주어 나무를 죽이는 경우가 있다. 3. 물 주기에 대한 요령을 완전히 파악하지 못하고 물을 많이 주는것이 좋은걸로 착각하는 경우이다. 특히 배수가 불량할 때는 더욱 심한 현상이 일어난다.

물과 비료 - 분재뿐만 아니라 모든 식물의 7~80%가 수분인 것이다. 그러므로 식물이 물을 많이 필요로 하는 것을 알 수 있다. 그러므로 말할 것도 없이 물은 나무의 생명선인 셈이다. 때문에 나무는 비료를 주지 않아도 말라죽지 않지단, 물은 주지 않으면 몇일 사이에 죽고 만다. 나무에 수분의 공급은 뿌리가 수분을 흡수 하므로써 생명체를 우지케 할 뿐 아니라 물이 분토에 스며 들면서 분토속에 있는 뿌리의 호흡에 필요한 공기를 공급하여 뿌리의 생장生長을 왕성하게 한다. 뿌리가 왕성 해지면 이와 비례하여 가지와 잎도 무성해진다. 따라서 흙속의 양분이 물에 의하여 용해되며 뿌리가 그 양분을 흡수하고 목질부木質部의 토관土管을 통하여 가지와 잎에 보내지면 잎은 그 물과 양분을 받아 햇빛의 동화작용에 의하여 당분및 접분을 만들어 이를 다시 꺼꾸로 피질부皮質部의 사관砂管을 통하여 나무 전체에 보내어져 식물이 왕성하게 되는 것이다.
 그리고 동화작용同化作用을 마친 수분은 잎의 표면을 통하여 증발한다. 그러나 이와같은 순환작용도 햇빛이 없으면 할 수 없으므로, 생장生長이 중지되고 만다. 발육기의 분수를 실내에 오래두면 안되는 이유가 바로 여기에 있는 것이다. 아울러 분수를 그늘에 두면 동화작용을 방해받기 대문에 발육에 지장을 받으므로 실내감상 1~2일 후에는 반드시 햇빛에 내 놓아야 한다. 식물의 휴면 기간중에는 실내에 다소 오래두어도 발육기에 비하여 악영향이 적으며 낙엽수의 한수寒樹를 관상할 경우에는 온도가 높지않은 실내에서 간혹 물을 주면서 장기간 두어도 무방하나 이때 주의할 점은 절대 고온에 두어서는 안된다.

즉 햇빛에 받는곳에 놓인 분재는 양분의 흡수와 증산蒸散을 되풀이 하며 신진대사를 하므로 생육生育이 양호한 것이다. 반대로 햇빛이 없으면 뿌리에서 양분을 잘 흡수하지 못하므로 물 주기한 물이 분 속에 남아서 과습상태가 되어, 오래도록 이 상태가 계속되면 잔뿌리細根가 썩고 잎은 누렇게 되어 고사枯死하고 만다. 여기서 한가지 유의할 점은 물 주기를 한 수분은 뿌리만이 흡수하여 없어지는 것이 아니라 외기外氣의 열과 바람에 의해서 분토중의 물기가 증발 되므로 날씨에 따라 물 주기를 조절 하여야 한다. 물은 주식主食, 비료는 부식副食-사람들은 식물은 거름에 의하여 성장 한다고 생각들을 많이한다.

작은 분에 심어진 분재를 처음 구경 하는 사람마다 거름 걱정을 많이 하는데서 알 수가 있다. "거름은 무엇을 주느냐?" 한달에 몇번씩 주느냐?" 등등 평소엔 대자연의 나무에는 별 관심이 없는 사람이라도, 분재는 거름으로 배양할 것이라는 선입관 때문일 것이다. 비료를 주지않는 토양속이라도 빗물, 냇물, 샘물에도 식물이 필요한 양분이 상당량 포함되어

있기 대문에 박토 위의 거목巨木들도 잘 자라는 것이다.

물 속에 포함 되어 있는 양분과 흙속에 들어있는 양분이 전부 용해 되어 식물에 흡수되면, 비료를 전혀 주지 않아도 살아간다. 다만 유효양분 중에는 용해되지 않는 물질이 있고 또 쉽게 화학분해에 의하여 뿌리에 흡수되는 것도 있지만, 이것으로써 충당하지 못한 부족한 것을 사람이 보급해 주는것이다. 비료가 주라는 선입관 때문에 다비多肥의 피해가 따르는 것이니 그러므로 식물의 주식은 물이고 비료는 부식일 뿐임을 알아야 한다.

물 주기에서 물의 선택 - 식물에 주는 적합한 물은 흐르는 냇물이 가장 좋으나 근처에 냇물이 없을 경우에는 샘물이 좋다고 하겠다. 수도물을 사용할 경우에는 물통에 받아서 하루니 이틀정도 두었다가 주는것이 좋다. 이유는 수돗물에 크롤칼키가 있기 때문이다. 그러나 겨울철의 물

통의 온도는 분토의 온도보다 낮으므로 바람직하지 않다. 또 여름철에 물통에다 물을 받아 1주일이나 2주일동안 오래두는 것도 좋지 못하다.

그 이유는 물이 썩기 때문이다. 썩은물은 물속에 산소가 결핍되어, 식물에 물을 주면 새로운 공기가 분토에 들어가 산소가 새로이 보충되면서 분토중에 싸여있던 탄산가스를 배출 시켜야 하는데 그렇지 못하기 때문이다. 그리고 흔히들 흐르는 물을 생수生水라 하고 고여잇는 물을 사수死水라고 하는데 살아있는 물은 물속에 산소도 많고 신선하여 바람직 하다.

물 주기의 요령 - 물을 주는 도구는 물뿌리게가 좋아야 한다. 가는비細雨와 같이 물이 곱게 나오는 물뿌리게가 좋으며 물방울이 굵고 거세게 나오면 분토가 패이고 흙과 이끼가 물에 씻겨나가 분의 모양을 버린다. 물을 많이 준다고 그 물이 모두 분 속으로 스며드는 것이 아니고 분 밖으로 넘쳐 흐른다. 그러므로 물 뿌리게의 구멍은 될수록 작아야 한다. 구멍이 크면 물이 너무 많이나와 좋지않다. 그리고 대량 재배에는 호스에 노줄을 끼워 한꺼번에 물 주기하는 수도 있고 또한 편리한 방법으로 자동급수를 하기도 하지만, 분재기르기를 취미로 한 사람이라면 손수 물을 주면서 분재의 상태를 관찰하여 파악하고 대화를 나누는 것이 분재기르기의 참 맛일 것이다.

물주는 시기와 횟수 - 하루에 물은 언제 주느냐 그리고 몇번 주느냐"의 초심자들은 질문을 많이들 한다. '물주기 3년' 이라는 말은 공연한 헛소리만은 아니다. 물은 나무가 먹고 싶을 때 주면 된다고 하면 되겠지만, 초심자들이 그때가 언제인지 알 수가 없다. 사실 나무가 물을 먹고 싶을때를 알아내는데 3년이 걸린다는 말로써 누구라도 오랫동안 물 주기를 하다보면 자연스럽게 주는 때를 터득하여 나무와 대화를 할 수 있는 경지에 도달 하게 되는 것이다.

나무에 수분의 공급은 뿌리가 수분을 흡수 하므로써 생명체를 유지케 할 뿐 아니라 물이 분토에 스며 들면서 분토속에 있는 뿌리의 호흡에 필요한 공기를 공급하여 뿌리의 생장生長을 왕성하게 한다. 뿌리가 왕성 해지면 이와 비례하여 가지와 잎도 무성해진다. 따라서 흙속의 양분이 물에 의하여 용해되며 뿌리가 그 양분을 흡수하고 목질부木質部의 토관土管을 통하여 가지와 잎에 보내지면 잎은 그 물과 양분을 받아 햇빛의 동화작용에 의하여 당분 및 점분을 만들어 이를 다시 꺼꾸로 피질부皮質部의 사관砂管을 통하여 나무 전체에 보내어져 식물이 성장하게 되는 것이다.

물주기는 세심하게 신경을 써야 될 경우가 많다. 계를들면 빨리 노화시켜 곧 결실을 촉구하는 수종樹種은 평소에 물을 적게 주는것이 효과적이며 습기를 극히 좋아하는 분재엔 물기가 부족하면 성장이 나빠

진다. (예, 삼나무, 동백, 모과나무 등) 물을 조금 주어야할 경우는 분갈이 한후 세근細根이 없어 물의 흡수가 원활하지 못하므로 적게준다. 또 잎을 전부 따 버렸을 때는 잎의 동화작용이 중지되어 일시적인 휴면 상태로 수분의 증발이 없다. (예 : 단풍나무, 느티나무 기타) 그리고 수세가 약해 젔을때는 뿌리의 호흡활동이 부진하므로 꽃촉을 많이 분화分化하고자 할 때, 특히 매화분재는 분화촉진의 이유가 된다.다음과 같은 경우는 물 주는 횟수를 늘려야 한다.

1. **무더운 여름철** - 한 여름의 더위로 인하여 표토가表土 건조하고 또 강렬한 햇빛으로 잎 표면에서의 수분의 발산이 심하기 때문에 물주기 횟수를 늘린다.,
2. **비 바람이 많은날** - 무더운 여름날과 같이 수분의 증발이 심하다.
3. **햇빛이 강한날** - 잎에서의 수분 증발과 흙의 수분 증발이 심하기 때문이다.
4. **돌붙임 분재** - 흙과 뿌리가 노출되어 있으므로 깊은 분의 경우보다 수분의 증발이 심하다.

5. **꽃이 필 무렵** - 수분이 부족하면 좋은 꽃이 피기 어렵다.
6. **열매가 열리는 착과着果의 시기** - 수분이 부족하면 낙과의 원인이 된다.

위와 같은 경우에는 물 주는 회수를 늘려야 하는데 가급적 여름에는 오전은 일출 직후와 오후는 일몰 전 그리고 봄 가을에는 오전중이 좋다. 특히 일몰시에 물을 줄 때는 분의 밑구멍으로 물이 흘러 내리지 않도록 분토와 수엽樹葉을 적시는 정도로 주는것이 좋다.그 이유는 나무도 햇빛이 없는 밤에는 뿌리의 활동이 정지 상태에 있기 때문이다. 그리고 분토가 심히 말라 나뭇잎이 시들어 보일때는 한 낮이라도 물을 주어야 한다. 이때 분토의 온도와 수온이 같은 경우가 제일좋다. 그 이유는 물이 차면 뿌리의 활동이 잠시라도 정지되기 때문이다.

토양土壤

마사토

분토의 토양으로 사용하는 흙은 어떠한 종류의 흙이든 반드시 입자粒로 되어 있어야 한다. 즉 0.8~7mm 정도까지의 입자로 된 흙을 사용하여야 한다. 더 구체적으로 설명하면 0.8mm이하의 가루흙을 넣으면 배수나 뿌리뻗음, 산소 공급 등을 저해하는 결과를 초래 하므로 좋지 않다.

다시 말하면 분재의 토양으로는 크고작고 간에 모두 알갱이로 구성 된다는 것을 알아야 한다. 즉 뿌리는 입자의 크고 작음에 절대적인 영향을 받으므로 토양의 입자 선택을 잘 하여야 한다.

분토盆土가 갖추어야 할 기본 - 분토의 기본이라함은 식물의 뿌리는 분토중의 공기에서 산소와 양분을 흡수하여 자란다. 그러므로 수목樹木은 산소공급을 흡수하지 못하면 고사하고 만다. 공기가 닿는 흙 중에는 다량의 공기가 있어 나무를 심을 때에 그렇게 신경을 쓰지 않아도 되지만, 조그마한 분기盆器내에서는 신경을 쓰지 않을 수가 없으므로 분토의 나무에 주의를 기울여 뿌리가 산소를 충분히 흡수 할 수 있도록 인위적으로 갖추어 주어야 한다.

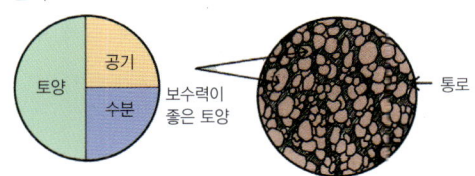

분토의 입자 사이에는 크고 작은 공간이 수없이 많다. 이 입자 사이의 공간은 물의 통로일 뿐만 아니라 신선한 산소와 공기의 저장고 이기도 하다. 분토의 입자는 수목의 종류와 수종樹種에 따라 적당히 쓰여지며, 물을 줄 때 공기와 탄산가스가 새로운 공기와 신선한 산소에 밀려 수목의 뿌리가 원활이 활동하게 되는것이다. 수목에 따라 약간의 차이는 있겠으나 분토중의 이상적인 량은 분토의 4/1이 되어야 하며 수분 역시 4/1이 되게 하는것이 좋다.

다시 말해서 토양 전량의 반은 흙의 양이 되고 그 나머지를 나누어 공기와 수분의 양으로 하면 된다. 즉 큰 입자 사이와 작은 입자 사이및 보수력이 좋은 토양이 그와같은 비율이 되는 것이며 여분의 물은 배수공으로 흘러내리고 분盆중에 있는 공기와 수분은 수목이 요구하는 조건을 충족해 준다고 하겠다.

● **분토의 통기성通氣性과, 투수성透水性 및 보수력保水力**

녹소토

앞에서 서술한바와 같이 입자 사이에 공기가 통하는 것을 통기성이라고 하며 물 빠짐이 좋은것을 투수성이 좋다고 한다. 그리고 토양의 입자가 물기를 장시간 흡수하고 있는것을 보수력이라고 한다. 여기서 알아두어야 할 것은 분재가 심어진 분토내에서는 대기와는 달리 나무의 뿌리와 분토중의 미생물이 호흡하고 있으므로 자연적으로 산소가 적어지고 탄산까스가 많아진다는 사실이다. 물을 줄 때 신선한 공기가 쉽게 분의 밖으로 배출되게 하려면 흙의 입자 사이의 간격이 적당히 분포되어 있어야 한다.

그 다음은 보수력이 문제인데, 입자의 크기와 간격 등의 조건은 앞에서 서술 하였고 보수력이 좋은 흙은 적토를 꼽을 수 있다. 그러나 투수력

부엽토

적옥토

과 보수력은 서로 상반되는 결과를 가져 오므로 적은 양의 분토에는 이 점을 고려하여 분토선별에 주의 하여야 한다.

● 토양의 선택

토양을 선택 하는것은 상당한 경험이 필요하다고 하겠으나 우선 나무의 성질을 파악하는 일이 중요하다. 분재가 완성에 가까운 것인지 또는 소재를 배양하는 것인지에 따라서 토양의 성질과 입자의 크기가 결정되기 때문이다. 우선 소재인 종목에는 수종에 적합한 토양을 선택하되 입자가 굵은것을 써야 하며 완성된 작품인 경우에는 작은 입자를 선택하는 것이 기본이다.

적토赤土 - 적토는 일명 황토라고 부르는 흙으로서 점질이 강하며 보수력도 대단히 좋아 잡목류나 꽃나무분재〈철쭉〉에 대단히 좋은 토양이라고 할 수 있다.

마사토麻沙土 - 마사토는 황마사, 백마사, 적마사로 구분 하는데 이렇한 토양은 지역적으로 약간씩 그 색갈이 차이가 나기 마련인데 마사토라는 토양의 성질은 모래도 흙도 아닌 중간층의 토양이다. 즉 바위돌이 부서진 상태의 흙으로써 석비레 흙이라고도 부른다.

마사토는 물과 흙을 반죽하여 햇빛에 건조시킨 다음 손으로 쥐면 힘들지 않게 부서지는 성질을 가져 작은 흙가루가 모여서 입자를 이룬 것이라 할 수 있다. 마사토는 특히 소나무 재배시에는 다른 이물질을 혼합하지 않고 단일 종류로만 사용하는 것이 좋으며 잡목류의 경우는 원하는 입자에 부엽토를 20~30% 혼합하여 사용하는 것이 좋다.

또한 철쭉은 식재하고자 할 경우는 산태를 잘게 썰거나 햇빛에 건조하여 이를 손바닥으로 비벼서 약 20%정도 잘 혼합하여 사용하는 것이 바람직스럽다.

적옥토 - 화산지대에서 흔히 볼 수 있는 붉은색의 산흙을 빻아서 작게 만든 것으로 입자의 크기가 대, 중, 소로 분류되어 있고 흙과 섞으면 크고 작은 틈이 생겨서 배수성, 보수성이 좋아진다.

부엽토 - 낙엽이나 풀 등을 흙과 번갈아 섞어, 썩힌 흙이다. 이것을 흙에 섞으면 배수성과 배수성이 좋아진다. 또 흙의 산도와 비료성분을 갖고 있기 때문에 배수성, 보수성이 좋아 분재배.

배양토 - 식물을 재배할 때 쓰려고 인위적으로 가공한 흙으로 질석, 버미큐라이트, 마사토, 수피를 혼합하여 만든 것. 삽목, 관엽, 분갈이용으로 적합하다.

배양토

식물을 자라게 하는데 필요한 비료성분

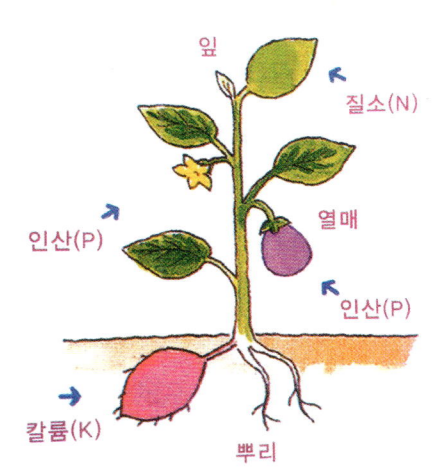

유기 비료와 무기비료

비료의 3요소

질소, 인산, 칼륨 잎이나 줄기를 키우기 위해서는 인산, 뿌리를 튼튼하게는 칼륨 비료가 필요 하므로 식물의 서7894질에 따라 알맞은 비료를 주어야 한다. 시판되고 있는 비료에는 이 3가지를 따로항 단일 비료가 있고 그리고 이 3가지를 혼합해 놓은 복합 비료가 있다.

단일 비료는 식식물의 성질에 맞추어서 사용

단일 비료는 질소, 인산, 칼리 비료 성분중의 한가지만을 가진 것이기 때문에 나무의 성질에 따라서 효과적으로 사용해야 한다. 즉 잎을 튼튼하게 하려면 질소를, 열매는 인산을, 뿌리는 카리 비료를 더 많이 주어야 한다. 단 식물의 생장에 맞추어 줄 띠는 양을 적당히 조졸해 주어야 한다.

비료 성분의 표시

비료는 여러가지가 있어 그 성분에 따라서 효과가 다르다. 화학 비료를 구입해서 그 포장을 보면 반드시 성분 표시가 적혀 있다. 8.:8:8이면N〈질소〉 P이면 〈인산〉.이면 〈칼리〉성분이 비료성분중에 각각 8%씩 함유를 된다는 뜻한다.

무기비료 : 화학비료 매그팬K 과인산석회 〈인산비료〉

식물을 가를는데 필요한 비료는 크게 나눠서 유기 비료와 무기 비료가 있다. 유기 비료는 동물성과 식물성으로, 퇴비, 계분, 우분, 골분, 유박, 어분 등 그리고 이것들을 섞어 배합한 것들이다.

골분 : 인산이 많이 들어 있는 것으로 효과는 1년 이상 지나야 나타나며 10년 이상 지속성이 있다.

질분 : 질소와 인산이 풍부해서 채소에 적합하다. 단 잘 완숙된 것이 아니면 뿌리를 상하게 한다/

퇴비 : 비교적 비료의 3요소가 잘 섞여져 있어서 유기 식물의 기르기에 최적이다.

우분 : 열매 채소 재배에 효과적이다. 계분 보다는 성분이 약하지만, 그런데로 순무 같은 상하기 쉬운 채소에 알맞다.

유박 : 주로 질소 성분으로 채소 재배에 알맞다. 또 유박에서 짜낸 기름7894 액비는 웃거름으로 적합하다.

비료 주기

분수盆樹가 건강하게 자라기 위해서는 거름 즉 비료를 적절한 시기에 주어야 한다. 식물이 필요로 하는 영양분은 질소, 인산, 칼리가, 중요한데 이 3가지를 비료의 3요소라고 한다. 질소는 식물의 줄기와 발육을, 인산은 줄기와 잎을 튼튼하게 하는 동시에 꽃을 잘 피워 결실을 촉진하고, 칼리는 식물체의 조직을 튼실하게 하고 저항력을 증가 시키는 동시에 꽃의 색갈이나 향기를 진하게 한다.

비료의 종류와 수종별 비료주기 - 비료는 천연비료와 화학비료가 있다. 전자는 깻묵덩어리, 골분, 어분, 재가 있고 후자는 유안, 요소, 칼리, 석회 등 즉 비료의 3요소 이다. 그리고 형태별로 나누면 고형비료와 액체비료가 있다. 송백과 잡목분재는 주로 반죽해서 건조시킨 깻묵덩어리를 준다. 꽃나무류나 열매나무 분재류는 깻묵덩어리 7~8, 골분 2~3과 초목의 재를 소량 혼합하여 반죽하여 건조시킨 고형비료를 사용한다.

비료를 주는 시기 - 봄의 4, 5, 6월과 가을의 8, 9, 10월이 비료를 주는 시기이다. 각각 월 1회분씩 크기나 수세에 맞추어서 주는데, 표준은 직경 30cm의 분盆인 경우에 건조시킨 직경 2~3cm의 비료덩어리를 분의 가장자리에 5~9개정도 놓아둔다.

봄에 주는 비료의 전량을 8이라고 하면 가을에는 10를 준다. 가을에 많이 주는 이유는 열매를 충실히 결실케 하고 동면에 들어가는 나무의 활력소를 저장시켜 나무에 힘을 실어 주기 위함이다. 겨울 비료는 가을 비료만 충분히 주면 된다고 하지만, 따뜻한 지방에서는 소량을 주는것이 좋다.

비료 줄 0때 주의 할 점 - 젊은 나무에는 많이주고 늙은 나무에는 적게 주는것이 비료주기의 비결이다. 또한 수세가 좋은 것은 많이주고 좋지 않은 것은 적게 준다. 이유는 나무가 비료의 흡수능력을 이해하면 너무도 당연하다.

분재의 토양으로 사용하는 흙은 어떠한 종류의 흙이든 반드시 입자粒子로 되어 있어야 한다. 즉 0.8~7mm 정도까지의 입자로 된 흙을 사용하여야 한다. 더 구체적으로 설명하면 0.8mm이하의 가루흙을 넣으면 배수나 뿌리뻗음, 산소 공급 등을 저해하는 결과를 초래 하므로 좋지 않다. 다시 말하면 분재의 토양으로는 크고작고 간에 모두 알갱이로 구성된다는 것을 알아야 한다. 즉 뿌리는 입자의 크고 작음에 절대적인 영향을 받으므로 토양의 입자 선택을 잘 하여야 한다.

초심자를 위한 분재기르기 강좌교실

분재 박물관 김재인 원장이 분재 기르기 강좌를 하면서 무성한 소나무 가지 전정을 설명하고 있다. 전정이란 나무의 생육을 균등하고, 미관상 고르게 하기위해 가지의 일부를 자르는 것이다. 배운다는 것은 취미 생활이 즐겁고 바람직한 일이다.

● 병·해충 진단과 대책

아끼는 소중한 분재가 어느날 갑자기 병, 해충의 해를 입는다면 얼마나 당황하고 안타까운 일인지 모른다. 병, 해충의 예방은 끊임없이 분재를 관찰하고 이상 있는 것을 빨리 발견하여 소독으로 처치하는 것이 중요하다. 아울러 관리를 잘하여 수세를 올려 주는 것이 최대의 예방법이다. 특히 새로 구입한 분재는 세심한 관찰과 주의가 절대적으로 필요하다.

<u>해·충과 그 방제법</u> - 진딧물은 대부분 수종에 붙지만 특히 잡목, 꽃나무, 열매나무의 새 눈을 갉아먹어서 피해를 준다. 이 해충의 구제에는 마라손이나 스미치온을 1500~2,000배로 묽게하여 4월부터 1~2회 살포한다. 붉은 진드기는 철쭉, 곰솔, 삼나무, 노간주나무에 잘 생기는데, 이 해충도 마라손이나 스미치온을 살포하여 구제한다.

붉은 진드기의 예방으로는 2-3월 사이에 석유유황 합제를 20~30배액을 희석하여 살포해 준다. 깍지 벌레는 잡목류나 꽃나무류에 달라붙으며 솜벌레는 섬잣나무, 곰솔 등에 생긴다. 깍지벌레는 치솔로 비벼서 떨어드려 죽이지만, 이 두종류의 해충은 석회유황합제 또는 기계유제 30~40배액을 희석하여 살포하여 구제와 예방을 한다.

잎 마름 벌레는 철쭉의 새 눈이나 꽃봉오리를 갉아 먹는데 이것에는 7월과 11월 사이에 1회정도 마라손을 지시된 농도로 살포해 주면 효과가 있다. 깍지벌레, 솜벌레, 붉은 진드기는 2~3월에 1회 석회 유황합제의 3~40배액을 희석 살포해 주면 예방 할 수 있다.

<u>병·해와 그 방제법</u> - 흑반병黑斑病, 잎 떨기병, 적성병赤星病, 뿌리썩음병이 특히 장마철에 많이 발생 하는데 이들 병에는 다이센이나 칼라센을 1.000~2.000 을 희석 살포하면 예방할 수 있다.

근두암종병은 장미나 명자나무에 많이 발생하는 병으로 뿌리에 혹이 생기며 방치해 두면 나무가 말라 죽는다. 이것은 갈아 심을 때 스트렙토 마이싱의 1.000배액을 희석하여 뿌리를 담그든가 병에걸린곳을 잘라낸다.

〈단 병,해충의 약은 전문가와 상담하여 반드시 지정된 약제를 사용 하여야 한다.〉

가지 마름병

겨울의 예방으로 발생을 막는다.
- **증상** : 가지에 자갈색의 반점이 발생, 표피가 찢어지고 검은 낟알같은 것이 생긴다.
- **원인** : 곰팡이
- **대책** : 병든 부분의 건강한 부분까지 제거 처분한다.
- **발생하기 쉬운 부위** : 줄기, 가지

적성병

잎의 뒤쪽에 수염이 발생
- **증상** : 꽃이 질 무렵, 뒤쪽에 수염과 같은 적갈색의 반점이 생긴다.
- **원인** : 곰팡이
- **대책** : 피해를 입은 잎을 따내어 처분. 향나무류에서 균이 날라온다.
- **발생하기 쉬운 부위** : 잎, 새싹

근두암종병

끈기있게 처치한다
- **증상** : 뿌리 밑동에 혹이 생긴다. 양분을 흡취하고 나무를 약하게 만든다.
- **원인** : 세균
- **대책** : 발병한 나무는 뽑아내어 처치한다.

수동식 분무기

초심자를 위한 분재기르기 강좌교실

유박깻묵 비료 만드는법 & 주는법

깻묵에 물을 붓는다

덩어리를 만들기 위해 적당히 반죽을 한다

지름 3cm 정도의 덩어리를 만들어 3일정도 그늘에서 말린다.

되도록 뿌리에서 멀리 떨어져 놓아둔다

관수灌水 후에 준다

썩은 원액의 웃물을 걷어내고 다시 10배의 물을 타서 준다. 깻묵일 경우는 마실 수 있는 보리차 정도로 준다

깻묵을 넣고 물을 붓고 뚜껑을 덮어 썩힌다

깻묵 1에 대해 10의 물을 탄다

비료를 먹고 자라는 식물

열매식물 – 봄에 꽃이 피고 그곳에 열매가 열려 햇빛을 받으면서 커 가는 모습은 열매 분재 기르기의 즐거움이다.

송백분재 – 분재의 대표격인 소나무와 침엽수를 말한다. 오랜 세월 애정을 가지고 수형 만들기를 한다.

꽃식물 – 가장 중요한 것은 꽃이 피고 또 열매가 달려 성숙함에 따라 세월의 흐름을 느끼며, 즐기며 기르기를 한다.

잎葉분재 – 잎을 관상하는 낙엽수로서, 봄에 잎이나고 여름의 푸르름 가을의 단풍 겨울의 나목裸木 한천의 쓸쓸함.

초심자를 위한 분재기르기 강좌교실

나무를 잘 기르기 위한
분재 기르기 기초의 실제

실제로 분재를 기르다 보면 의문이 생기는 일이 많이 생긴다.

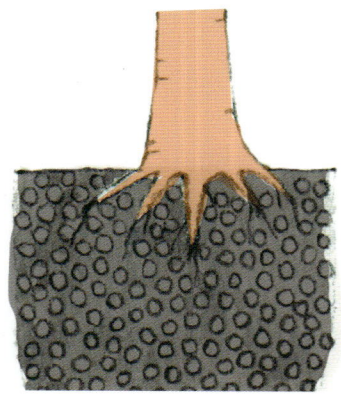

용토와 비료

작은 분은 질의 높이가 요구된다.
단립구조의 용토를 이용하여 뿌리가 생기있게 자라는 환경으로.
만들기 위해서는 비료는 나무의 종류와 성장에 맞추어 적절하게 준다.
앞장의 비료주기 참조.

흙의 구조

- **단립(單粒)구조의 흙**
  작은 알맹이가 가득 찬 흙의 구조. 통기성이 나빠. 뿌리성장이 잘 안 된다. 과습과 산소 부족으로 인한 뿌리의 부패도 심각해지는 원인이 된다.

- **단립(團粒)구조의 흙**
  과도한 싸이즈의 알맹이가 모여 있는 흙의 구조. 통기성이 풍부하고, 물기가 있어 뿌리가 잘 성장한다. 그러나 수분의 증발이 심해 배수관리에 주의 하여야 한다.

뿌리의 처리

뿌리를 짧게 커트를 해 주어야, 뿌리가 잘 뻗어 훌륭한 나무로 자란다.

가지의 전정과 병행하여, 뿌리의 처리는 중요한 작업이다.
옆 뿌리를 길러서 좋은 분재로 만든다.

● 뿌리 컷트의 예

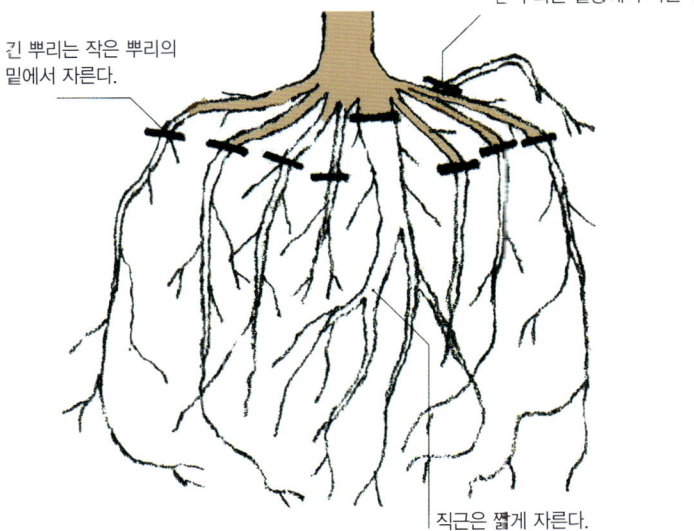

긴 뿌리는 작은 뿌리의 밑에서 자른다.
뿌리는 밑동에서 자른다.
직근은 짧게 자른다.

뿌리의 처리에서는 옆으로 뻗은 뿌리를 남기는 것이 포인트. 작업은 스피디하게.

젓가락을 사용해서 뿌리 주위에 붙은 흙을 털어낸다. 길게 자란 뿌리는 자른다.

흑송(어린 나무)의 뿌리의 정리. 프트모양에 따라 뿌리가 감겨 있다.

뿌리의 처리는 가지의 전정과 함께. 나무 전체를 작은 수형으로 만들려면, 정기적인 이식을 하여, 뿌리를 정리할 필요가 있다.

수종에 따라서 다르지만, 기본적으로 어린 나무 중에는 매년, 성목은 1~2년에 1회 정도로 이식하여야 한다. 이식을 하지 않으면 강한 뿌리만이 분 내에서 휘휘 감기고, 수분을 흡수하는 현상으로 가는 뿌리가 자라지 못하게 된다. 분에서 포기를 꺼내면, 젓가락이나 핀셋 등을 사용해서, 낡은 흙을 털어낸다. 어린 나무로는 뿌리를 분의 3분의 2, 성목에서는 뿌리를 분의 2분의 1정도가 목표다. 이때, 뿌리가 뻗는데 필요한 작은 뿌리를 상하지 않게 하여 조심성 있게 다룬다. 단, 시간이 너무 걸려서 뿌리가 마르지 않도록 작업을 신속하게 한다. 흙을 털어 내면, 건조를 막기 위하여 한번 분무기로 물을 뿜어 주면 안심이다.

다음에 큰 뿌리와 직근(곧게 아래로 뻗은 뿌리)은 짧게 잘라 내고, 다음에 가는 뿌리도, 길게 뻗은 것은 선단을 커트해 준다. 뿌리를 자를 때에는 직근과 불필요한 뿌리 이와에는 작은 뿌리가 나와 있는 것을 확인 하여 그 밑에서 자르도록 한다. 가능한 한, 아래쪽을 향하여 뻗은 뿌리는 잘라 내고, 옆으로 뻗은 뿌리를 남겨 두는 것이 요령이다. 이렇게 함으로써, 뿌리가 잘 뻗는 좋은 분재가 완성되어 간다. 또한 잔뿌리를 많이 내게 하는데 따라서 줄기가 분 속에서 안정이 되어, 잔가지 치기를 많이 하게 되는 것이다. 덧붙여서 불필요한 뿌리에는 상향근, 얽히는 뿌리, 교차근 등이 있다.

일반화초와 화목의 이식으로는, 원래의 분보다 한 둘레 큰 화분에 심는 것이 보통이다. 분재의 경우에는 나무와 분재의 균형이 맞지 않으면, 원래의 분과 같은 싸이즈의 분에 이식하는 일이 많다. 이식은 성장기로 들어가기 전의 초봄이 적기이다. 수종에 따라서는 꽃이 진후나 가을에 적합한 것도 있다. 추위에 약한 수종은, 늦서리의 영향이 없는 4월 중순이후에 이식하는 것이 바람직하다.

잎의 처리

신선하고 튼튼한 잎을 나오게 하여, 균일한 잎을 갖추기 위한 이론과 실제
작고 예쁜 잎을 목표로 하려면, 잎이 혼잡한 시기에 잎 베어내기와 잎을 성기게 한다.

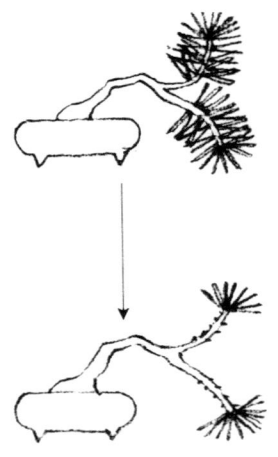

잎 성기게 하기
오엽송의 잎 성기게 하기. 전년의 잎과 금년 잎의 아래 잎을 커트. 잎의 볼륨을 억제하여, 햇볕과 통풍을 좋게 해 준다.

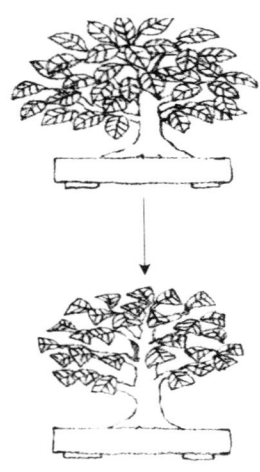

잎 자르기
잎을 반절 정도 잘라 내는 잎 자르기. 2번 싹의 맹아력이 약한 너도밤나무 등은 이 방법으로. 어린 나무의 경우에는 전부 잎 자르기를 해도 좋다.

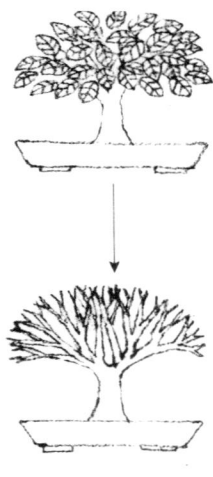

잎 베기
단풍이나 느티나무의 잎 베어내기. 6월경. 잎의 품위를 남기고 모두 커트. 그 후에, 튼튼하고 생기있는 잎이 나온다.

식물의 잎은 힘이 세면 커지고, 약하면 작아지는 것은 철칙이다. 잎을 전정하는 것으로 힘의 강약을 갖추고, 아름답고 균일한 잎을 기를 수가 있다. 잎의 처리방법으로서는 「잎 베기」, 「잎 자르기」, 「잎 성기게 하기」의 3가지의 기법이 있다.

잎 베기는 단풍나무와 느티나무 등의 잡목분재로 자주 사용하는 방법으로, 잎의 품위를 남기고 잘라 낼 것. 잎 베기를 행함에 따라서 새잎을 싹트게 하고, 그렇게 하므로 잎의 크기를 갖추고, 감상가치를 높일 수가 있다.

또, 잎 베기는 가지 만들기에도 부족함이 없는 기술이라고 할 수 있다. 한번 전개한 새잎을 베는 것으로 2번싹을 나게 하고, 그 새싹이 자람에 따라서 밀도 진한 가지 만들기가 기대되는 것이다. 잎 베기는 6월 전후, 잎이 혼잡한 시기에 하는 것이 최적기이다.

뻗은 가지를 잘라내면, 나무의 안쪽까지 햇볕과 통풍이 좋아진다. 잎 베기에는 전부 잎 베기와 부분 잎 베기의 방법이 있다. 한 번에 전부의 잎을 베는 것이 전부 잎 베기. 한쪽 부분의 잎 베기는 힘이 너무 센 큰 잎만을 베어, 전체의 균형을 잡는 방법이다.

> 초심자를 위한 분재기르기강좌교실

싹의 처리

지엽을 아름답게 하는 가지는 수종에 따라서 여러가지
자기가 원하는 분재 만들기에 한걸음 다가서기 위하여 전정의 기본을 익히자.
작은 싹 따기를 하면, 수형의 유지와 가지 만들기에 많은 도움이 된다.

● 가지 자르는 법

①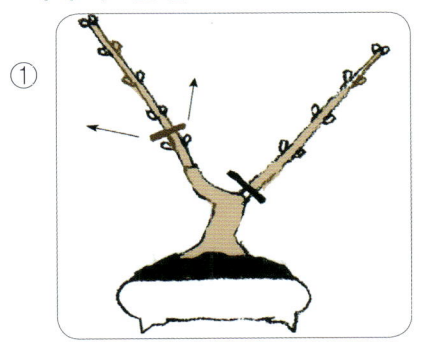

②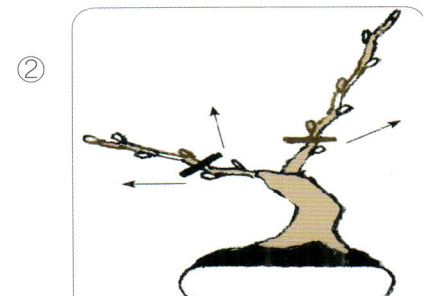

③

④

⑤

① 대생의 싹을 확인하고, 뻗으려고 하는 싹을 남기고 전정. 화살표 방향으로 나무 끝이 뻗는다.
② 대생의 싹, 마디사이가 긴 가지는 가지 밑동에서 커트. 다른 한 쪽은 2싹을 남기고 전정한다.
③ 싹 따기 : 뻗어서 원하지 않는 장소에 나온 불필요한 싹은 부지런히 따낸다.
④ 싹 자르기 : 힘 있게 잘 뻗은 새싹을 가위로 커트하여, 잔가지를 잘 갈라지게 한다.
⑤ 싹 자르기 : 너무 강하게 뻗은 흑송의 싹은 원 잎의 바로 위에서 잘라 낸다.

분재 기르기에 있어 전정이나 싹 따기는, 가지 만들기를 위하여서는 빼놓을 수 없는 매우 필요한 작업이다. 먼저, 가지 자르는 법의 요령을 숙지 해 두자. 포인트는 뻗고자 하는 싹 위에서 자를 것. 힘 있게 뻗은 웃자란 가지를 전정하는 것으로, 가지의 힘이 멎고, 다시 자른 곳 부근의 싹에서 새로운 작은 가지가 나온다. 강한 가지를 잘라서 약한 가지를 많이 만드는 일이 전정의 첫째 목적이라고 할 수 있다.
한편, 싹 따기란, 잇달아 뻗어가는 힘 있는 새싹을 따 내는 작업. 이렇게 하는 것으로 2번 싹이 싱싱하게 갖추어져 잎을 전개시킨다. 이밖에 뻗어서는 안 될 장소와 몇 번이고 힘 있게 나오는 싹을 제거하는 것이 「싹 따기」.싹이 벌어지기 전에 핀셋 등으로 따내는 작업이다. 그 외에, 소나무 류의 싹을 커트하는 수법을 「싹 자르기」라고 한다. 5~7월에 강하게 웃자란 새싹을 2~3잎 남기고 커트하고, 남긴 잎을 성장시켜, 작은 잎을 갖추는 방법이다.

> 초심자를 위한 분재기르기 강좌교실

가지의 처리

분재 만드는데 빠뜨릴 수 없는 것이 전정이다.
콤팩트하게 마무리하는 포인트의 기법

전정해야 할 불필요한 가지란 어떤 가지인가?
어린 나무인 경우에는 장래를 내다보는 전정이 필요하게 된다.

전정은 「배우기보다 길들여라」라고 흔히들 말한다. 그만큼 경험이 중요함을 말하는 작업으로, 초보자에게 있어서는 상당히 어려운 것. 불필요한 가지를 자른다고 해도, 처음에는 어디를 잘라야 좋을 것인지, 망설여지지 않을 수 없다.

전정은 수형 만들기의 기본이 되지만, 나무의 성장 단계에 따라서 목적이 달라져 간다. 어린 나무의 경우에는 장래의 모습을 상정한 전정이고, 성목인 경우에는 가지 순서의 결정과, 작은 가지 끝을 정돈하는 전정이 중심이 된다.

전정해야 할 불필요한 가지에는, 성장기에 힘차게 뻗는 웃자란 가지 외에 「꺼리는 가지」라고 부르는 종류가 몇 개나 있다.

차지는 1개소에서 몇 개고 방사 상태로 나오는 가지이고, 빗장가지는 줄기에서 일직선으로 좌우로 나와 있는 가지. 이밖에, 서있는 가지, 겹친 가지, 하향 가지 등이 있다.

이러한 불필요성은 순을 남겨 두지 않도록 달린 뿌리에서부터 잘라 낸다. 굵은 가지를 자를 때에는 다소 도려내는 상태로 해도 별 무리는 없다.

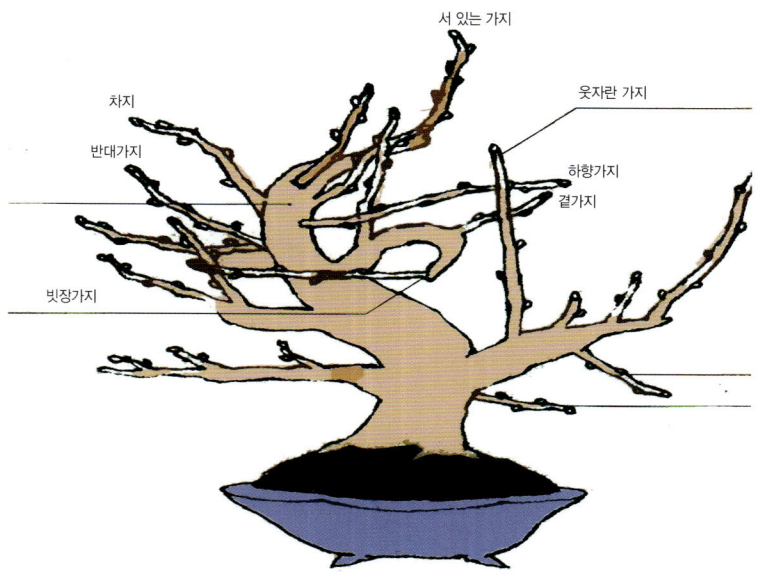

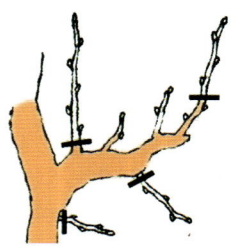

• 서 있는 가지 등의 처리

서 있는 가지와 하향의 가지는 첫 부분에서 자른다. 끝은 2싹 정도씩 남기고 커트.

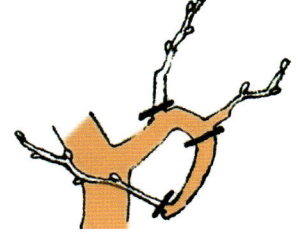

• 반대가지의 처리

반대가지는 하향의 기부를 커트. 굵은 가지 등의 불필요한 가지도 잘라 낸다.

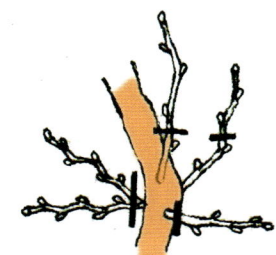

• 잎 성기게 하기

같은 장소에서 가지가 여러개가 나와 있으므로, 1~2개로 줄인다.

철사 감기

줄기와 가지모양을 자유자재로 조종하여 자연적인 분재의 조형미를 만든다.

줄기의 구부림이나 가지 방향의 스정 등에 필요한 철사감기. 어떠한 수형으로 만들고 싶은 것인가, 여러 가지를 고려 한다.

- 줄기의 철사 감기

  가는 가지 = 가는 철사
  중 정도의 가지 = 중 정도의 철사
  굵은 가지 = 굵은 철사

- 철사 감는 법

  우측으로 감을 때에는 우측감기로.
  좌측으로 감을 때에는 좌측감기로 한다.

- 가지 구부리는 법

줄기나 가지를 자기 생긴대로의 수형으로 만들고 싶다는 희망을 실현하는 것이 철사감기다. 철사감기를 할 때에는 먼저 손으로 가볍게 구부려 보고, 줄기와 가지가 휘어지는 것을 확인해 본다.

가지가 단단한 경우에는 철사를 감아도 부러질 뿐이다.

철사의 굵기는 번호에 의하여 표시되어 있다. 가지와 줄기의 굵기에 따라서 구분 사용한다.

철사는 굵은 가지 밑동에서 가늘어 지는 끝을 향하여 감아 간다. 우측방향으로 구부리고 싶을 때에는 우측감기를, 좌측방향으로 구부리고 싶을 때에는 좌측감기를, 구부리고 싶은 각도가 급하게 될수록, 철사의 간격을 좁게 하고, 완만한 각도가 될수록 간격은 넓게 하면 된다. 나무줄기에 철사를 감는 경우에는 어린 나무로 전체의 골격을 만드는 의미로 행한다.

단, 대략적인 줄기의 구부림 정도로 멈추게 해놓고, 작은 가지에 까지 감을 필요는 없다. 서서히 성장해 가면 철사가 줄기에 파고들어 가는 동안에 벗겨 주어야 한다.

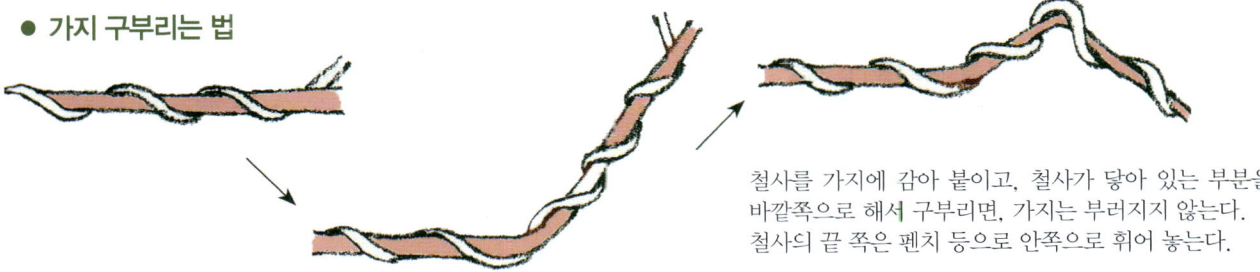

철사를 가지에 감아 붙이고, 철사가 닿아 있는 부분을 바깥쪽으로 해서 구부리면, 가지는 부러지지 않는다.
철사의 끝 쪽은 펜치 등으로 안쪽으로 휘어 놓는다.

초심자를 위한 분재기르기 강좌교실

실생으로 기른다

소재만들기의 원점은 실생가까운 장소에서도 채집된다.

공원이나 가로수의 씨앗을 채취하여 실생으로 분재기르기를 할 수 있다.
시간이 걸리지만, 발아에서부터 차분하게 길러 보는 것도 한 번쯤 시도해 볼만한 일이다.

• 채취한 씨앗의 보존

과육 속에 있는 씨앗을 채취한 것은 습기가 있는 모래에 넣고, 마른 씨앗은 그대로 주머니에 넣어서, 밀폐보존 한다.
냉장고에서 보존한 후, 봄이 되면, 살균 액을 발라서 소독하고 나서 파종한다.

• 파종방법

물에 씻은 씨앗을 흙으로 둘러 싼다. 씌우는 흙의 두께는 씨앗크기의 2~3배정도로 하여야 한다.

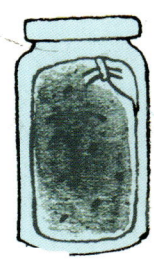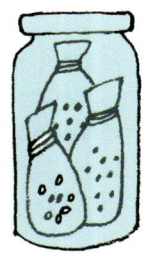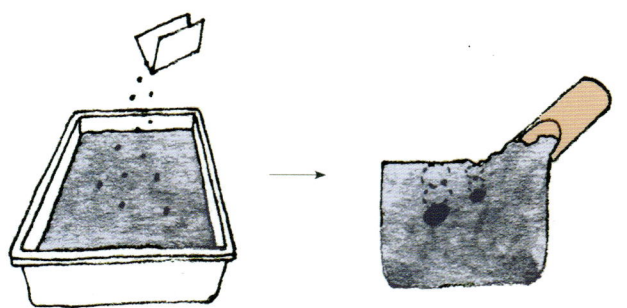

식물의 다수는 가을이 되면 열매가 열리고, 거기에 씨앗이 생긴다. 이 씨앗을 용토에 뿌려서 나무를 길러 가는 것을 「실생」이라고 한다.

실생은 소재만들기의 원점이라고도 할 수 있는 방법. 한 번에 많은 묘목이 되고, 갖가지 수종을 기를 수 있는 장점이 있다.

수목이 무성한 공원이나 가로수 등, 씨앗은 의외로 가까운 장소에서 채집할 수가 있다. 가을의 공원이나 가로수를 바라보면, 산단풍과 느티나무, 은행, 팽나무, 백일홍, 때죽 나무 등이 눈을 머물게 한다.

이들의 나무에서 씨앗을 채집하여 봄에 뿌리면, 분재로서 완성될 수가 있는 것이다. 떨어져 있는 씨앗을 가지고 돌아가서, 즉시 용토에 뿌리거나 한번 보존했다가 내년 봄에 뿌려도 된다.

실생의 재미는 무엇이라고 해도 작은 발아에서 성장이 뒤따를 수 있다는 것. 2~3년 후에 매년 이식하고, 철사감기에 의한 구부림 등이 될 수 있게 된다.

비교적 간단히 기를 수 있는 것이 느티나무와 단풍나무이다.

느티나무는 자엽이 열리고, 중심 싹이 뻗어날 무렵, 1개씩 잘라 꽂는 싹으로 한다. 이윽고 2개의 가지가 뻗어나면, 싹 따기, 잎 베어내기를 반복해서 하면서 길러 간다. 한편, 산단풍 나무는 씨앗에서 길러 3년이 지나면 갖가지 수형의 나무를 만들 수가 있는 아주 매력적인 수종이다.

씨앗파종은 과육을 제거하고, 물에 잘 씻고 나서 육묘상자에 흩어 뿌린다. 흙은 일반의 파종용토로도 관계없다. 흙을 씌우는 두께는 씨앗크기의 2~3배정도가 목표다.

파종 후에는 발아까지 건조시키지 않는 것이 포인트. 물주기는 정성스럽게 하고, 발아까지 반그늘에서 관리한다.

씨앗을 즉시 파종을 하지 않는 경우에는, 밀폐용기에 넣고, 냉장고에서 다음해 봄까지 보관한다. 파종 전에는 한번 씨앗을 살균 액으로 소독하고 나서 용토에 심는 것이 정석이다.

실생實生 : 씨를 뿌려 키우는 것

개화와 결실

꽃의 개화는 계절의 변천을
아름답게 표현해 준다.

● 개화결실의 습성

- 새 나무꼭지에 개화해서 당년에 결실 하는 것
  낙상홍, 백일홍, 석류나무, 보리수, 자귀나무 등
- 새 나무꼭지의 선단에 꽃순이 돋아, 다음해에 개호-결실 하는 것
  (감, 치자나무, 철쭉, 진달래, 동백, 도사 층층나무 등)
- 새 나무꼭지에 꽃순이 맺어, 다음해에 개화 결실 하는 것
  (영춘화, 납매, 벚꽃, 때죽나무, 산수유, 참빗살나무 등)
- 짧은 가지에 꽃 순이 나와, 다음해에 개화 결실 하는 것
  (모과나무, 애기사과, 피라칸사, 미카이도, 가마쓰카 등)
- 초보자라 개화결실 하기 쉬운 수종
  (때죽나무, 간구미, 낙상홍, 심산해당화 등)
- 상급자라도 개화를 하여 결실이 어려운 수종
  (청갈, 석류나무, 남오미자, 은행나무, 고나라 등)

• 인공수정의 방법

애기사과의 인공수분. 해당화 꽃을 따서 직접 암꽃술에 접촉시켜서 교배한다.

꽃식물과 열매식물의 분재는 주로 봄에 꽃을 피우고, 가을에 열매를 열리고, 보는 사람에게 계절의 변화를 느끼게 해 준다. 아름다운 꽃과 열매를 즐기기 위해서는, 식물과 수종별의 성질을 알아 둘 필요가 있다.

먼저, 꽃을 피게 하려면 가지에 꽃 순을 맺게 하는 것이 가장 중요. 힘 있게 성장을 계속하고 있는 유목에서는 꽃순이 나오기 어렵고, 꽃은 피지 않는 것을 이해하자.

꽃순을 많이 맺게 하기 위해서는 햇볕과 통풍이 잘 되는 장소에서, 인산의 배합이 높은 비료를 주면 된다. 단, 언제까지나 비료를 주면, 지엽만이 무성해지는 케이스도 있으므로, 꽃 순이 분화하는 시기에는 웃거름을 멈추고, 일단 비료를 끊는 상태로 하면 좋을 것이다.

또, 성장을 계속하고 있는 가지에는 꽃 순을 그다지 맺지 않는 경향이 있으므로, 힘 있는 웃자란 가지는 전정하고, 짧은 가지를 많이 남겨 두는 것이 포인트이다.

수목에는 제각각 「결과습성」이라는 것이 있고, 개개의 특장을 알아 드면 편리. 새로 뻗은 가지의 선단에 개화 결실하는 것과 짧은 가지에 개화 결실하는 것 등, 나두에 따라서 제각기의 습성이 다르다.

꽃이 피면, 열매식물은 수분시켜서 결실시킨다. 하나의 꽃에 암술과 숫술이 붙어 있는 꽃이라면, 자연과 교배해서 열매를 맺지만, 특히 주의해야 할 것이 자웅이주의 수종이다. 낙상홍이나 로오야가키 등은 자목근처에 숫목을 두고 교배를 시키도록 한다. 또, 애기사과는 같은 종류의 꽃끼리는 결실하기 어려우므로, 해당화나 즈미꽃을 사용해서 인공 수분 시키면 좋다.

특히 열매식물은 물기가 없을 때에 주의가 필요. 개화 중에 확실히 고배해도 여름철에는 한번이라도 물기가 떨어지면 열매가 자라지 않고 떨어져 버리는 일이 있기 때문이다.

뿌리 삽목〈꽂이〉으로 소품분재 만들기

뿌리 삽목이란, 땅속에 묻히거나 다른 물체에 박혀 식물체를 떠받치고 수분, 양분을 빨아 올리는 식물의 한 기관 즉 뿌리의 일부분을 절취해, 소품분재를 만드는 것을 말한다.

A. 뿌리 삽목의 목적과 좋은 점

1. 번식의 한 방법으로 2. 영양 번식으로 우수한 유전자를 그대로 유지하게 함 3. 가지 삽목이나 실생, 접목. 취목 등이 용이하지 않을 때 4. 뿌리 꽂이는 비교적 빠른 시일에 소품 분재를 완성시킬 수 있다. 〈개화, 결실과 수형樹刑의 완성도가 빠르다.

B. 분재용으로 간단하게 뿌리 꽂이가 가능한 물종

느릅나무. 노아시감. 노박덩굴. 돌감나무. 콩배나무. 아그배나무. 애기사과. 팥배나무. 보리수. 등나무. 골담초. 백정화. 능소화. 석류. 자귀나무. 야매화. 산 앵두. 산사나무.

*주의할 점은 돌감나무, 산사나무, 애기사과, 아그배나무, 등나무, 배나무 등은 접목된 부위가 어디에 있는지를 잘 살펴보고 뿌리를 채취해야 한다. 이유는 뿌리와 접목된 상부의 나무는 나무의 성격이 전혀 다르므로, 취목 해서 그 뿌리를 양성하여 뿌리 꽂이를 해야 한다.

C. 뿌리 꽂이의 적합한 시기

나무의 생장生長이 끝나고 휴면休眠 상태일 때 뿌리의 영양이 가장 좋다. 3~4월 보온 상태에선 겨울도 가능하다. 이 외의 기회에 따라 어느 시기든 할 수는 있지만, 생태生態적으로 싹이 잘 나오는 것과 그렇지 않은 것이 있다.

D. 뿌리 삽목의 방법

준비물

1. 뿌리의 양量과 길이에 따라 분盆이나 상자箱子, 높이 10~15cm정도의 꽂이 용 용기를 준비.
2. 거름기에 오염이 되었거나 잡초 등의 씨앗이 섞이지 않은 깨끗한 흙을 용기의 9부까지 채운다.
3. 꽂이 할 뿌리를 10cm내외로 잘라 위 아래를 잘 표시하여 뿌리와 뿌리 간격을 2cm 두고 꽂이 한다.
4. 느릅나무나 노박덩굴처럼 싹이 잘 나오고 뿌리가 유연하여 잘 휘어지는 것은 길이에 구애받지 않고 꾸부려 뿌리 꽂이를 하여 여러 가지 수형으로 작품을 구상하여 만들기 하면 이상적이다.

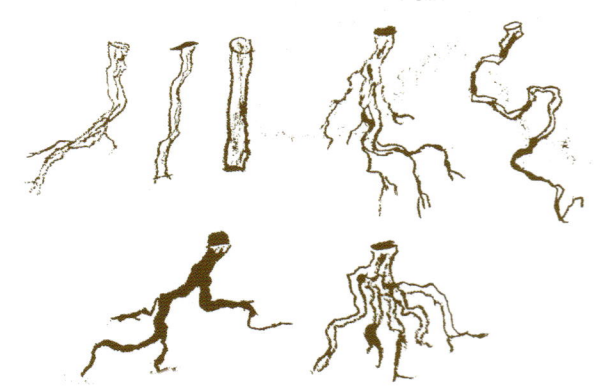

5. 뿌리 삽목의 방법과 여러 가지 형태形態

3. 뿌리의 생장 과정의 속성屬性과 생리生理

* 식물植物을 오랫동안 기르다 보면, 도저히 사람으로서는 이해하기 어려운 일들이 있음을 알게 된다. 아울러 식물도 반드시 생리 작용을 한다는 것을 알게 된다.

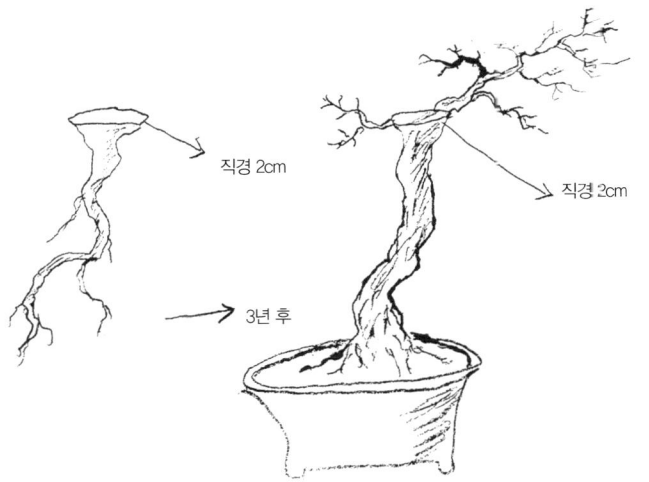

직경 2cm
직경 2cm
3년 후

*위의 그림에서 보듯이 느릅나무 뿌리 상부 절단면이 약 2cm정도이고 아랫부분이 점차 약한 것을 삽목插木 하여 싹을 틔워 배양培養하면 마치 뿌리가 나름대로 이성理性이 있는 것처럼 굵은 윗 부분은 그냥 놔두면서 약한 아래 부분을 강하게 키운다. 경우에 따라서는 필요 없는 잔뿌리를 도태시켜 가면서 한 그루의 완벽한 느릅나무로 성장 시킨다.

식물은 불가사의不可思議 하게도 생장 하면서 자신을 잘 만들어 간다. 약한 부분은 튼튼하게 하여 불합리 한 것은 스스로 정리해 간다.

E. 용기에 꽂는 방법

*반드시 위, 아래를 구분하여 심어야 하고 다양한 형태의 뿌리를 활용하면 상상을 초월한 기상천외奇想天外의 멋진 소품 분재를 만들 수 있다.

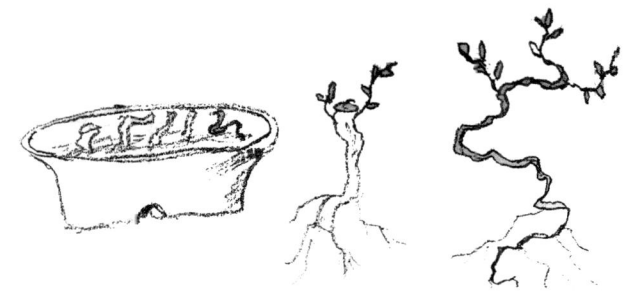

새로운 잎이 나오면 아래쪽의 새 뿌리도 동시에 나오게 된다. 이것을 한 개씩 분리해서 분에 심어 배양하면 된다.

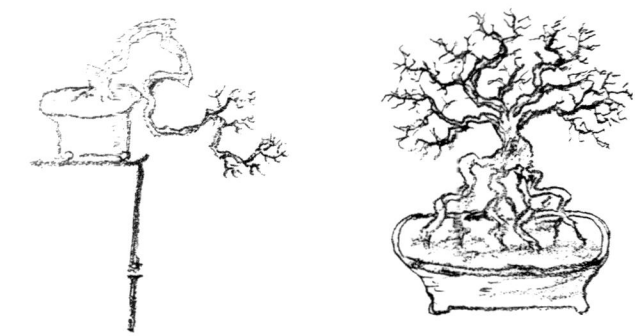

스엽느릅나무 뿌리를 삽목 해 완성한 소품분재의 상상도想像圖

뿌리올림

뿌리 올림으로 삽목이 가능한 나무

1자귀나무 2팥꽃나무 3산사나무 4사과나무 종류 5느릅나무 종류 6등나무 7감나무 8노아시감 9명자나무 10장수매 등 기타

삽목시기 : 항상 가능하나 휴면기에 뿌리에 영양분이 제일 축적된 시기,즉 3월 하순이 좋다.

방법 : 길이는 10cm 내외가 적당하고 삽목판에 마사나 모래를 채워 삽목하듯이 한다. 몸 전체가 땅에 묻히게 비스듬이 꽂고 끝부분은 1~2cm 남긴다

1, 자귀나무 : 엄지손가락 정도 굵은 나무나 더 이상의 건도 봄 삽목을 하면 그 해 가을에 반드시 꽃이피어 볼 수 있다.

2팥꽃나무 : 상단 부분은 아무리 삽목을 해도 불가능하다. 뿌리를 잘라 삽목하면 매우 잘 된다.

3산사나무 : 씨를 뿌리는데 휴면에 들어가면 새싹이 2년만에 발아 되기 때문에 뿌리 삽목이 좋다. 여러개의 순이 터져 나오면 그 중 한 눈만 남기고 제거해 줄 필요가 있다.

4사과나무 종류 : 비교적 뿌리에서 눈이 잘 나오는 편이나 기르다 보면 쓸데없는 곳에서 부정아가 많이 생기니까 빨리 제거해 주는 것이 좋다.

느릅나무 종류 : 비교적 싹이 잘 터주는 나무인데 언제 꽂아도 싹이 잘 나온다.

6등나무 : 싹이 잘 나오는 편이나 늦게까지 잘 참고 기다려야 한다.

7감나무 : 상단 내지 가지꽂이는 잘 안되나 뿌리를 꽂아 기다리면 어미나무의 형질을 닮은 나무가 생겨난다.

8명자나무 : 눈이 아주 잘 터져 나오므로 석부나 근출을 하면 잎순이 지나치게 많이나와 작품 만들기가 어렵다.

9노아시 감 : 요즘 인기가 많은 나무이다. 어미 나무를 닮은 것을 만들려면 뿌리를 삽목하는 것이 제일 좋은 방법이다.

10 : 장수매 : 명자나무와 같은 비슷한 성질을 가지고 있다. 명자나무와 접목할 시기는 3월 말이나 9월에하면 좋다.

근출〈根出〉뿌리 올림이 잘되는 나무 : 소나무 느릅나무 단풍나무 치자나무 철쭉 1느릅나무 2단풍나무 3소나무

*뿌리의 수가 너무 많아도 나머지지 뿌리가 굵어지지 않는다. 소나무 근출은 뿌리가 서너가닥이 적당하고 그 외 나무는 뿌리가 매끈 하면서 힘이 있게 뻗으면 좋다.

철쭉 같은 것은 좁은 비닐 봉지에 묘목을 넣어 일직선으로 일직선으로 자라게 되면 보기에 좋지 않다.

*모든 근출목은 뿌리에 곡선이 들어가면 이상적이다.

초심자를 위한 분재기르기 강좌교실

밭에 심은 5년된 해송

해송 5년생을 밭에 심어 4~5년간 배양해 분에 옮겨 심는다.

큰 싸이즈의 뿌리올림을 만들려면 뿌리를 더 깊게 수년간 배양해야 된다.

분재의 4계절 관리법

계절의 변화에 따른, 분재의 관리

변화하는 계절의 환경에 알맞는 재배관리가 필요하다. 제 각각의 계절에 해두고 싶은 작업의 여러 가지를 설명.

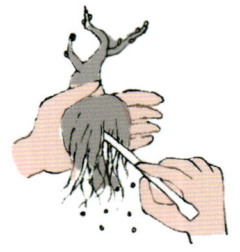

• 봄의 갈아 심기

새싹이 움직이기 시작하면 갈아 심기의 적기이다. 낡은 흙을 제거하고 뿌리를 정리하여, 새 용토에 이식한다.

• 여름의 햇빛가려 주기

여름의 직사광선은 잎이 타는 원인이 된다. 한랭사나 갈대발 등을 사용하여 강한 햇빛을 차단한다.

• 겨울의 소독

12~2월 사이에 석회유황합제를. 물을 묽게 해서 분과 함께 잠기게 한다. 병·해충 예방에 효과가 있다.

• 가을의 웃거름〈치비〉

여름의 더위가 일단락 되면, 고체형 비료로 치비를 주어서 체력 회복을 할 수 있도록 하고, 가벼운 전정과 철사감기를 한다.

우리나라는 4계절이 있다. 제각각 계절의 변화에 따라서 분재도 손을 보아 주어야 한다. 봄에는 싹이 트는 계절. 기온의 상승에 따라, 휴면하고 있던 식물들도 활발하게 움직이기 시작한다. 먼저 실내에 넣어 두고 있던 분재를 옥외로 내놓고 봄의 따뜻한 햇빛을 쪼인다. 그리고 본격적인 성장기로 들어가기 전에 이식을 한다. 뿌리를 정리해서 새로운 용토에 이식한다. 수종에 있어서는 웃자란 가지를 전정하기도 하고, 싹 따기도 해 준다. 또, 기온이 올라가면 해충의 활동도 활발해 지고, 모충과 나방 류, 진디 등이 붙어 있지 않은가 체크를 하고, 발생하면 약제를 살포한다. 월 1회의 비율로 치비를 해주고 장마가 들면 잎 베기를 해서, 햇빛과 통기성을 좋게 해 주어야 한다.

장마가 끝나면 기온이 급상승 하기 때문에 물 부족이 되지 않도록 주의를 해야하는 계절이다. 한여름에는 1일에 2회의 물주기가 필요하게 되는 일도 있다. 분수가 많은 경우에는 자동관수시스템을 도입해도 좋을 것이다. 또한, 여름의 햇빛으로 잎이 시들거나, 잎이 타는 일이 있다. 여름철에는 한랭사나 갈대발 등을 이용해서 차광을 하여 주면 좋다.

가을에도 이식하는 계절. 애기사과와 피라칸사, 심산해당화 등, 봄에 꽃이 피는 장미과 수종은 가을의 이식에 적합하다. 관엽 식물류는 가지의 선단부분을 전정해서 수형을 정돈한다. 여름에 충분한 햇빛을 받는 것은 이 시기에 아름다운 단풍을 보여 준다. 열매 식물분재도 서서히 열매가 익고, 선명한 색상으로 되어간다. 송백은 전년의 잎을 솎아내기도 하고, 철사를 감아서 수형을 정돈하기도 한다.

겨울에는 많은 식물이 휴면에 들어가는 계절이다. 서리의 피해를 입는 장소에서는 분재를 처마 밑이나 실내에 들여 놓는다. 단, 송백 등은 내한성이 있기 때문에 겨울철에도 밖에서 햇빛을 쪼이는 편이 좋다. 또, 겨울철에는 석회유황합제를 이용한 소독을 해주어야 한다.

갈아심기의 이론과 실제

분에 심어진 나무가 살기 위해서는, 분(盆)갈이는 필수이다. 그렇지 않으면 산소 결핍으로 나무는 고사하고 만다. 그만큼 분갈이는 중요하다.

분재는 분에 심어져 있다. 주문해서 만든 분이거나 감상분이거나 분을 만드는데는 차이가 있지만, 분에 나무가 심어져 있지 않으면 그것은 분재가 아니다. 그러므로 갈아심기는 필수인 것이다.

갈아심기의 목적

갈아심기는 오랫동안 분재수를 갈아심지 않고 그대로 두면 뿌리가 분 속에 꽉 차서 물의 침투와 흡수가 원활 하지 않을 뿐더러 산소공급 결핍으로, 영양분이 부족하여 말라죽게 된다. 그래서 적당한 시기에 갈아심기를 하여 흙도 갈아주고 뭉쳐있는 뿌리를 풀어 주어 분재수의 건강한 성장을 할 수 있도록 한다. 여기에 갈아심기의 목적이 있다.

갈아심기의 이유

갈아 심기하는 이유는 여러가지가 있다.
1. 분이나 밭에서 실생한 묘목 또는 삽목한 묘목이, 어느 정도 해가 지나서 묘목을 분에 옮겨 심지않으면 안되는 경우.
2. 큰 재배분에서 배양해 왔지만, 목적하는 분재로 만들기 위해서는 작은 분에 옮겨 심지 않으면 안 되는 경우, 이와는 반대로 작게 가꾸기 위해 작은 분에 심었던 것을 크게 가꾸기 위해 큰 분으로 옮겨 심어야 할 경우이다.

3. 재배분에서 감상분으로 옮겨 완성 분목으로 하는경우
4. 감상분에 심어서 배양해 왔지만, 1-5년이 지났으므로 용토를 갈아서 감상분이나 또는 보다 조화를 이룬 감상분에 옮겨 심는 경우 등 이다.
5. 수형과 잘 어울리지 않는 분에서 다른 분으로 갈아심는 경우 로써 일반적으로 이상과 같은 경우에 갈아심기를 하게 되는데, 그 방법에 관해서는 다음 장에서 도해와 함께 자세히 개설概說하니 참고 바람

갈아심기의 시기와 횟수

갈아심기의 시기는 수종이나 지방에 따라서 조금씩 다르다. 한마디로 말해서 춘분 전후나 추분 전후가 좋지만 역시 각 분재수의 성장 상태에 따라서 달라지므로 분재수를 매일 잘 관찰하는 것이 중요하다. 봄의 갈아심기는 분재수가 긴 동면에서 깨어나 활동을 개시하여 눈이 나오기 시작할 무렵이 최적기이다.

● **송백류** : 곰솔은 4월 중순, 섬잣나무는 4월상순. 가문비나무는 3월 중순에서 5월 중순 금송은 3월 하순에서 4월 하순, · 노간주나무 3월하순에서 5월 하순, . 삼나무는 4월 하순에서 5월 하순, 노송나무는 3월에서 5월 하순.

● **잡목류** : 단풍은 3월 중순,느티나무는 3월하순,당단풍은 4월 초순.너도밤나무는 3월 중순, 소사나무는 4월 초순,노각나무는 4월 초순, 위성류는 4월 중순에서 하순, 겸양옻나무는 3월 중순, 은행나무는 3월 중순, 팽나무는 4월초순, 버드나무는 4월 초순에서 하순, 화살나무는 4월 초순에서 하순, 느릅나무는 4월 초순, 뽕나무는 4월 초순, 담쟁이 덩굴은 4월 중순.

● **꽃나무류** : 매화나무는 꽃이 진 직후로서 대개 2월 중순, 벚꽃나무는 3월 중순, 철쭉은 꽃이 진 직후인 7월 초순, 해당화는 3월 하순, 철쭉은 5월 상순의 꽃이 진 후, 배룡나무는 4월 초순, 석류나무는 4월 상순, 치자나무는 4월 상순, 등나무는 4월 상순, 동백나무,4월, 산사나무는 3월 중순, 석남화는 7월, 자귀나무는 4월 초순, 마취목은 4월초순.

● **열매나무류** : 모과나무는 4월 초순, 참빗살나무는 4월 초순, 피라칸사는 4월 상순, 너도매화나무는 3월 하순, 능금나무 4월 초순, 해당화는3월 하순, 감나무는 4월 초순, 배나무는 3월 중순, 앵두나무는 3월 하순, 남오미자는 4월 초순 때죽나무는 4월초순, 가막살나무는 4월초순, 위에서 보면 승백류는 3~5 월, 잡목류는 3 월 중순에서 하순. 꽃나무류는 꽃이 진 직후, 열매나무류는 3 월 중순에서 4월상순이 되며, 담쟁이덩굴이나 장수매화나 모과나무와 같은 수종은 근두암종병을 예방하기 위해 9 월 상순에서 하순에 갈아 심기를 한다.

분갈이의 시기

일반적으로 분속의 흙이 굳어져서 물이 잘 스며들지 않게 되면 갈아 심기를 해 주어야 한다.

갈아심기의 장소와 방법

● 장소

갈아심기의 작업을 하는 장소는 그늘이 좋으며 되도록 바람이 없는 날을 택하여야 한다 실내에 작업장이 있는 경우는 그러한 염려는 없지만 여하튼 뿌리를 건조시키지 않도록 재 빠르게 작업을 마쳐야 한다.

● 갈아심기 방법

1. 갈아심는 나무에 어울리는 분을 택할것. 크기, 깊어. 다리의 상태, 색깔, 원료 등 각기 다른 분이 있으므로 나무와의 조화를 생각해서 결정한다.
2. 결정한 분이 그 나무의 성장에 적합한 용토를 중앙이 약간 높아지게 넣는다. 분재수를 심은 후 나무의 안정을 위해 밑바닥 구멍어 철사로 꿰어 둔다.
3. 갈아심을 나무를 분에서 뽑아낸다. 흙이 단단해서 잘 뽑히지 않을 때는 대나무 꼬챙이로 가장자리의 흙을 긁어내어 뽑는다.
4. 뽑았으면 원래의 흙을 2분의 1에서 3분의 2가량 떨어 뜨린다. 대나무 꼬챙이로 둘레의 흙을 떨어내면 뿌리가 축 늘어진다.
5. 이번에는 뿌리의 정리를 한다. 굵고길게 뻗은 뿌리나 가는 뿌리를 새로 심을 분에 잘 들어가게 잘라낸다.
6. 뿌리를 사방으로 펴서 분속의 용토 위에 놓고 남겨놓은 원래의 흙과 새 흙이 잘 융화하도록 나무 뿌리를 누르면서 좌우로 비벼 넣어 안정을 시킨다.
7. 분과 원래의 흙 사이의 공간에 알맞는 용토를 넣는다. 그리고 새로 넣은 용토가 뿌리 사이에 충분히 들어가도록 대나무 꼬챙이로 쑤신다.
8. 용토의 표면에 1mmi정도의 마사토를 깔아 화장한다. 이흙을 화장토라고 하는데 깔았으면 흙손으로 표면을 고른다.
9. 다음은 이끼를 입힌다. 핀센트를 사용하여 나무의 밑동에서 분의 가장자리 쪽으로 이끼를 입혀 나간다. 이때 이끼에 고저를 두면 분재수가 한결 돋 보인다. 분경이나 돌붙임 외에는 자연상태로 이끼를 깔지 않는 것이 수목의 과습을 막는데 좋다.
10. 물을 충분히 주어 소정의 장소에 둔다.

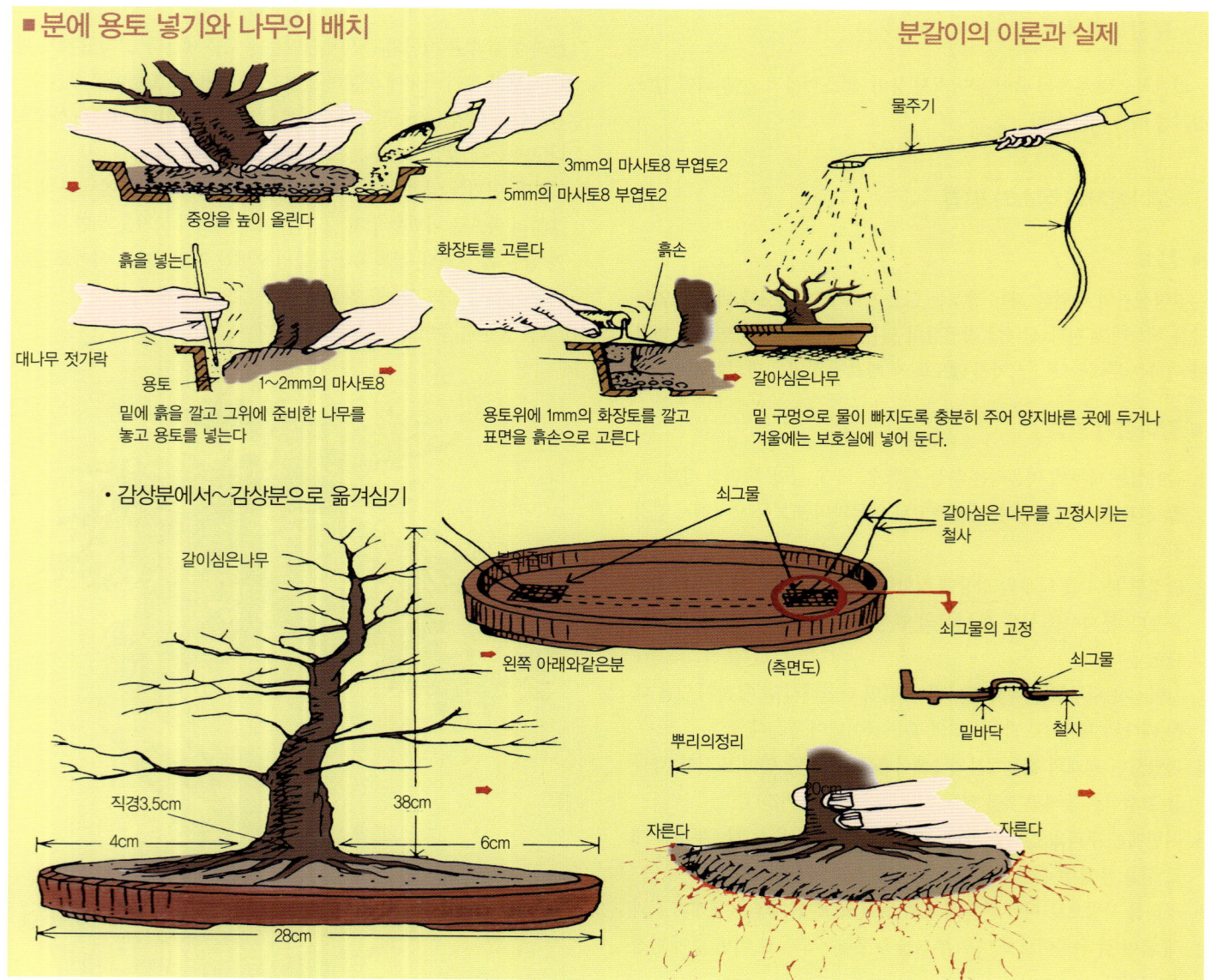

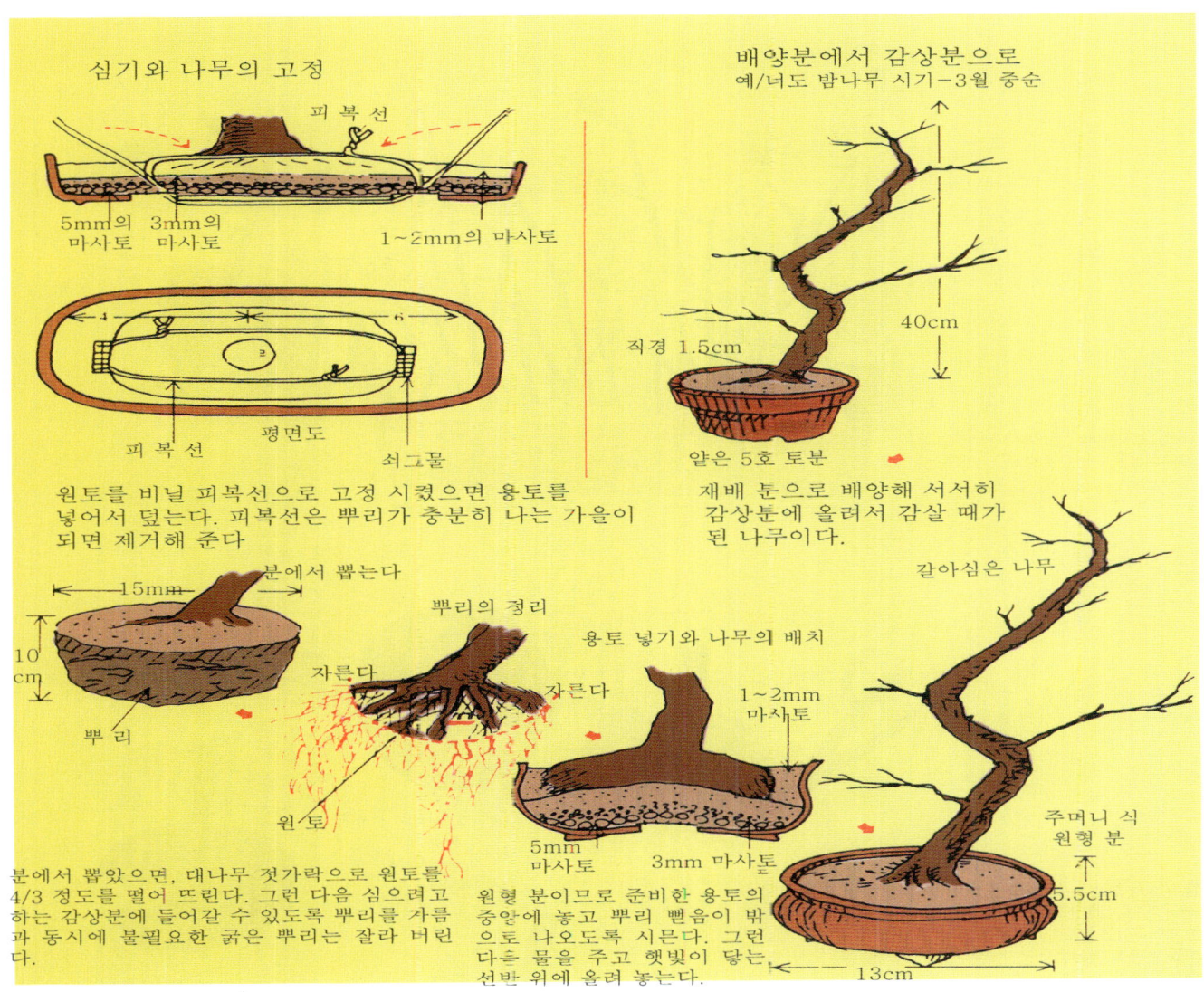

분갈이의 실제 – 소형분재 小形盆栽

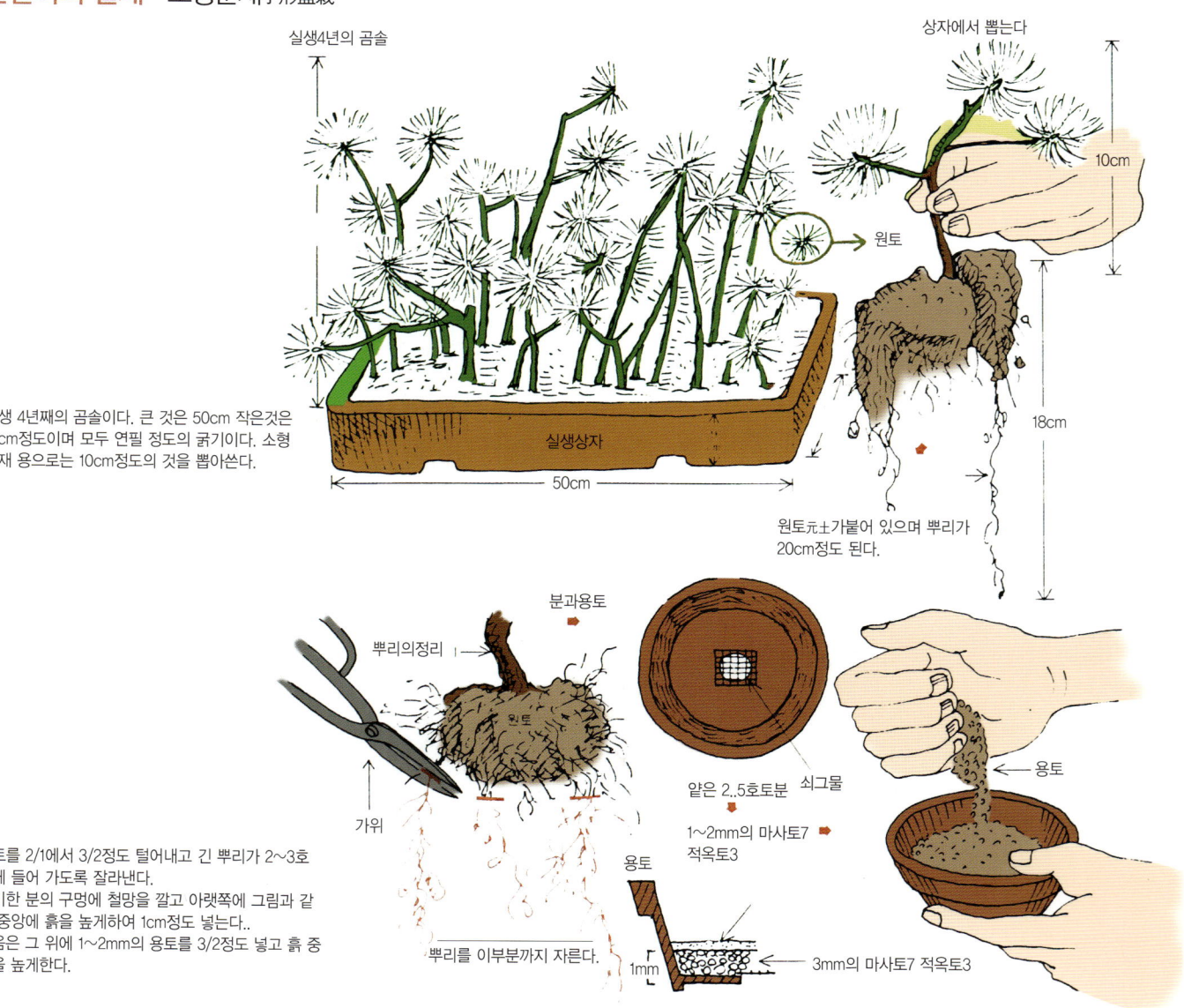

분갈이 – 대형분재 大形盆栽

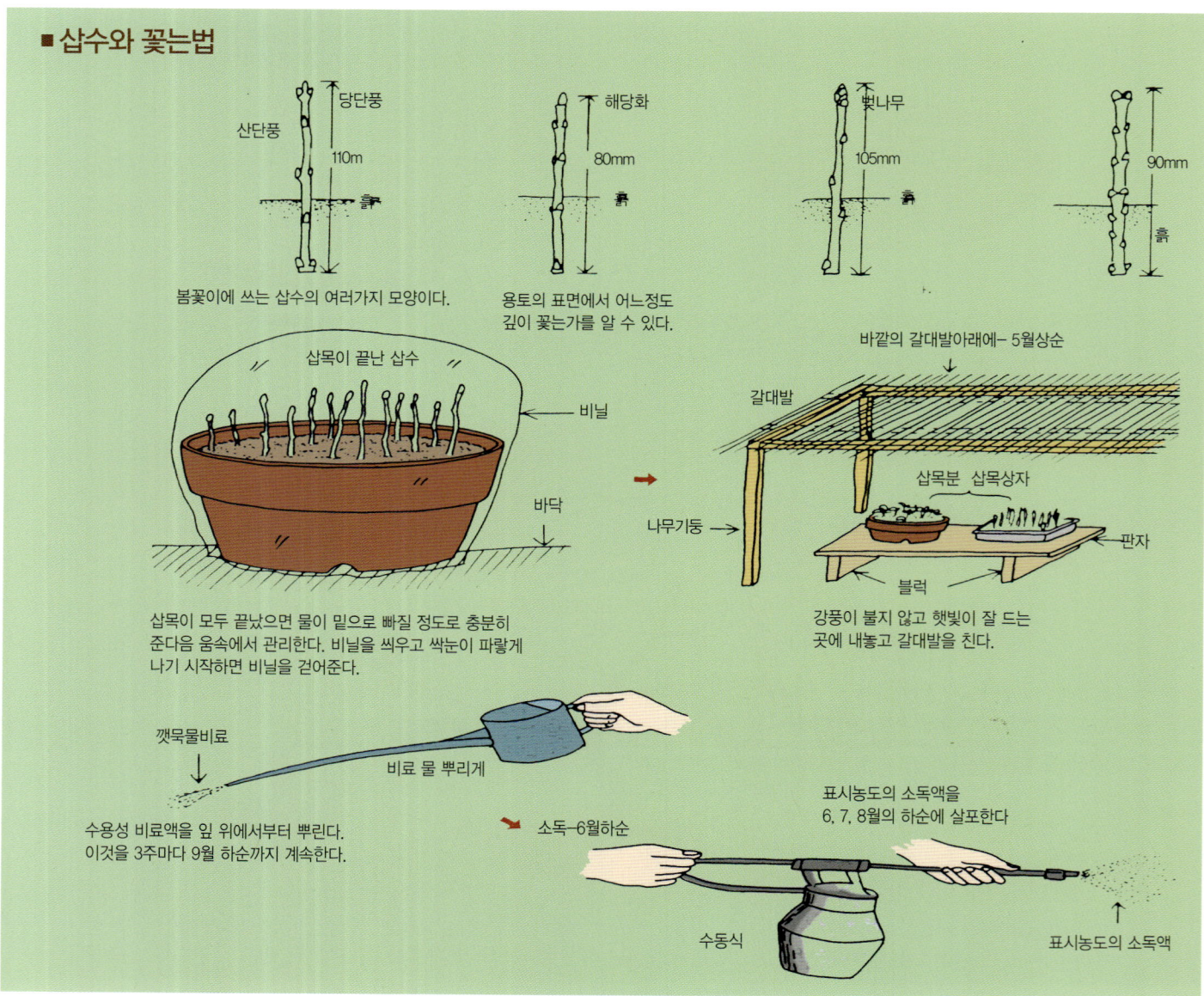

치자나무 삽목의 실제

삽목挿木이란 : 식물의 줄기나 가지를 잘라서 흙에 꽂아서 살게 하는 일. 일명 : 꺾꽂이

치자나무 삽순을 채취할 종묘

2. 치자나무 삽순조제

3. 삽순〈누톤, 황토 50%〉처리

1. 삽목할 상자와 삽목토〈마사토60% 적옥토40%〉

4. 상자에 삽순을 길이 3cm를 2cm 깊이로 심는다.

초심자를 위한 분재기르기 강좌교실

5. 삽목 후 35일쯤 지나면, 뿌리가 나옴을 볼 수 있다.

6. 약 3호분 포트에 이식

7. 흙을 분 골고루 넣는다.

8. 나무 주변에 공간이 없도록 흙손으로 골고루 눌러준다.

철사걸이 기본형.

치자 나무는 꽃이 아름다울 뿐 아니라 향기 또한 진하다. 열매는 약용으로 이용하고 염색으로도 사용된다

나무가 자라면 수형을 만들고 싶어도 그것은 매우어렵다. 그러므로 애기 나무일 때 장차 자기가 원하는수형을 머리에 그리며 여러가지 로 철사걸이를 이용해 수형의 기초를 잡는다.

이식이 끝나면 물을 듬뿍주어 1주일정도 그늘에서 관리한다. 치자나무는 자라는 힘이강해 이식 후 1년이 되면 향기 진한 꽃이핀다. 만달 열매를 즐기려면 타가 수정이 필수이다. 물관리-보호시설 2~3일에 준다. 관수-하절기 노지에서는 2~3일에 한 번씩 준다

잡목류雜木類의 접목법接木法

- **접목으로 번식시키는 수종**
  산단풍, 당단풍, 느티나무, 모과나무, 나도매화나무, 배나무, 감나무, 능금나무, 해당화, 명자나무, 산사나무, 목련, 및 꽃나무, 등나무 등
- **접목법이란**, 나무의 어떤 부분을 잘라내어 다른부분에 접 붙여서 두 나무를 유착시키는 방법을 말한다. 따라서 접하는 쪽〈접수〉과 접하는쪽 대목이 있으며 이 대목과 접수의 조직의 형성층形成層을 유착시키는 것이다. 이 방법으로는 밑동접元接 할접脚接, 외에 눈접芽接, 가지접技接, 부름접呼接 등이 있으며, 접하는 부분이나 접하는것에 따라서 각각 이름이 붙여진다. 그러나 실제에 있어서 잡목류에는 거의 밑동접과 가지접이 행해지고 있으므로 여기서는 두 가지 방법에 대해서 설명코저 한다.
- **접목시기** : 3월 중순에서 4월하순까지, 3월에 하는 경우는 비닐하우스를 설치 해야한다.
- **대목과 수목의 준비** : 밑 동접을 할 때 주의 할것은 대목을 상자나 프레임에 넣어서 구김살 없이 자라나게 하고 수목쪽은 추운곳에 놔 두어 동면 상태로 두는것이 유착률을 높이게 된다.
- **접목후의 관리** : 그림에서는 싹과 잎이 나기까지의 관리 방법을 표시 하였다. 분에 옮겨 심은 후의 관리는 다음과 같이 한다. 갈대발을 걷고 잎이 굳어질 때까지는 옥외의 선반위에 올려 놓아 겉흙이 너무 마르지 않도록 관리를 한다. 그리고 잎이 단단해 젓을때 비료를 한번 준다. 또한 하이포넥스 1000배 희석하여 주고 그 이후는 10월까지 매월 1회씩 깻묵의 덩어리 비료를 하나씩 준다.

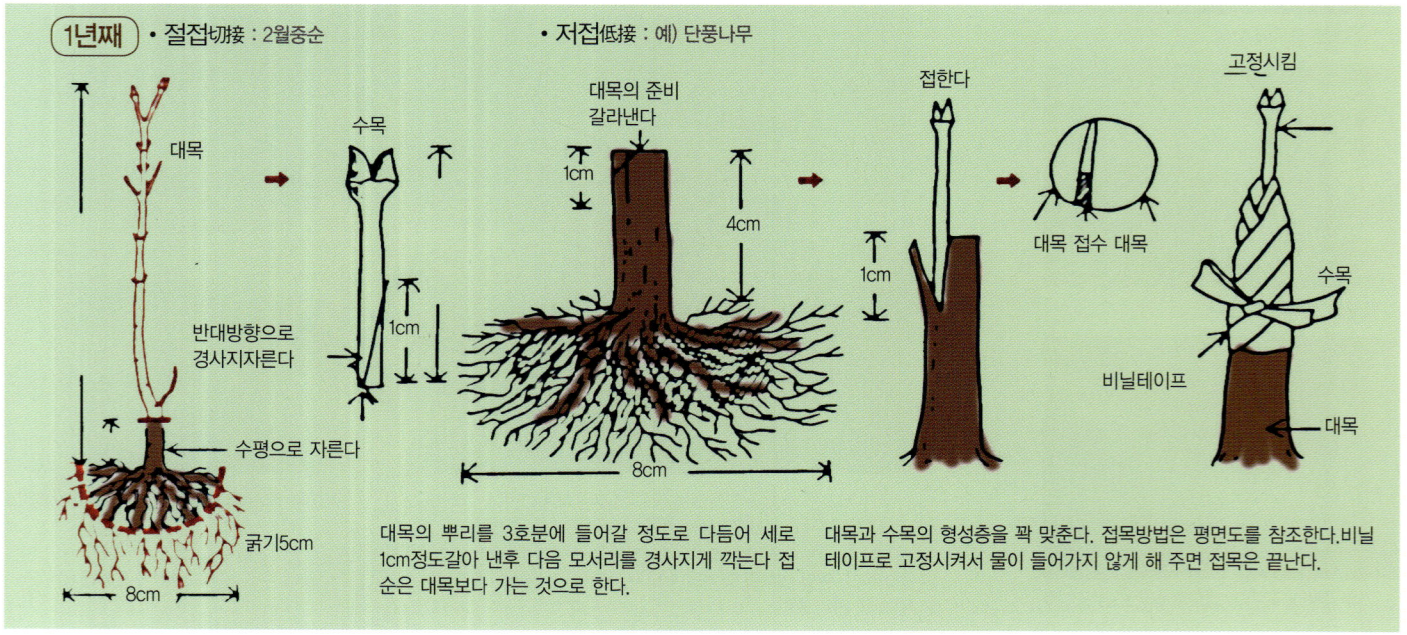

■ 가정용으로 소수를 접붙인 경우
• 심어넣기 요수관수 – 접목직후

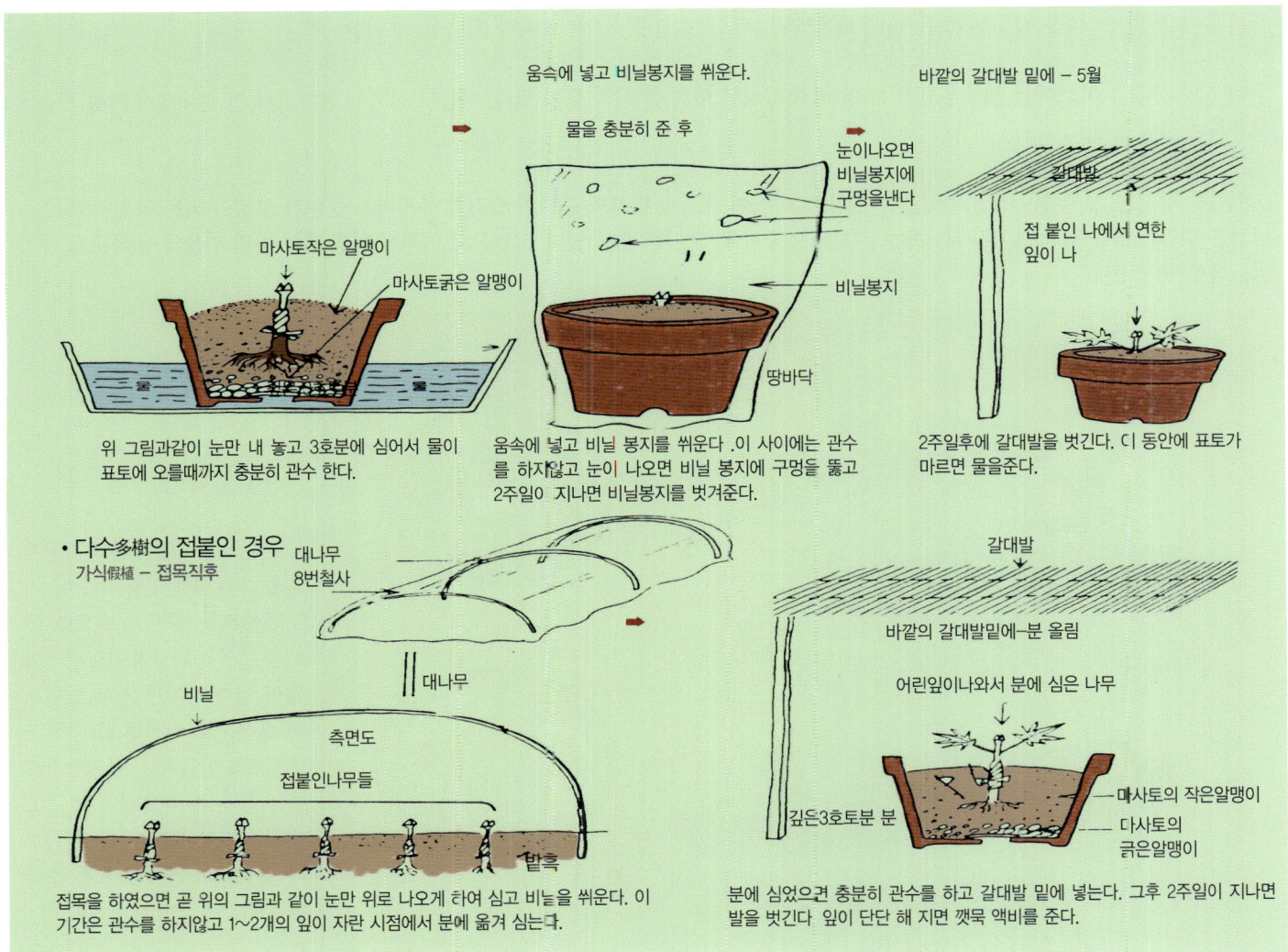

*이끼를 입히는 방법

분갈이 후의 이끼를 입히는 것은 습기 유지와 미관상 보기에 좋다. 그러나 과습은 주의할 것

이끼의 종류 : 이끼에는 발로우드 이끼 청 이끼 삼나무 이끼 불 이끼 등이 있다. 이들의 이끼는 갈아심기 전 분재에서 자란 것을 이용하는 것이 좋다.

*이끼를 입히는 장 단점

이끼를 입히면, 보기에 아름답고 많은 비를 맞아도 흙이 씻기지 않으며 분토의 습기를 유지하고 분수가 고정이 되는 장점이 있다. 단점은 뿌리가 뻗음이 잘 보이지 않으므로 분토의 건조가 약간 나쁠 수도 있다. 그러므로 이끼를 입힐 때는 뿌리 뻗음의 상태를 볼 수 있도록 깔아야 한다.

*이끼 입히는 법

분수의 둘레에서 분의 가장자리 쪽을 향해 입혀 나간다.

핀셋트를 가지고 손으로 이끼를 조금씩 바깥쪽으로 간격이 없이 입혀 나가며 전부 입혔으면 흙손으로 이끼의 표면에 고저高低를 만들거나 분 가장자리를 다듬은 후 물을 흥건히 주고 이끼를 밀착 시킨다. 이 때 이끼가 흘러내려 가지 않도록 주의를 한다.

잡목류雜木類의 삽목법挿木法

삽목으로 번식시키는 수종
잡목류, 꽃나무류는 거의 모두 다 해당된다. 봄꽃이 3월 하순 산단풍, 당단풍, 너도매화나무. 심산해당화, 및 기타 나무들, 소사나무 노각나무, 앵두나무, 개나리, 등나무, 철쭉 등.

● **봄꽃이**
4월 상순의 싹이 트기 직전에 삽목하는 수종~치자나무,배롱나무, 석류, 홍자단나무, 오미자, 칡, 담쟁이덩굴, 장수매화, 위성류, 싸리, 피라칸사, 참빗살나무 등.

● **장마꽃이**
6월 매화나무, 벚나무, 진달래, 미국산 산딸기나무, 장수매화, 모과, 철쭉, 마취목, 납매, 때죽나무, 산사나무, 가막살나무, 모과나무, 채진목, 석남화, 등나무 등.

● **복중꽃이**
7월 하순~8월 상순 동백나무, 산다화, 철쭉 등.

● **가을꽃이**
8월 하순~9월 하순 모과류. 장수매화,해당화, 장미. 가막살나무, 모과나무 등.

● **뿌리꽃이**
3월 중순 느릅나무, 해당화, 등나무 등.

● **삽수와 삽토**
2년생 가지 봄꽃이의 경우 나 새우둠지 봄꽃이 이외 를 각각 6-7마디를 잘라서 삽수로 하고 윗부분의 잎을 2매 남긴다. 밑부분은 마디의 바로 밑을 수평으로 자른다. 삽토는 마사토가 좋으며 삽목하기 전에 물로 적셔 놓는다.

● **삽목시 주의할점**
물 속에서 자른 삽수의 세 마디까지 잎의 표면이 한쪽 방향을 향하게 꽂는다. 봄꽃이는 방한(防寒)과 일광차단, 가을꽃이는 밤의 방한에 주의 해야 한다.

● **삽목 후의 관리**
아래 그림과 작업 과정을 참조.

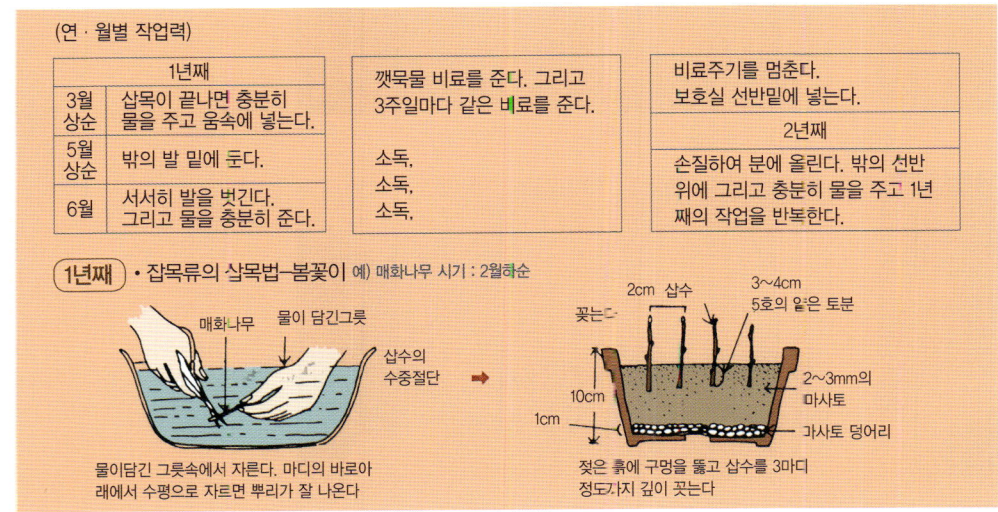

감나무 접목의 실제

1. 감나무 무늬종 접순

● **접목이란 :** 나무의 어떤 부분을 잘라내어 다른부분에 접 붙여서 두 나무를 유착시키는 방법을 말한다. 따라서 접하는 쪽〈접수〉의 대목이 있으며 이 대목과 접수의 조직의 형성층形成層을 유착시키는 것이다. 이 방법으로는 밑동접元接 할접脚接, 외에 눈접芽接, 가지접技接, 부름접呼接 등이 있으며, 접하는 부분이나 접하는것에 따라서 각각 이름이 붙여진다. 그러나 실제에 있어서 잡목류에는 거의 밑동접과 가지접이 행해지고 있으므로 여기서는 두 가지 방법에 대해서 설명코저 한다.

2. 대목〈공대〉

4. 쐐기꼴의 접순을 끼울 수 있도록 쪼갠다.〈절접〉

접목시기

● **남부지방**
3월 하순~4월 중순

● **중부지방**
보호실에서 실시

● **노지**
1달 후 8~9월에도 가능

● **접목방법**
절접

3. 대목절단

5. 공대나 고욤나무대목

초심자를 위한 분재기르기 강좌교실

6. 접순조제 - 쐐기꼴로 끝을 깍는다.

7. 대목을 조제한다.

8. 대목에 접순을 끼운다

9. 대목과 접순을 비닐로 결속한다

10. 접순의 눈 1~2개정도 남기고 절단한다

11. 접목완성 3월에 실시

감나무 무늬종 접순완성 물을 듬뿍주고 일주일은 반그늘에서 관리한다

접목 후 1년이 된 나무를 어린 줄기일 때 철사걸이

성목成木이 된 감나무

57

초심자를 위한 분재기르기 강좌교실

소나무 접목의 실제1 학명 Pinus densiflora Sieb. et Zucc.

　소나무 등의 접목은 같은 수종이나 비슷한 수종穗木에 접가지를 붙이고 유착시켜 별도의 개체個體를 만드는 것을 접목이라고 한다. 송백류의 경우는 우수한 품종이나 진귀하고 희귀한 수종을 접으로 새로운 수형樹形으로 만들거나 보완 하는 것이다.

　이 소나무의 경우는 꼭대기樹冠部의 빈약한 가지들을 보완하는 푸른 가지접이다. 즉 꼭대기접은 새로운 우듬지를 접하여 정목正木을 얻기위한 방법으로 취목取木이 전제가 되는 것인데, 이 소나무는 밑둥은 좋은데 수관이 빈약하여 그것을 보완하기 위한 방법이기 때문에 취목은 할 필요가 없다. 아무튼 좋은 분재수盆栽樹를 만들기 위해서는 작가의 많은 노력이 따른다 하겠다.

소나무 접목2

　이 분재의 소재는 처음 해송에 금송錦松을 접 붙여 배양하다가 금송의 특징인 황피성에, 잎이 짧은 〈지구보〉란 품종의 황금 오엽송을 중심부에 접 붙여 이색적인 분재소재로 실험 배양중이다.

　처음 해송에다 취설금 오엽송을 접을붙여 4년여를 배양 한 다음 중심부에 구중九重 오엽송을 접붙여 분재의 소재로써 시험 배양중이다.

배롱나무 부처꽃과 / Lagerstroemia indica
• 원산지 : 아시아 동남부, 오스테일리아, 필리핀, 뉴기니아

높이 3~7m의 낙엽 교목으로 또는 관목으로 줄기는 약간 경사지게 구부러 지면서 자라고 가지는 옆으로 퍼져서 불균형한 부정형 수형을 이룬다. 수세는 강하고 밑둥에서는 이곳 저곳에서 여러개의 싹들이 잘 나는 성질이 있다. 밑등치의 굵은 줄기는 적갈색 바탕에 흰 색의 점무늬가 얼룩 달룩하게 있어 특이하다. 잎은 도란형으로 거치가 없으며 호생한다. 꽃은 다화성으로 7월 하순부터 가을까지 아래부터 위로 올라가면서 가지 끝에 모여 약 100여일 꽃이피고 지고 한다. 꽃이 백일동안 핀다하여 목백일홍이라고도 한다.

좌측에 배롱나무의 특성이 좋지 않아서 보다 우수한 특성을 가진 수종의 수형으로 만들고자 접穗을 붙이는 모습이다. 즉 분재작품으로서 우수한 특성을 가진 품종의 가지를 삽목하여 2년여 길러 줄기가 굵어지면 그 줄기의 형성층 부위를 갈라 접수와 대목의 형성층을 서로 맞대여 결속을 시킨다음 서로 붙으면 포트의 뿌리를 자르고 포트도 제거한다. 이것을 부름접 또는 호접呼接이라고 한다.

호접의 경우 접수의 접착률이 다른 접들 보다 높아 호접을 선호한다.

취목이란?

● **취목**取木**이란**-나무의 줄기나 가지의 일부에 인위적으로 뿌리를 나오게 한 다음 어미나무에서 분리하여 독립수로 만드는 것을 말한다. 취목의 장점은 삽목이나 접목으로 번식 시키기 어려운 수종이라도 쉽게 번식 시킬 수 있고 그리고 그다지 손이 많이 가지않는 점이다. 그러나 한번에 많이 번식 시킬 수 없다는 것이 취목의 단점이다.

취목후 이끼를 비닐로 감싸준다.

송백류의 취목取木강좌

● **송백류 취목으로 번식시키는 수종**

곰솔, 섬잣나무, 가문비나무, 눈향나무, 노간주나무, 삼나무 금송, 주목·솔송나무, 참 향나무, 적송 등

● **취목의 방법과 적합한 수종**

송백류의 경우는 약물발근법藥物發根法, 환상박피법環狀剝皮法, 철사감기 방법이 있다.

약물발근법이란 소재素材의 줄기를 1cm정도 비스듬 하게 2분의1의 두께로 깍아 올리고 그 속에 발근제 등을 넣어서 발근을 촉진시키는 방법이다. 이 방법은 섬잣나무, 가문비나무 등 발근하기 어려운 수종에 적합하다. 환상박피법기란 소재의 줄기를 1cm정도 목질부 까지 고리 모양으로 깎고 거기에 적옥토를 발라서 발근시키는 방법이다. 이방법은 곰솔, 삼나무, 금송 주목, 솔송나무, 참 향나무, 노간주나무, 눈향나무 등 뿌리가 나기 쉬운 수종에 적합하다. 철사감기 법이란 소재의 줄기에 비닐 피복선을 2중으로 감고 줄기의 직경과 같은 간격으로 또 하나의 피복선을 2중으로 감아서 발근시키는 방법이다. 이 방법은 삼나무나 가문비나무 등 특히 뿌리가 나기 쉬운 수종에 적합하다.

● **취목의 시기와 어미가지의 조건**

취목의 시기는 4월 상순과 6월 상순에서 중순까지의 2회 이다. 어미가지의 조건은 취목 하는 부분 아래에 가지가 있는 편이 발근율이 좋다. 또 취목 할 부분의 굵기는 직경 1 cm 정도가 적당하다. 이것보다 더 굵으면 뿌리가 나오기 힘들며, 그 보다 가늘면 나오기는 하지만 뿌리가 약하다.

● **취목 후의 관리**

어느 방법이나 마사토를 건조시키지 않도록 관려해야 한다. 뿌리가 충분히 나오면 잘라낸다. 1년이 지나도 나오지 않으면 물이끼를 바꾸어 주고 2년 기다려야 한다. 목질부까지 환상상으로 깍고 물에 이긴 적토를 바른다. 곧 창호지를 1회 감는다. 구리의 해가 있으므로 구리철사를 직접 감지 않고 티닐 피복선은, 반드시 2중으로 감는다. 그리고 적토를 발라서 창호지를 감는다.

● **명자나무 취목**

그림속의 1, 2, 3은 1년째, 2년째, 3년째에 취목를 하는 곳으로 ○표는 내년에 자라는 가지이다.

지하 20cm이하는 근두암종(뿌리썩음병)이 발생하지 않는다.

휘묻이란? 나무의 가지를 휘어 그 한 끝을 땅속에 묻어, 뿌리를 내린 뒤에 그것을 캐내어 심어 한 개체個體를 만드는 식물의 인공 번식법의 한 가지로 일명 압조壓條라고도 한다. 그런데 많은 사람들이 취목과 같은 개념으로 생각 하는데 이것은 잘못이다. 휘묻이는 소품분재를 만드는 기분으로 한다. 휘묻이를 하곧 땅속에 묻힌 가지에서 뿌리가 나오므로 휘묻이를 한다. 이것을 반복해 나가면 지하부분의 줄기가 빨리 굵어진다. 굵어지면 파서 분재로 심는다. 다만 가지의 절단을 잘하고 비배 해주는 것이 좋은 분재수를 만드는 조건이다.

소나무赤松 취목取木의 실제
― 1년째 3월경 ―

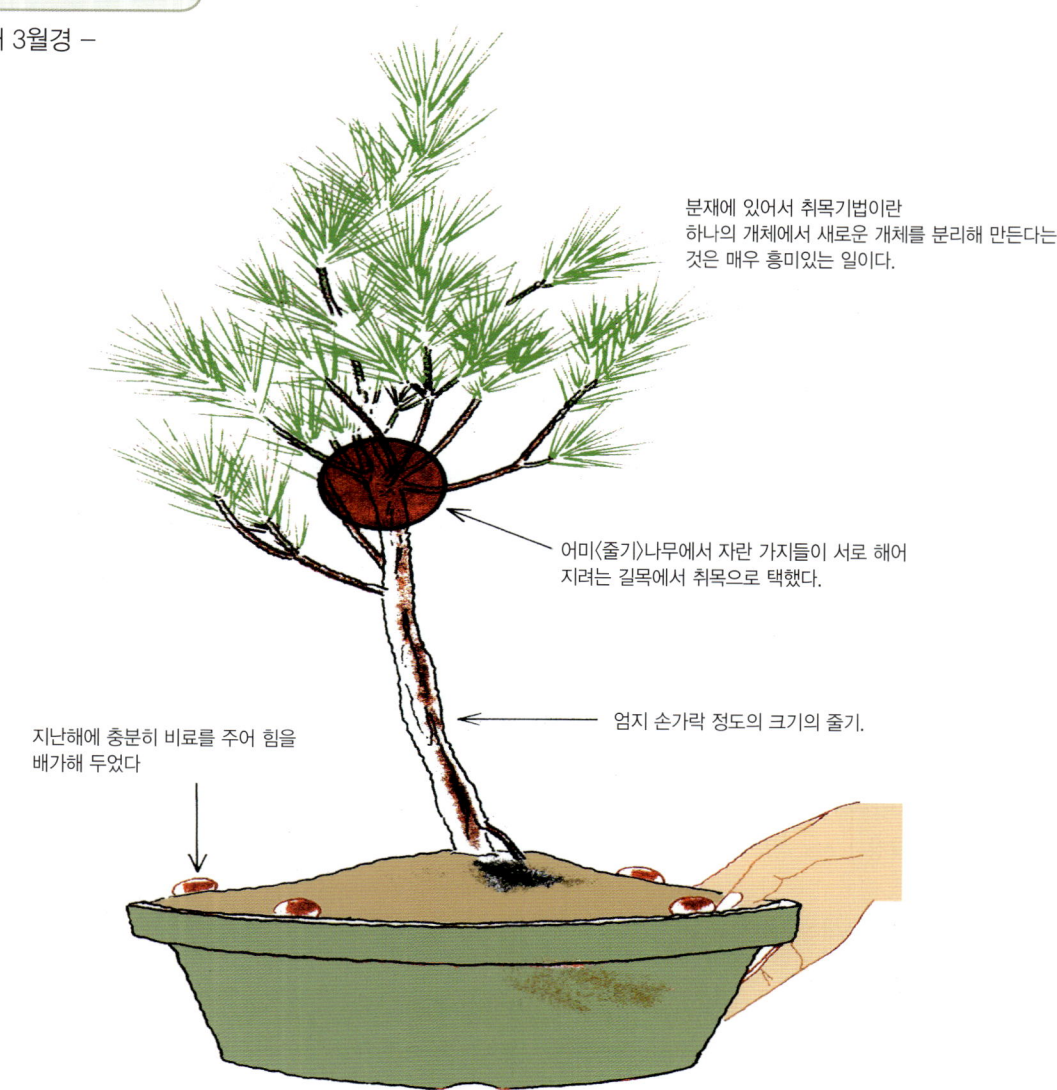

분재에 있어서 취목기법이란 하나의 개체에서 새로운 개체를 분리해 만든다는 것은 매우 흥미있는 일이다.

어미〈줄기〉나무에서 자란 가지들이 서로 해어지려는 길목에서 취목으로 택했다.

엄지 손가락 정도의 크기의 줄기.

지난해에 충분히 비료를 주어 힘을 배가해 두었다

취목取木 하는 요령

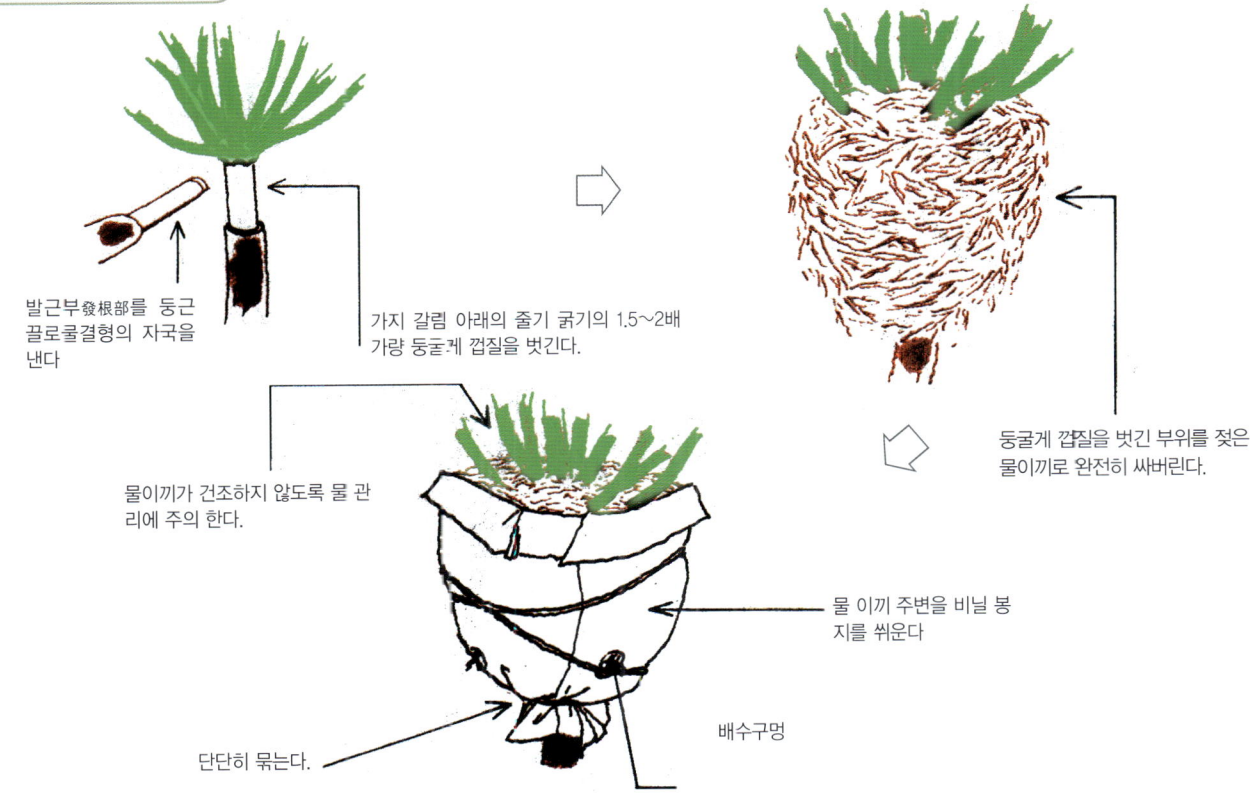

- 발근부發根部를 둥근 끌로 쿨결형의 자국을 낸다
- 가지 갈림 아래의 줄기 굵기의 1.5~2배 가량 둥둘게 껍질을 벗긴다.
- 둥굴게 껍질을 벗긴 부위를 젖은 물이끼로 완전히 싸버린다.
- 물이끼가 건조하지 않도록 물 관리에 주의 한다.
- 물 이끼 주변을 비닐 봉지를 씌운다
- 단단히 묶는다.
- 배수구멍

● **나무에서 분리하여 심기**

분리하는 시기를 알려면 먼저 물 이끼 사이로 흰 뿌리가 보이고 그 흰 뿌리가 갈색으로 변화되어, 다시 흰 뿌리가 보이는 때가 적기이다. 3월에 취목한 것은, 대략 9월 하순에 분리가 가능하다. 그러니까 취목을 한 후 6개월 정도이다.

분리할 때는 반드시 물 이끼로 덮어서 싸맨 아랫 부분에서 해야 하며 물이끼를 붙인채로 곧바로 깊은 분에 심어야 한다. Z-지蔭枝(장리의 줄기)가 좌우로 벌어져서 심기가 어려울 때는 끈으로 가볍게 묶어두면 좋다.

용토는 3~8mm정도의 입자가 큰 것이 좋으며 분 바닥에는 더 굵은 것을 깔도록 한다. 모래는 단용單用이라도 좋다. 굵은 입자를 사용 하는 것은 물 이끼를 붙인채로 심었으므로 미세한 입자라면 뿌리를 상하게 할 염려가 있기 때문이다. 옮겨 심은지 1개월 후에는 고형 비료를 조금씩 주어야 관리 하여야 한다. 그리고 6월 하순에서 7월 상순경에 걸쳐 자란 새순은 약한것 부터 차례로 순 따기를 해준다.

초심자를 위한 분재기르기 강좌교실

취목한 것을 나무에서 분리 시킨다.
- 9월 하순경 -

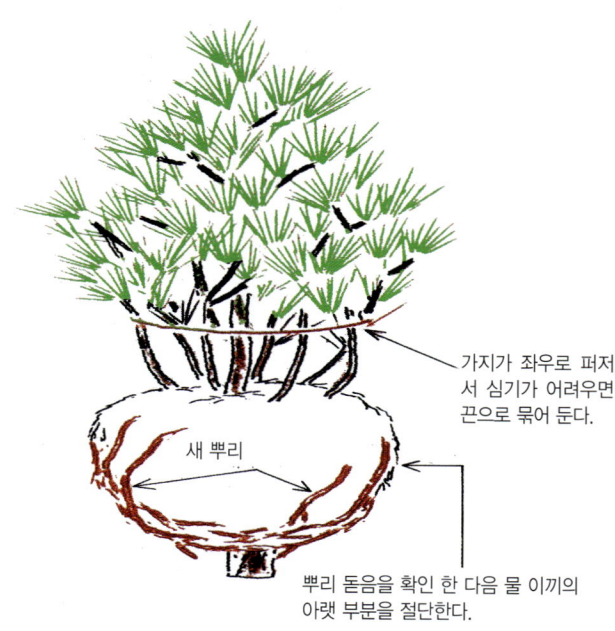

가지가 좌우로 퍼져서 심기가 어려우면 끈으로 묶어 둔다.

새 뿌리

뿌리 돋음을 확인 한 다음 물 이끼의 아랫 부분을 절단한다.

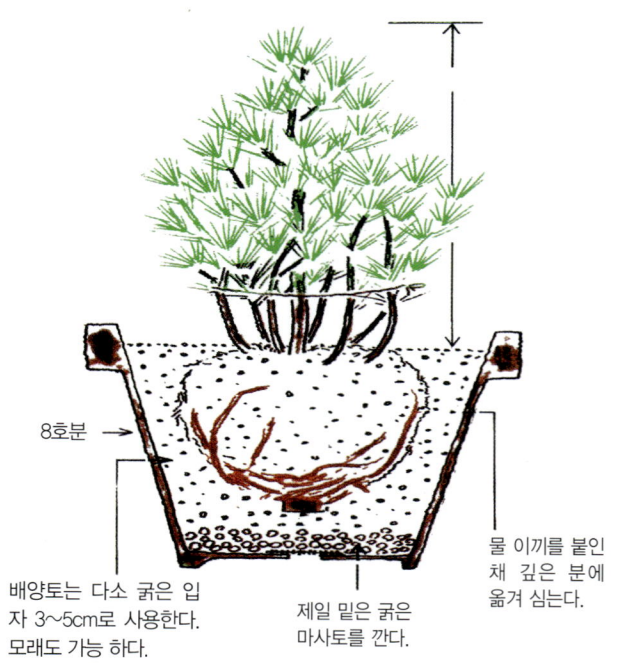

8호분

배양토는 다소 굵은 입자 3~5cm로 사용한다. 모래도 가능 하다.

제일 밑은 굵은 마사토를 깐다.

물 이끼를 붙인 채 깊은 분에 옮겨 심는다.

● 옮겨심는 법

분지分枝하고 3년째 되는 봄에 옮겨 심는다. 이 무렵엔 지난해에 준 비료로 인하여 뿌리가 충분히 발달 하였으므로 취목 때 붙은채로 심었던 물 이끼를 핀셋 등으로 깨끗이 제거한다. 그리고 분리 하였을 때의 본래의 줄기도 완전히 잘라 버린다. 그 밖에는 다른 옮겨 심기와 마찬가지로 길게 자란 뿌리를 잘 정돈하여 모든 뿌리가 평준화가 되도록 한다.

분은 뿌리의 발달에 매우 중요하므로 약간 깊은분이 적당하다. 단 깊은 분은 배수의 처리에 약간 문제가 있으므로 1년 후에 일단 나무를 분에서 빼내고 바닥에 분 깨진 조각을 3개쯤 놓아 아래가 약간 뜬 상태로 만들어 다시 집어 넣으면 된다. 옮겨 심을 때 뿌리를 펼치는 것은 물론이고 옮겨심을 위치를 정했으면 끈으로 열십자로 고정 하는것이 중요하다. 고정시킨 후에 용토를 쏟아 넣으면 위치가 어긋날 염려가 없다.

● 포기자람의 수형으로

이듬 해 봄부터는 드디어 7간幹의 포기자람으로 만들기 위한 본격적인 작업이 시작된다. 줄기수의 정리와 밑동의 교정, 줄기의 철사감기, 접지하는 방법을 다음 장에서 차례대로 설명 개설槪設한다.

초심자를 위한 분재기르기 강좌교실

옮겨 심은지 2년째 순따기

6월 하순 ~7월 상순경

이곳을 가위로 자른다.

명수名樹에의 도전挑戰은 시작되다.

나무의 한곳을 취목이란 기법으로 높이떼기를 하여 이렇한 분수盆樹를 탄생시켰다. 참으로 경이스러운 일이 아닐 수 없다.
앞으로 더욱 좋은 분수를 만들기 위해서는 관리가 필요하다. 봄부터 자라기 시작한 새우둠지를 약한 순에서 부터 1주일 간격으로 3회쯤 나눠서 지난해의 잎을 남기고 따 주어야 한다.

분재란 참으로 흥미 진진한 것이다. 살아있는 나무에서 새로운 개체를 탄생시켰으니 누구나 한번 시도해보는 것은 매우 의미있는 일이다.

3년째 – 옮겨심기

3월 중순경

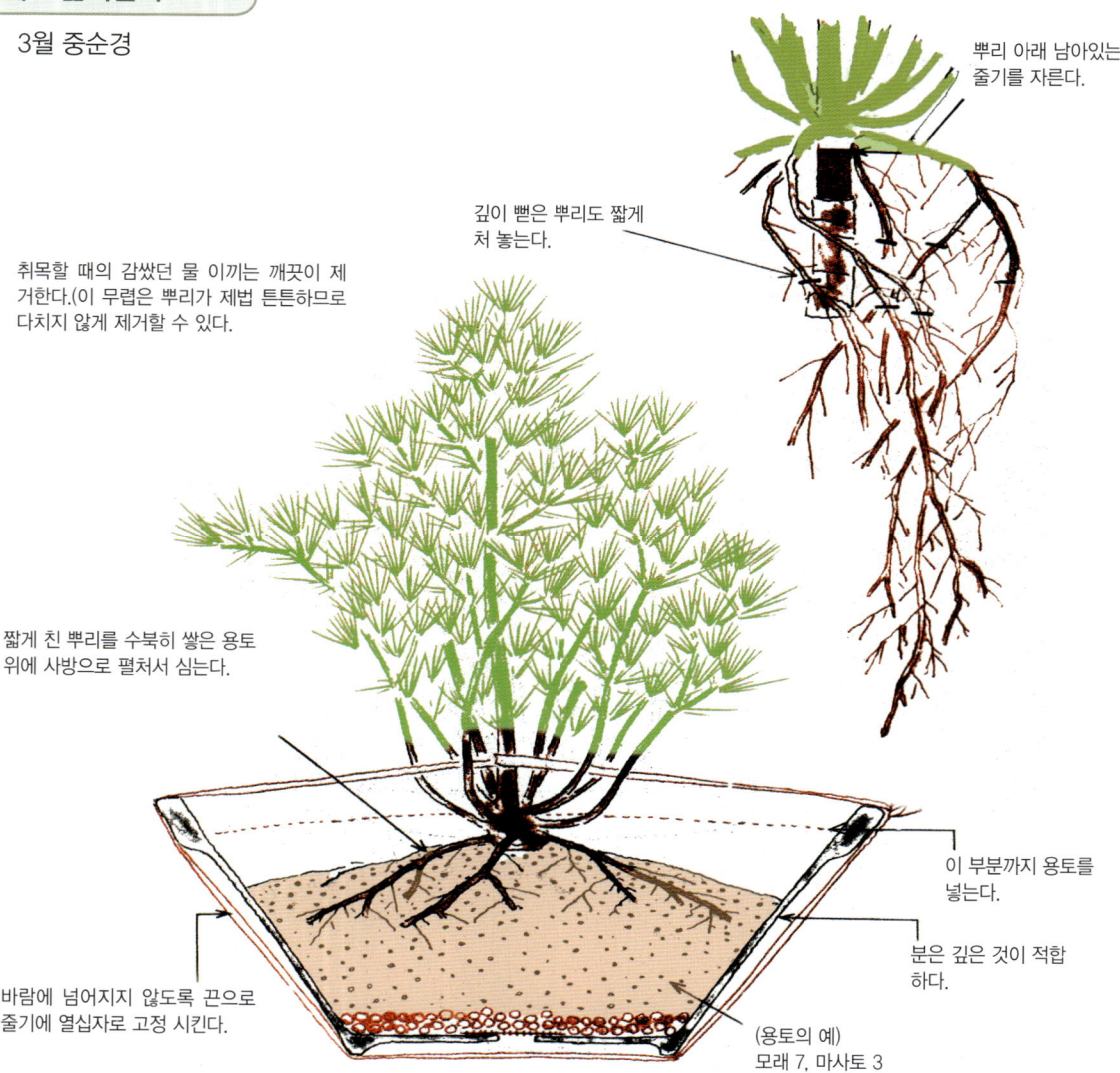

4년째-줄기의 정리 (밑동의 고정/철사감기)

3월 상순경

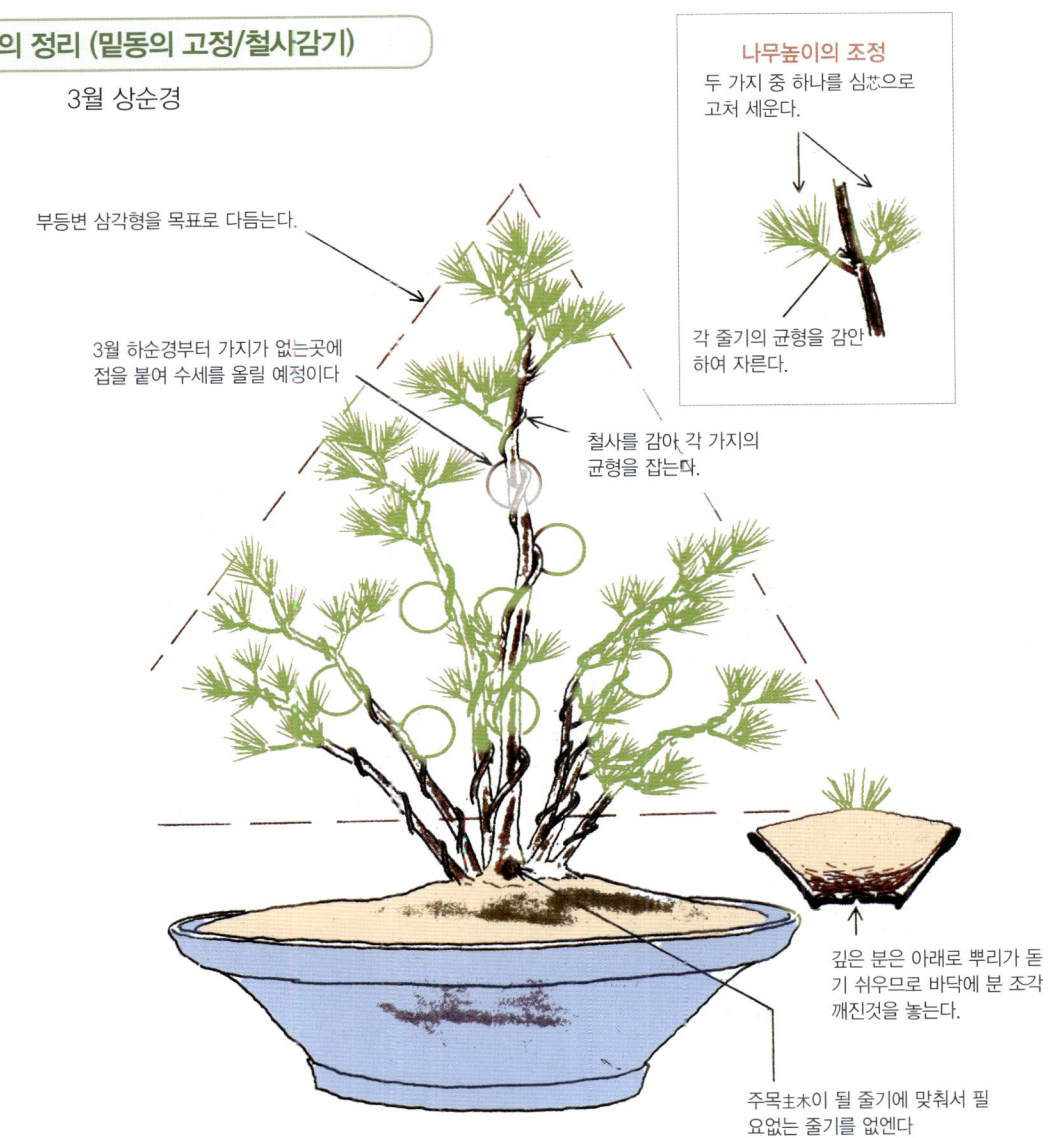

- 부등변 삼각형을 목표로 다듬는다.
- 3월 하순경부터 가지가 없는곳에 접을 붙여 수세를 올릴 예정이다
- 철사를 감아 각 가지의 균형을 잡는다.

나무높이의 조정
두 가지 중 하나를 심芯으로 고쳐 세운다.
각 줄기의 균형을 감안하여 자른다.

- 깊은 분은 아래로 뿌리가 돋기 쉬우므로 바닥에 분 조각 깨진것을 놓는다.
- 주목主木이 될 줄기에 맞춰서 필요없는 줄기를 없앤다.

초심자를 위한 분재기르기 강좌교실

취목한 나무의 이식 후 – 수형 다듬기

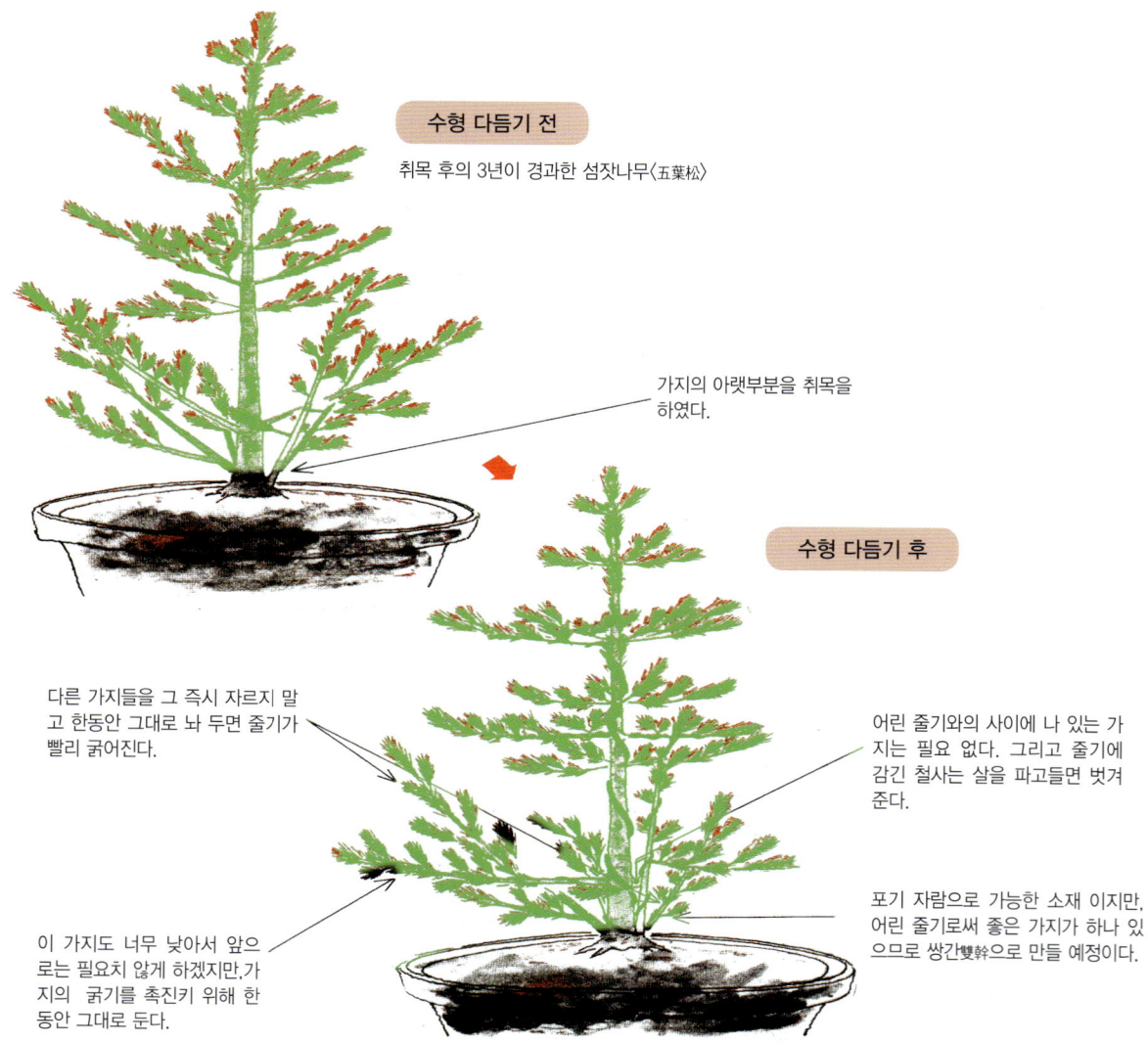

수형 다듬기 전
취목 후의 3년이 경과한 섬잣나무〈五葉松〉

가지의 아랫부분을 취목을 하였다.

수형 다듬기 후

다른 가지들을 그 즉시 자르지 말고 한동안 그대로 놔 두면 줄기가 빨리 굵어진다.

어린 줄기와의 사이에 나 있는 가지는 필요 없다. 그리고 줄기에 감긴 철사는 살을 파고들면 벗겨 준다.

이 가지도 너무 낮아서 앞으로는 필요치 않게 하겠지만, 가지의 굵기를 촉진키 위해 한동안 그대로 둔다.

포기 자람으로 가능한 소재 이지만, 어린 줄기로써 좋은 가지가 하나 있으므로 쌍간雙幹으로 만들 예정이다.

수형 다듬기와 가지 치는 법

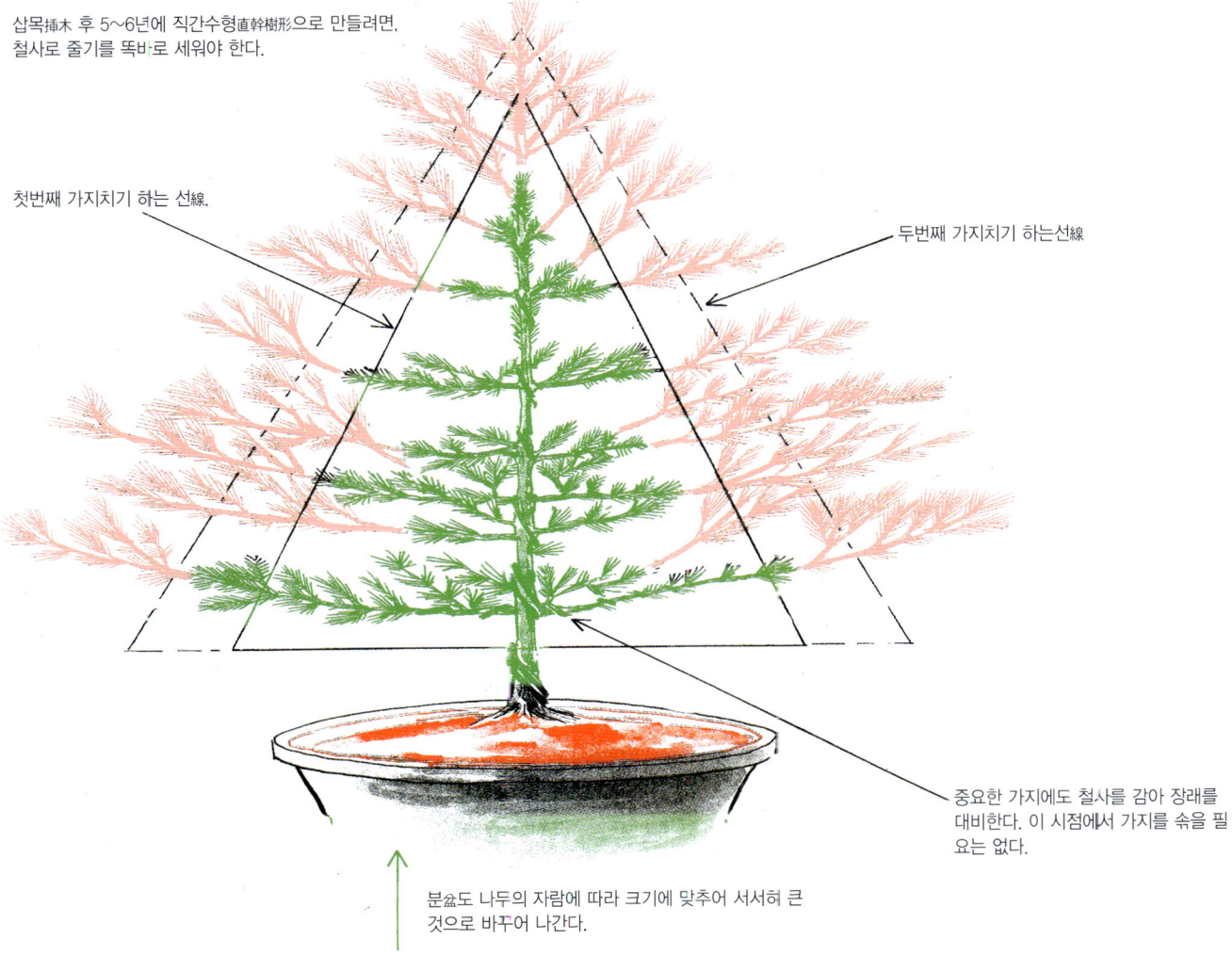

삽목挿木 후 5~6년에 직간수형直幹樹形으로 만들려면, 철사로 줄기를 똑바로 세워야 한다.

첫번째 가지치기 하는 선線.

두번째 가지치기 하는선線

중요한 가지에도 철사를 감아 장래를 대비한다. 이 시점에서 가지를 속을 필요는 없다.

분盆도 나무의 자람에 따라 크기에 맞추어 서서히 큰 것으로 바꾸어 나간다.

가지 치기의 이론理論과 실제實際

가지 치기는 일반적으로 9월 중순에서 11월 상순 또는 2월 중순에서 3월 상순에 한다. 가급적 엄동기에는 피하는 것이 좋다. 특히 노간주나무, 삼나무, 향나무 등은 추운 시기에 잘리는 것을 싫어 하므로 늦은 봄에 하도록 한다. 가지치기에는 몇가지가 있는데 그 모든것이 수형을 만드는데 절대로 간과할 수 없는 것이다.

가지 치기의 이론理論과 실제實際

겹가지, 엇 갈린가지, 수레바퀴 가지車枝, 아래로 처진가지下向枝, 선가지立枝, 등을 제거한다. 여기서 긴 선 가지는 자르지만, 짧은 가지는 남겨서 선반 가지를 만들기도 한다. 위에서 열거한 가지들을 무조건 적으로 자르는 것만이 능사는 아니다. 최근에는 나쁜가지도 교묘하게 이용하여 묘미를 살리는 경향이 있다. 그리고 팔방八房 섬잣나무는 수레바퀴 가지가 있어도 흠이 되지 않으므로 처리할 필요는 없다.

불필요한 가지를 자른다

수형을 만드는데 있어서 불필요한 가지는 잘라 버린다. 자른 자리는 약간 패이도록 도려내고 유합제를 발라주어 새살이 돋도록 도와준다. 또한 자를 때에도 자르는 부분에서 5~10cm쯤 남기고 잘라서 자연적으로 마른 것을 기다렸다가 신神으로 이용하는 방법도 있다. 특히 좀 솔송나무는 이 방법이 효과가 있다.

필요없는 가지를 자를 때 주의 할 점은 최종적으로 필요 없다고 하여서 한꺼번에 모두 제거 해서는 안된다. 그것들은 예비가지로 작용하며 줄기의 비대를 촉진 시키기도 한다. 당장에 있어도 무방 한 것이라면 성급하게 잘라 버리지 말도록 한다.

희생지犧牲枝의 처리

어린 나무를 양성할 경우 줄기의 비대를 촉진하기 위하여 희생지로써 아랫 가지를 키우는데 너무 굵게 키우면 자른 자리의 처리가 어려워 지므로 적당한 시기에 자르도록 한다.

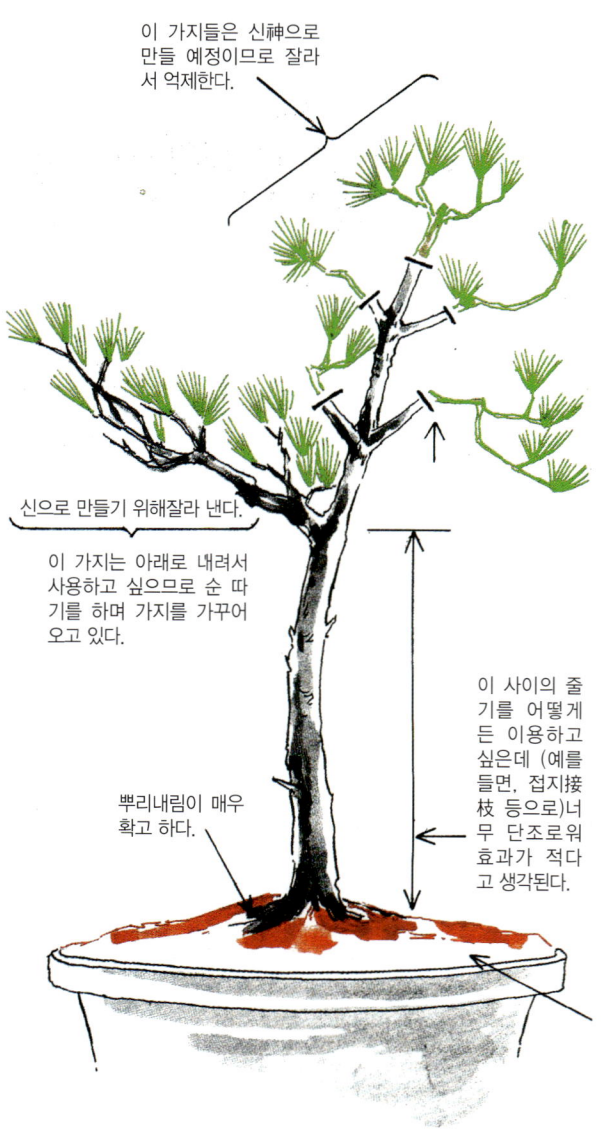

이 가지들은 신神으로 만들 예정이므로 잘라서 억제한다.

신으로 만들기 위해잘라 낸다.

이 가지는 아래로 내려서 사용하고 싶으므로 순 따기를 하며 가지를 가꾸어 오고 있다.

뿌리내림이 매우 확고 하다.

이 사이의 줄기를 어떻게 든 이용하고 싶은데 (예를 들면, 접지接枝 등으로)너무 단조로워 효과가 적다고 생각된다.

산 캐기 후 분에서 2년정도 배양하고 있다.

초심자를 위한 | 분재기르기강좌교실

가지를 아래로 내리는 법

2년째, 가지를 완전히 내린상태

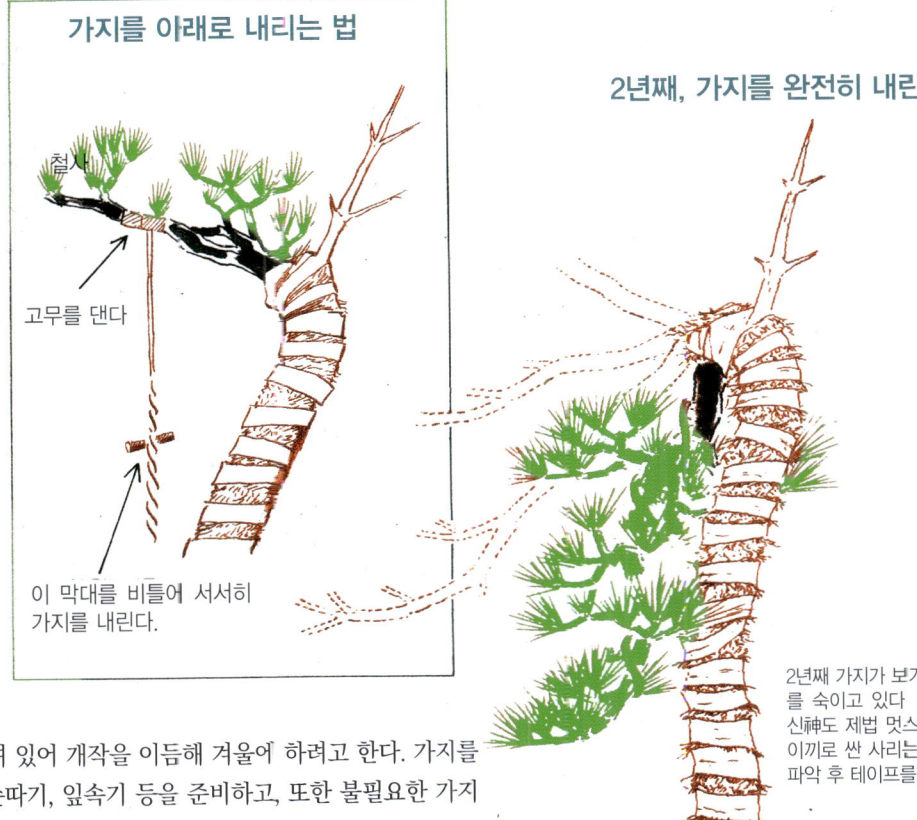

2년째 가지가 보기좋게 만들어저 고개를 숙이고 있다 그리고 위에 드러난 신神도 제법 멋스러워 보인다. 줄기에 이끼로 싼 사리는, 벗겨보아서 상태를 파악 후 테이프를 처리한다.

가지를, 끌어 내리기

  도움가지役枝가 밑밑하게 되어 있어 개작을 이듬해 겨울에 하려고 한다. 가지를 내리는데 도움이 되도록 미리 순따기, 잎속기 등을 준비하고, 또한 불필요한 가지는 억제 하도록 한다.

  옆으로 뻗은 도움가지를 아래로 끌어 내리려고 가지를 칼르 껍질을 벗기고 고무를 대고 철사를 걸어 아래로 끌어 당긴다. 이때 가지 껍질의 3/1은 나두어야 한다. 그렇지 않으면 시들어 버릴 염려가 있다. 그리고 가지를 한거번에 글어 내려하지 말고 틈이 잇을 때 마다 자기가 원하는데로 천천히 끌어 내탄다. 그 해에는 어느정도 잎속기와 가지치기를 하지만, 작은 가지에 대한 철사감기는 이듬해 겨울까지 기다려야 한다. 작업은 생각대로 되었다 싶으면 중지한다.

초심자를 위한 분재기르기 강좌교실

취목取木〈높이떼기〉-소사나무 실제

　분재에 있어서 취목은 매우 흥미있는 기법중의 하나이다. 즉 나무의 줄기나 가지를 인위적으로 환상박피하여 이끼나 흙으로 감싸서 일정기간이 지나면 그곳에서 뿌리가 나면 그 밑을 잘라 분에 옮겨 심는 것을 말한다.

　흔히 취목을 휘묻이와 혼동을 많이 하는데, 휘묻이는 나무가지를 땅의 흙에 묻어 뿌리가 나오면 분에 옮겨 심는 것을 말한다. 다시 말하면 취목은 위에서 하는 것 일명 높이떼기이고 휘묻이는 아래에 있는 가지를 흙에 묻어 뿌리를 내려 이식 하는 것으로 이해하면 된다.

　취목의 시기는 수종에 따라 다소 차이가 있으나 소사나무는 잎이 나기전 2월부터 잎이 난 후 3월에 실시하면 가장 이상적이다.

1. 취목에 필요한 도구들

2. 뿌리를 내리려고 하는 곳에 환상박피를 한다.

3. 환상 박피 후 남은 형성층을 칼로 베껴 낸다.

4. 완전 박피 된 상태

5. 박피 된 물감부에 황토로 조제 된 발근제를 바른다.

6. 발근시킬 부위에 감쌀 10cm 포트를 반으로 가른다.

7. 반으로 가른 포트를 박피된 부위에 감싼다.

초심자를 위한 **분재기르기강좌교실**

3. 포트의 가른 고을 호즈스키로 고정 해준다.

9. 포트가 나무더서 움직이지 않도록 철사로 묶는다.

10. 포트의 배수 구멍이 넓으므로 수태로 막아 준다.

11. 발근 시킬 상토(적옥토50% 마사토 50%)

12. 포트에 상토를 골고루 넣어 준다.

13. 포트안 나무 주변에 상토를 골고루 넣는다.

14. 환상박피 후 수태로 싸주고 비닐로 결속하면, 발근 상태를 확인할 수 있다.

15. 끝으로 물을 충분히 준 다음 일주일간 반 그늘에서 관리한다

16. 취목 후 50~60일 사이에 발근 된 상태

초심자를 위한 분재기르기 강좌교실

잡목류雜木類의 분주법分株法

● 분주〈포기나누기〉로 번식시키에 적당한 수종

모과나무, 명자나무, 장수매화, 등나무, 대나무, 나도매화나무화 남천 등. 분주법 즉 포기 나누기란 어미나무의 땅 속에 묻힌 뿌리나 줄기 부분에서 나오는 가지나 줄기를 잘라 내어 별도로 하나의 포기로 만드는 방법이다. 이 방법은 어미나무와 같은 성질의 새로운 포기를 얻을수 있다는 장점이 있다.

● 분주시기

대개의 수종은 4월 중순에서 하순에 걸쳐 갈아 심을 때 분주를 한다. 그러나 모과나무, 장수매화, 명자나무 만은 9월 상순이 좋다. 등나무류는 뿌리를 심어 두면 눈이 나올 정도로 강한 수종이지만 아래 그림과 같이 수없이 솟아 나오는 새 가지를 포기 나누기를 하지 않으면 역시 모양이 잡히지 않고 본줄기도 굵어지지 않는다.

● 분주 방법과 분주 후의 관리

새가지가 나와있는 지하줄기나 뿌리의 양끝을 3~8cm 정도 자른다. 굵은 뿌리나 지하줄기에서 나와 있는 가는 뿌리는 자르지 않아야 한다. 그리고 아래 그림과 같이 분에 옮긴다. 분에 심었으면 밑으로 새어 나올 정도로 물을 흠뻑 주고 움속에 1주일쯤 넣어둔 다음 서서히 옥외의 선반 위에 내놓고 겉 흙이 마르지 않도록 물을 준다. 4월 중순에서 9월 말까지 매월 1회 깻묵 덩어리를 하나씩 준다. 이것이 통상의 관리법이다.

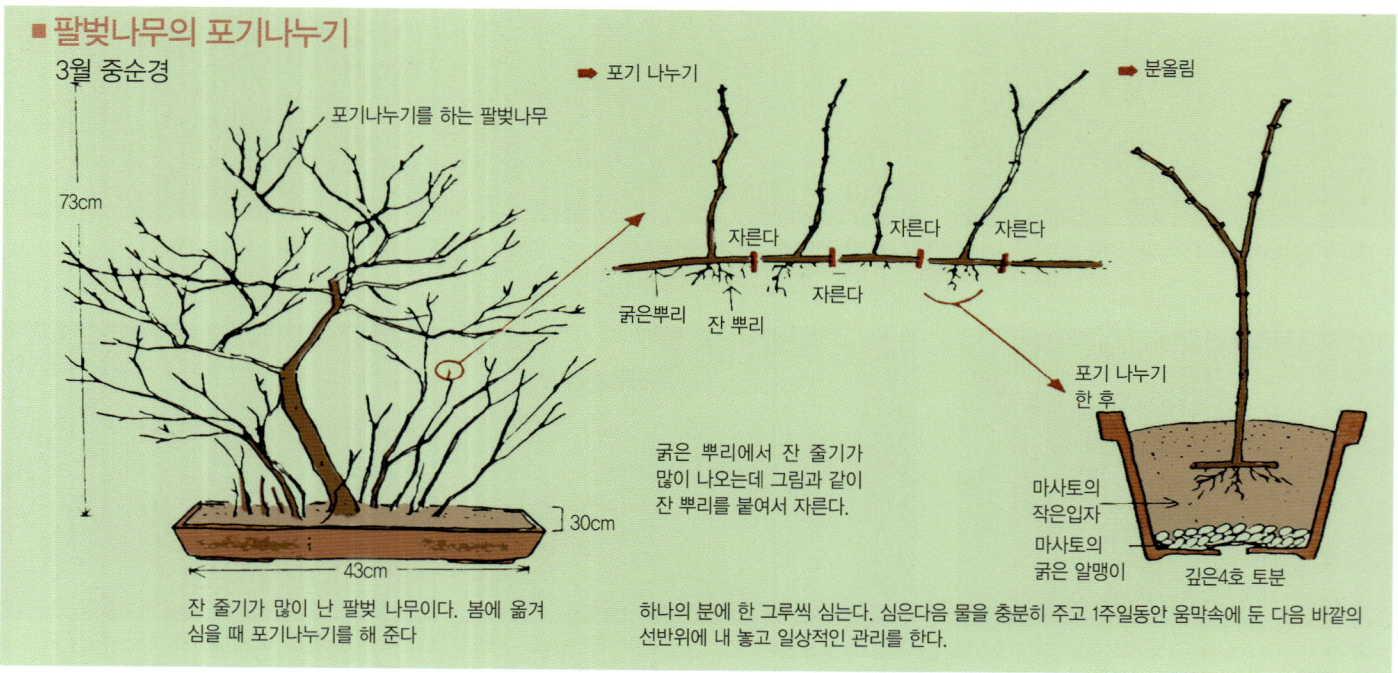

■ 팥벚나무의 포기나누기
3월 중순경

하나의 분에 한 그루씩 심는다. 심은다음 물을 충분히 주고 1주일동안 움막속에 둔 다음 바깥의 선반위에 내 놓고 일상적인 관리를 한다.

성하成夏의 계절에 대표적인 잡목나무인 상수리 나무가 나 더때요 하며, 푸르름을 뽐내고 있다.

세월의 흐름을 어찌하지 못해 가을을 맞은 상수리 나무가 노랗게 물들어, 정든 가지를 떠나려 한다

분수의 일상 관리란?

　분재 기르기의 가르침과 배움은 나무로부터 배운다. 축소된 자연을 작은 분안에 재현하는 것을 모토로 삼는 분재는, 산이나 들여 산재해 있는 모든 나무들이나 야생초는 살아 있는 교사이다. 그러므로 여행할 때에 자연의 이곳 저곳을 관찰하는 것도 분재 기르기의 안목을 넓힌데 한 방법이다.

　성하의 계절에 그 푸르렀던 모습은 간곳없고 세월의 흐름에 아니 계절의 변화에 어쩔 수 없이 말 할 수 없이 아름다운 단풍이 들어 정든 가지를 떠나려 하고 있다. 그런데 관엽수 중 유난히 참나무는 가지와의 이별을 싫어해 이듬해 봄까지 있다가 새싹에게 자리를 너주고 흙으로 돌아간다.

　분재는 실패하지 않는 것과 숙달은 다르다. 실패를 두려워 해서는 그만큼 숙달도 늦어진다. 아울러 어떻한 실패이든 그것은 분재 기르기의 귀중한 체험이다.

뿌리이음根連의 기법

● **뿌리이음 분재란** 비바람이나 강설에 의해서 쓰러진 나무의 줄기에서 뿌리가 나와 뻗고 거기서 가지가 서서 줄기가 되어 마치 모아심기를 해 놓은 모양으로 된 것을 말한다.

모아심기와 다른점은 줄기가 뿌리의 상태로 되어 땅 속에서 서로 연결이 되어 있는 것이 뿌리이음 분재이다. 따라서 이것을 인위적으로 만들려면, 줄기를 쓰러뜨려서 땅에뉘어 가지나 잔가지를 줄기로 만든다. 이것과 비슷한 뗏목 싹틔움伐吹이 있다. 이 수형은 줄기를 땅에 뉘어서 그 가지를 줄기로 만든 것이다.

● **뿌리이음에 적합한 수종** 노간주나무, 삼나무, 소나무, 노송나무, 철쭉, 단풍나무, 매화나무, 벚나무, 나도매화나무 등이 있지만, 모양으로서는 비교적 보기 드물다. 실제로는 가지가 한쪽 면으로 쏠려 있는 것이 적합하다.

● **수형을 만드는 시기** 잡목류는 눈이 나오기 전, 송백류는 10월 하순에서 3월 하순 까지이며 혹한기는 피하여야 한다.

● **뿌리이음 수형과 어울리는 분** 송백류는 토분土盆이 중심이고 잡목류는 유약분이 주이다. 경관景觀이 넓으므로 면적이 넓고 얕은 타원형 분이 적합하다.

● **수형만들기와 가꾸기** 심을 때 다소 무리가 따르므로 잎에 물을 많이 주어야 한다. 1년째는 뿌리가 형성되면 수형을 만드는 것 보다 나무 자체에 힘을 붙도록 하는 것이 중요하다. 2년째는 배치에 의해서 나무의 줄기에 굵고 가늘을 형성하여 수형의 기초를 만든다. 3년째는 줄기, 가지와 전체의 조화를 고려 하여야 한다. 뿌리의 밑둥을 드러 내는 것은 3년째의 갈아심을 때 한다.

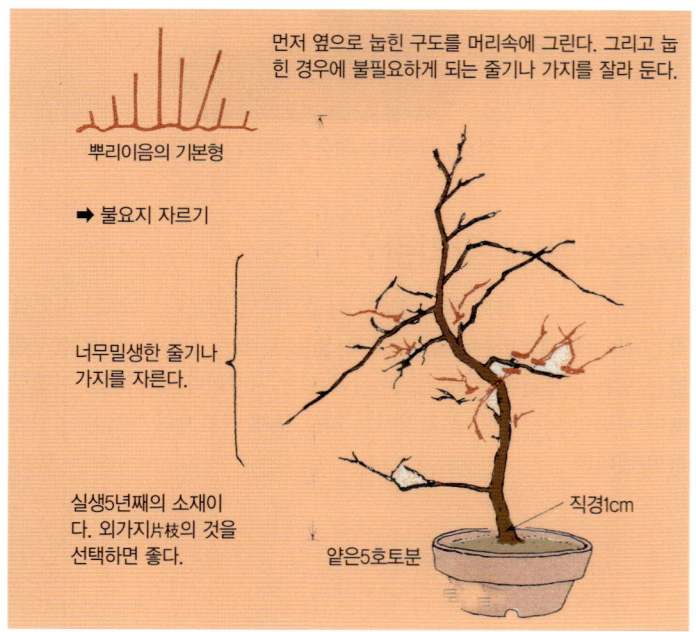

모아심기 분재의 기본수형基本樹形 만들기

● **모아심기 분재란**

여러그루의 같은 수종의 나무를 하나의 분盆에 심고 기른이의 기술에 의해서 자연과 같은 모습을 표현하는 것을 말한다. 모아심기의 그루수는 제한이 없지만, 3그루 이상의 홀수 부터가 모아 심기가 되는데 큰 분재에는 수십 그루를 모아심기를 할 수 있다. 이처럼 3, 5, 7, 9라는 식으로 홀수로 하는 것은 짝수보다 아름다움을 구성하기 쉽기 때문이다. 모아심기 분재로 적합한 나무의 조건은 높고 굵은 주목主木과 그리고 크고 굵은 부목副木, 이것들과 조화를 이루는 첨목添木들이 있는데 각각의 높이와 높이및 굵기와 길고 짧음을 살리면서 원근감遠近感을 주어 종합적인 미를 창작하는 것이 모아심기 분재의 진수眞髓라고 할 수 있다.

● **모아심기에 적합한 수종**

송백류로는 해송, 노간주나무, 가문비나무, 삼나무, 노송나무, 화백나무 등을 들 수 있고 잡목류로는 단풍, 당단풍, 너도밤나무, 소사나무, 느티나무 등이고 꽃나무류는 매화나무, 벚나무, 장수매를 들 수 있다. 열매나무류는 매화나무와 피리칸샤 등 극히 소수이다.

잡목류로 모아심기를 많이 하는 것은 잡목림을 표현 하는데 더없이 좋은 수종이기 때문이다. 실생해서 3~5년정도 지난 묘목을 사용하는 것이 보통 이지만 대개는 모아심기를 하는 1년 전부터 양육분養育盆에서 배양하여 잔 뿌리가 나오도록 하는 것이 좋다.

● **모아심기의 시기**

잡목이나 꽃나무와 열매나무류는 눈이 나오기 전인 3월 상순~4월 상순이 적기이다. 이 시기는 잎이 안 나와 있으므로 모아심기가 보다 용이하고 전체의 모습을 파악 하기도 쉽다. 송백류인 노송나무, 삼나무, 향나무 등은 5월중순~6월 중순이 가장 좋다.

● **모아심기에 적합한 분**

타원형이나 장방형 분이 대부분이며 넓고 얕은 분이 보편적으로 많이 사용 된다. 이것이 모아심기의 기본으로 잡목 숲 등의 표현에 좋기 때문이다. 분의 색은 송백류는 분홍색과 보라색 또는 황색및 진홍색 그리고 회색이 많이 사용 된다. 이유는 잡목 숲 등의 풍치를 표현하기 좋기 때문이다. 이렇한 색은 송백류의 격조를 한층 높이고 중량감을 주는 안정 된 색이이기 때문 이기도 하다.

잡목이나 꽃나무와 열매나무류의 분의 색은 일반적으로 꽃이나 열매 또는 잎이나 수피의 색과 반대 되는 것이 상식이지만 같은 색이라도 분재의 기품을 높여 주는 것도 있다.

● **모아심기의 방법**

다음장에 도해 하였으므로 참조 바람.

● **심은 다음의 관리**

3월에 모아심기를 한 것은 충분히 물을 준 후 움막이나 반 그늘의 온실에 서 2주일정도 관리 하면서 표토表土가 마르지 않도록 물만 주면 된다. 4월 중순이 되면 옥외의 선반위에 내 놓고 물을 주고, 4월중순이 되면 비료를 주는 동시에 눈 따기를 해 준다. 비료는 7~8월은 쉬고 9월 중순부터 2회 정도 준다. 낙엽 후에는 처음 심었을 때 분재나무가 그리는 선단의 선을 유지하기 위해 그 선보다 웃자란 부분을 자른다. 그리고 12월 중순에는 움막이나 온실안에 넣어서 월동 시킨다. 2년째도 1년째와 같은 관리를 해 주고 3년째 부터는 뿌리가 꽉 차서 굳어지므로 통째로 갈아 심기를 해 주어야 한다. 둘래와 밑의 흙을 떨어 버리고 원래의 모양을 그대로 유지 하면서 새 흙을 되도록 많이 넣어 준다. 이와같이 3년에 한 번씩 갈아 심기를 해준다.

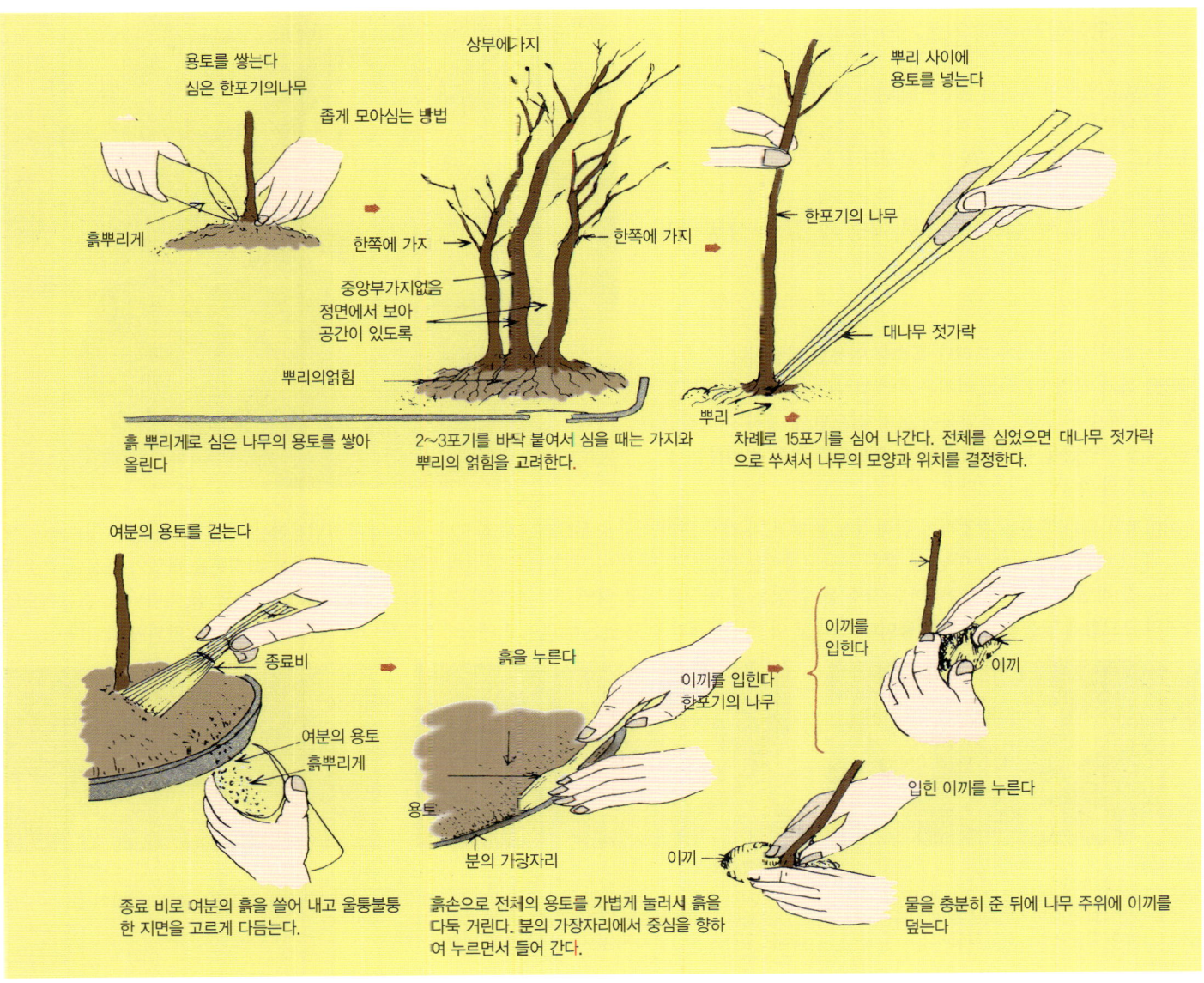

초심자를 위한 분재기르기 강좌교실

모아심기 분재 기르기의 실제

바라보고 있으면 자연의 숨결이 들리는 것 같은 모아심기.
힘센 나무들의 기세와, 그것들을 이끌어 주는 섬세한 야생초들의 하모니를 즐기기도 하는, 모아심기 분재의 정수.

용암 석에 옮겨 심는 것으로 흑송의 강한 생명력을 표현

반 낭떠러지의 뿌리가 드러난 흑송을 이용한 작품이다. 흑송은 해안을 따라 생장生長하고, 거칠은 줄기껍질과 힘찬 잎을 가지고 있다. 그 흑송을 무골인 용암석에 옮겨 심으면서, 보다 야성적인 이미지를 주안점을 두기위해 흑송의 불필요한 잎을 정리하는 것으로 가지의 약동감을 살렸다.

이미지가 되는 흑송을 강조하키 위해 용토를 쌓고, 뿌리가 드러난 곳을 두드러지게 하였다. 흑송의 뿌리밑동에는 대문자초를 심는 것으로 악센트를 주고 바위 표면에서 돋아난 것 같은 황금고사리는 밀생시킬 것 없이 보다 넓은 간격의 일부를 키 작은 식물로 정돈을 하였기 때문에 흑송의 균형도 잘 잡혔다. 이끼는 시중에서도 자주 볼 수 있는 은 이끼를 사용 하였으며 이끼의 짙은 녹색이 소나무 잎의 색과 잘 대비되어, 순간적으로 자연의 오묘함에 전율을 느끼는 작품이다. 그리고 이것이 분재가 갖고 있는 매력이고 예술이라고 한다면 다소 무리일까? 천만의 말씀이다.

대문자초
범의 귀 과의 식물. 가을에 백색과 홍색의 꽃을 피운다. 5개의 꽃잎을 위에서 보면 『大』자로 보이는 데서 이렇게 불린다. 풍부한 품종이 있는 것이 특징이다.

황금고사리
암 고사리 과의 고사리로, 약간 밝은 바위 밑에 잘 돋아나는 종류. 가을에 물드는 단풍이 아름답고, 무리지어 자라는 광경은 볼만하다. 자생종이 사라져 가고 있음이 매우 안타까운 일이 아닐 수 없다 하겠다.

흑송
바닷가의 기후를 좋아하고, 햇빛과 통풍이 잘드는 곳을 좋아한다.

초심자를 위한 분재기르기 강좌교실

회갈색의 흑송의 줄기들이 돋보이고 볼품 있는 뿌리가 줄기를 이루고 있는 것이 눈길을 끌게 한다. 흑송의 형상을 살리려고 대문자초와 넉줄 고사리를 심어 경관을 돋보이게 했다.

주목主木, 샤스레 나무, 피라칸사, 참빗살나무, 단풍나무, 느티나무 나무높이 65cm

계곡바닥은 깊다. 휘날리는 듯한, 주목主木섬잣나무 휘날림, 붉은 사수목 (첨가) 철쭉 화살나무, 석창포
• 용기 = 도네안마 • 폭 = 140cm
봄의 싹 나오기, 가을의 단풍도 보고 싶은 작품. 만들기 5년경과와 10년경과 후를 상상한 모습에 근접함에 따라 기쁨이 증가한다. 고목이 되면 다시 경치에 무게가 더해 질것이다.

 힘찬 줄기가 두드러진 주목의 좌우에, 작은 나무들을 곁들임에 따라서, 단조로 우면서도 큰 경치의 풍광이 표현 되어 마치 작은 숲 동산을 보는 듯하다.

초심자를 위한 분재기르기 강좌교실

모아심기 분재의 이론과 실제 - 풀과 나무

앞에서 수목 분재에 대해 설명했다. 여기서는 풀과 나무를 섞어 모아심기를 설명코자 한다.

(재료)
단풍나무 1포트, 야코와스레 1포트,
분재화분 1개(폭 12×안 길이 8×높이 6cm)이식 용토(적옥토 극소립2
: 녹소토 소립1의 배합토), 고로토(적옥토소립), 이끼, 기타, 흙삽,
대젓가락, 조로, 집게, 핀셋 등

1. 분 바닥망이 보이지 않을 정도로 얇게 고로토를 깔고, 그 위에 이식용 흙을 넣는다.

2. 단풍나무의 모습을 정돈한다. 밸런스가 알 맞는 높이까지 전정하여 혼잡한 가지와 잎을 밑동에서 잘라 준다.

3. 전정한 단풍나무를 포트에서 벗겨 대젓가락으로 뿌리화분(뿌리와 흙덩어리)을 부수어 흙을 털어낸다.

4. 뿌리를 빗기듯이 하여 흙을 깨끗이 털어낸 후 긴 뿌리를 가위로 반절 정도의 길이로 자른다.

초심자를 위한 분재기르기 강좌교실

5. 미야코와스레도 뿌리화분의 흙을 털고 손안에 모아서 배치를 결정한다.

6. 5를 손으로 누르면서 화분 안에 설치하고 다시 한번 균형을 확인한다.

7. 흙삽으로 포기와 화분사이에 조금씩 이식용 흙을 넣는다.

8. 대젓가락으로 흙을 쑤셔서 틈새가 없이 완전히 흙이 들어가도록 한다.

9. 화분 가장자리까지 흙이 들어가면 화분가장자리에 걸어 놓은 뿌리고정의 철사로 단풍나무의 뿌리를 고정시킨다.

10. 집게나 펜치로 뿌리 고정 철사를 단단히 비틀어서 남은 부분을 자른다.

11. 화분바닥에서 흘러나오는 물이 투명하게 될 때까지 물주기를 해서 미진을 씻어 낸다.

12. 핀셋의 흙손 등으로 흙의 표면을 고르게 하고 나서 세분한 이끼를 깔아 간다.

완성
단풍나무와 미야코 와스레의 모아심기 분재의 완성. 붉은 색을 띤 새잎은 단풍나무의 특징. 구목 밑에 야생화가 피어 있는 이미지.

초심자를 위한 분재기르기 강좌교실

실생묘를 이용한 손쉬운 분재 관리의 실제

당풍(唐楓)의 모아심기 분재. 가지와 잎이 혼잡하여 무거운 인상을 준다. 햇볕, 통풍이 좋지 않기 때문에 전정이 필요하다.

전정 전

1. 전정가위로, 위로 높이 뻗은 가지를 잎의 바로 위에서 되 자른다.

2. 너무 긴 가지는 잎의 바로 위에서 되 자른다. 되 자를 때에는 잎을 2개 이상 남겨 두도록 한다.

초심자를 위한 분재기르기 강좌교실

3. 내부의 가지와 잎이 혼잡해 있는 곳은 여분의 지엽을 밑동에서 잘라서 성기게 한다.

4. 포기밑동의 작은 잎을 밑동에서 잘라 내서 포기의 밑 부분이 시원하게 보이도록 한다.

전정종료
가지와 잎이 상당히 적어져서, 포기에서 갈라져 나온 것의 모습이 잘 보이도록 되었다. 안쪽의 가지와 잎에의 햇볕, 통풍도 개선되었다.

85

초심자를 위한 분재기르기 강좌교실

나무그늘 밑에서 시원한 바람을 쏘이고 싶은 모아심기분재의 풍정風情!!

타원형의 분에 심은 으름덩굴의 수형이 구부러진 줄기가 아름답고, 뿌리도 잘 뻗어 훌륭하다. 이것만으로도 충분히 대자연을 연상 시키기에 충분하지만, 몇가지 야생초를 곁들여 작품을 만들었다.

나무의 뿌리밑동에 심어져 있는 것은 덩굴 금배와 범의 귀. 뒤에는 대문자초를 심은 것으로 단조로운 공간이 되지 않도록 연구되어 있다. 은 이끼는 요철을 내서 까는 것으로, 보다 자연에 가까운 늦춤과 당김을 연출. 풀과 이끼가 마치 으름덩굴의 나무그늘이 되어서 여름의 강한 햇볕을 받지 않고 대단히 시원한 느낌. 분은 묵직하고 평편한 용기를 사용함으로써 안정감을 주고, 거칠은 줄기껍질과 매끈한 분의 컨트래스트로 조화를 이루고 있다.

으름덩굴 전국 산야에 자생한다. 5엽 종인 으름덩굴, 3엽 종인 세 잎 으름덩굴, 잡종인 백화으름덩굴이 있다. 분재의 뒤쪽에 아무런 티가 없이 심어진 대문자초. 뿌리 곁에서 자연스럽게 돋아난 인상. 분재의 정면 바로 앞에는 물 금배와 다문자초를 심고, 은 이끼를 적당히 배치하고 있다.

줄기의 개성적인 모양을 살려서
공간을 유효하게 이용한 작품

풀명자 나무의 일종으로 분재의 이변 이라고 할 수 있는 유사명자나무를 이용 그것의 느슨하게 만곡된 줄기의 라인이 매력적이여서 작품의 완성도를 심도 있게 높였다. 바위에 어울리는 둥근 분과 유사명자나무의 바란스가 절묘하게 맞아 떨어졌다. 이식은 나두를 분의 좌측 안에 배치하고, 가지 끝이 타워밑으로 흘러가는 이미지로 하므로써, 나무 밑의 공간이 유효하게 활용되고, 분 전체의 안쪽길이가 생겨났다. 또, 포기밑동을 조금 높게 해서 이식하고, 높 낮이를 두고 이끼를 까는 것으로 기복이 풍부한 지형을 연상시킨다. 뿌리가 퍼진 부근에 배치한 작은 자갈들도 악센트가 되어 주어 단조로우면서도 힘이 있는 작품으로 승화하였다. 황금고사리와 팽이풀을 나무밑둥 주변의 이끼위에 놓아서 보는 사람들에게, 분재의 묘미를 생각케 한다 하겠다.

팽이 풀
잎이 팽이 모양과 닮았다고 해서 명명되었다. 우리나라 길이나 논 밭 등에 잘 돋아 난다

황금고사리
고사리 과의 식물로 바위 밭에 자생하는 고사리. 최근에는 점점 없어지고 있다 한다.

유시명자나무
풀명자 나무의 일종으로서 분재의 정번 수종. 4계절 피는 붉은 꽃을 피게 한다. 백화종도 있다.

초심자를 위한 분재기르기 강좌교실

가지의 아름다움

섬잣나무 석부 (첨가) = 낙상홍, 개나리, 마가목, 이끼 외 돌, 이비천석
• 나무높이 = 100cm

　소재의 개성적인 모양에서, 높은 산의 돌출한 바위에 소나무가 자라나 강한 산바람의 흐름에 따른 가지의 모습을 떠오르게 했다. 분재에서는 이 가지모양을 살리는 일은 어렵다. 아래로 늘어 뜨려진 가지 끝과 지면의 사이를 얼마만큼 잡느냐가 만들기의 포인트이다.

석부石附

돌붙임분재石附 이론과 실제

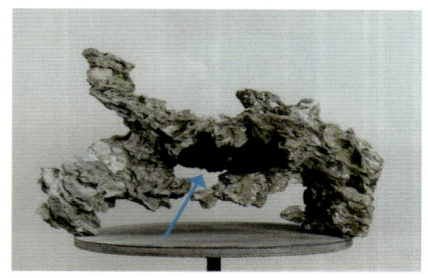

1. 손문천석(폭 61×깊이 25×높이 38)
   자연경관을 생각 하여 거기에 어울리는 돌을 준비한다. 돌은 요철을 지닌 소위 "경치 좋다"를 선택하면 이상직이다.

2. A-나무높이 18cm, 줄기둘레 5cm
   B- 나무높이 6cm,
   나무를 선택하는 기준은 굵고 큰것이 좋다. 길이가 긴것은 적합하지 않음.

3. 소재의 줄기와 가지의 움직임이 보는 바와 같이 작은 가지를 투명하게 배치하가 좋도록 분에서 꺼내어 풀어준다.

초심자를 위한 분재기르기 강좌교실

4. 구상1
   主나무는 중앙위치로 결정하고 받는소재 B를 우측의 가로 두면, 主나무의 우측 흐름을 막아 주어 좌측 돌과의 조화가 되어 준다.

5. 구상2
   소재 B를 뒤 아래로 소재 A와 바란스가 좋도록 이곳 저곳으로 놓아 보아서 좋은 위치에 놓는다.

6. 主나무와 소재 B의 공간 처리에 있어서 우측에 소재 B가 없으므로 바란스가 맞지 않는 것을 알 수 있다.

7. 소재 B의 심을 면적이 작으므로 그라인더로 돌을 깍고 뚫어 예정한 면적을 넓게 해준다.

앞

8. 앞 - 소재 A에 심은 위치는 평평하여 좋치만, 유감스럽게도 뿌리가 뻗어나온 부분이 길지 않기때문에 그물에 게토토(토탄)와 이끼를 붙인다.

뒤

9. 뒤 - 소재 A에 심은 위치도 평평하여 좋치만, 유감스럽게도 뿌리가 뻗어나온 부분이 길지 않기때문에 앞과 같이 그물에 게토토 이끼를 붙인다.

10. 그 위에 물이끼를 심는다 그리고 게토토와 배양토를 넣는다.

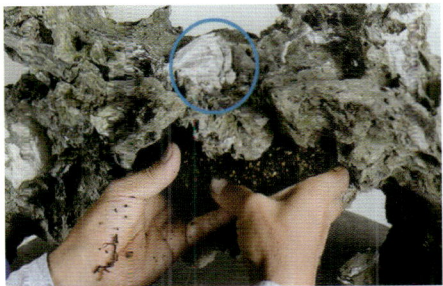

11. 준비를 맞친 돌에(O) 대어보아 전체의 바란스를 곧추한다. O표시의 부분에 소재A를 심고 뿌리가 아래로 뻗도록 할 것임.

12. 검토후 바란스를 잡고 철사로 고정한다.

89

초심자를 위한 분재기르기 강좌교실

13. 고정후의 전경. 밑의 선이 똑바르면 손문천석과 조화가 빈약하므로 약간의 변화를 준다.

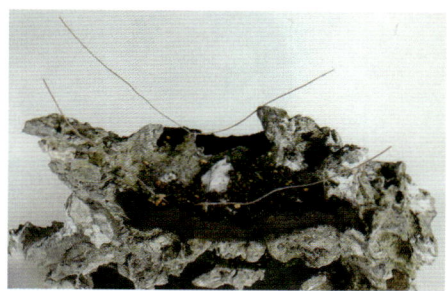

14. 소재 A를 고정하는 철사와 마사토 흙이 흩어지지 않도록 게토토를 흙에 붙인다.

15. 이처럼 마사토 알갱이와 게토토흙의 혼합토를 한쪽에 넣는다.

16. 정면 위치에 소재 A의 기울기를 확인 후 절사로 확실하게 소재 A를 돌에 고정한다.

17. 심은 후 흙을 넣고 대나무 젓가락으로 골고루 쑤셔서 넣는다.

18. 소재 B를 고정하기 위해 철사를 작게 굽혀 납과 함께 집어 넣어 고정한다.

19. 마무리. 소재 A와 B를 설치한후 깨끗한 이끼를 예쁘게 펼쳐서 깐다. 다음에 첨가한 나무나 야생초를 심어서 완성한다. 물을 충분히 준 다음 반 음지에서 일주일 정도 둔 다음 양지에서 관리한다.
단 돌붙임은 분토가 없으므로 물 주기에 주의가 필요하다. 즉 물을 자주 주어야 한다.

석부石附

분갈이는 무엇을 근거로 어느 때 해주는가?

분갈이 즉 갈아심기의 목적은 오래된 흙을 새 흙으로 바꿔주어 물의 흡수와 배수와 산소 공급을 원활하게 하고 가지나 뿌리를 잘라주어 신진대사를 활발하게 하여 식물을 잘 자라게함이 그 목적이다.

갈아심기는 낙엽수의 경우는 1~3년, 송백류는 3~5년 간격으로 해준다.

좋은 분재의 첫째 조건은, 자연경관을 닮는 것이다

자연의 환경에서 살아 숨 쉬고 있는 수목에는 여러 가지 모양이 있다. 그것은 환경의 차이에 따라서 생겨나는 수형으로, 자연의 풍경 속으로 녹아 들어가 있어, 어느 것이나 아름답다. 분재의 세계에도 다양한 수형이 있어, 그 자연풍경을 이미지 시키는 요점에서, 나무의 모양은 더욱 중요한 요소라고 해도 무리가 없을 것이다.

분재에서는 일어서는 데에서부터 수심(나무의 꼭대기)까지의 모양, 가지모양 등에 의하여 수형을 결정, 제각기의 명칭이 있다. 자연의 좋은 점을 표현한다고 하는 발상에서 어느 정도, 아름다움의 규정을 정하고, 거기에 따른 모양으로 하려고 하는 것이다. 갖고 있는 분재의 수형을 만들 경우에는 그 수목의 개성을 확인하고, 다음의 어느 형에 맞추면 좋은 가를 생각 하여야 한다.

수종에 따라서 만들기 쉬운 수형의 패턴도 있으나, 반드시 이러한 모양으로 만들어야 한다는 결정만이 있는 것은 아니다. 어디까지나 이미지로서, 제각각의 수형의 패턴을 기억해 두면 분재기르기에 많은 도움이 된다.

먼저 직간, 곧게 자란 줄기를 갖고, 일어서기에서 나무수심까지 이끼 순과 가지 순이 좋아, 8방근의 것을 일컫는다. 그리고 분재의 기본요소가 요구되고, 속임수가 통하지 않는 수형이 된다. 자연의 것은 호조건에서 쭉쭉 자란 것이 많다. 한편, 강풍에 맞은 환경에서 자란 나무에서 볼 수 있는 것은 『바람에 나부낌』 취류이다. 풍향에 따라서 가지가 한 방향으로 흐르고 있는 것이 특징이라고 할 수 있다.

또한 『모양목』은 줄기가 자라면서 구불구불한 선을 그리듯이 구부러져 있는 나무. 좌우로 균형 있게 구부러져 있는 것이 중요하게 된다. 『직간』과 『모양목』의 중간의 것은 『입목』 즉 서있는 나무이다. 『사간』은 바람에 나부낌으로 잘못 알 수 있는 것도 있으나, 가지가 좌우로 퍼지는 점이 다르다. 나무꼭대기가 좌우의 어느 한쪽으로 기울고, 기울은 방향과는 역방향으로 안정감 있게 뿌리가 뻗는 일이 많다.

그위에 일어서면서부터 줄기가 아래로 늘어뜨려져 있는 것이 『현애』. 단애에 생식하고 있는 험난한 환경을 표현하고 있다. 한편, 가지 끝이 분바닥 정도까지 밖에 늘어 뜨려 지지 않는 것이 『반 현애』이다. 현애는 그 수형상, 받침대에 장식하여, 높이를 연출하는 편이 좋다.

『문인목』은 마른 풍취를 가진 수형이다. 가지의 잎을 적게 하고 가는 줄기를 기울게 한다. 수종으로는 적송이

쌍간의 당 단풍

이 경우 2개의 줄기가 대소 차이가 큰 것은 『아이가진 쌍간』이 된다. 부모가 되는 줄기의 묵직한 형상이 보는 사람에게 안정감을 준다.

모양목인 피리칸샤

일어서기로부터 좌우로 구부러져 있는 것이 특징. 가지가 어느쪽으로 기울임이 없이, 좌우로 균형있게 펼치고 있는 점이 특징이다.

반현애 주목

일어서면서부터 가지가 밑으로 늘어져 있는 반 현애의 주목. 굵은 뿌리 밑동에서 우측으로 크게 뻗어 있는 가지의 라인이 예쁘고, 손질이 잘되어 있는 가지모양이 매력적이다.

개성을 살린 수형의 패턴

아름답다고 하는 분재의 수형에는 몇 가지의 종류가 있다. 나두의 개성을 살려, 풍경 만들기로 즐거움을 갖자.

갖가지 수형

사간(斜幹)

나무의 수관부가 좌우의 어느 한쪽으로 기울고 있으며 그 반대로 뿌리는 안정감 있게 뻗어 있다. 줄기가 구부러지는 수형도 있다.

모양목(模樣木)

줄기가 좌우로 구부러져, 모양을 만들고 있는 수형이다. 가지가 구부러져 있으면 바람직 하다.

직간(直幹)

줄기가 구부러짐이 없이 똑바른 것이 특징이다. 이끼 순이 부드럽고, 팔방근의 활착율이 평가를 받는다.

문인목(文人木)

가는 줄기가 구부러지고, 그것이 약간 기울어 진 수형. 가지와 잎은 적고, 첫 가지가 높은 위치에 있다.

반현애(半懸崖)

현애처럼 늘어뜨리 지지 않은 수형이다. 나무수관부는 정면을 향하게 하고, 앞쪽으로 늘어지게 하는 것이 포인트.

현애(懸崖=벼랑에 매달린 수형)

일어서기에서 줄기가 벼랑에 매달려 있다. 줄기가 분가장자리에서 아래로 내려져 있기 때문에 받침대에 놓여 장식되고 있다.

좋은 잎의 모양

정돈되어 있지 않은 잎은 불안정한 인상을 준다.

잎이 정돈되어 있어 보는 눈이 안정되어 보인다.

잎 색이 엷으며, 광택이 없는 것은 그다지 좋지 않다.

잎 색이 짙고, 생명력을 느낄 수 있는 것이 좋다.

좋은 뿌리의 형태

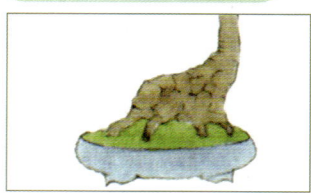
암초〈岩礎〉
1그루의 줄기가 둘둘 감아 성장하고, 뿌리밑동 부분이 큰 바위와 같이 된 것.

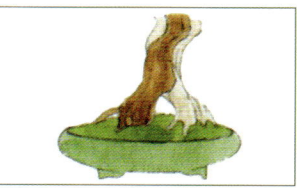
신근〈神根〉
뿌리의 일부가 완전히 죽어서 목질부가 백골 화 된 것. 분재에서는 칼 등을 사용해서 인공적으로 만들기도 한다.

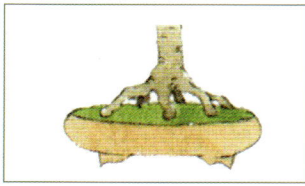
단근〈段根〉
몇 개인가의 뿌리가 서로 겹친 듯하여 살아있는 뿌리의 형태로써 보는 눈이 안정감이 있다.

좋은 줄기의 형상

좋은 뿌리의 형태

뿌리올림〈根上〉
자연에서는 비 등으로 흙이 깎이어, 지표면에 나온 뿌리를 말함. 뿌리를 지상에 내놓고 이식한다.

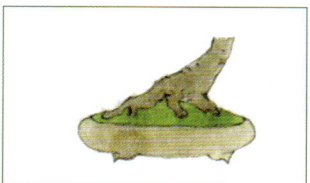
편근〈片根〉
줄기의 한쪽에 힘 있게 뿌리를 뻗고, 수목 전체를 지탱하고 있는 형상. 줄기가 비스듬하게 뻗은 것에 많다.

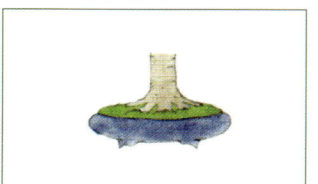
팔방근〈八方根〉
팔방으로 뿌리를 넓히고 튼튼하게 대지를 붙잡고 있는 것으로 이 수형은 안정감을 느끼게 한다.

좋은 가지의 형상

가지도 마찬가지로, 끝으로 갈수록 가늘어지고, 좋은 위치에 가지가 나와 있는 것이 분재로써 바람직한 수형이다.

『다간』은 일어서면서부터 2그루 이상의 줄기가 나와 있는 것을 가리킨다.

줄기가 2개인 경우에는 『쌍간』, 3개는 『3간』, 5개 이상은 『포기 자람』이라고 부른다. 그 이외의 우수偶數의 것은 부자연스럽게 보이기 때문에 별로 환영 받지 못한다.

이 밖에 『뿌리 얽힘』은 뿌리가 엉키어 있어 줄기가 여러 거 서있는 것. 『모아심기』는, 독립된 나무를 한 분에 모아 심는 것. 『반간』은 줄기가 몸을 감은 모양을 한 수형이다.

이것들의 수형 만들기에 크게 영향을 미치는 것이 가지를 내는 방법인 『지순』이다. 좋은 지순은 좌우 상호 나오는 가지의 뒤쪽에도 가지가 나와 있다. 위로 뻗을수록 가지의 간격이 좁고, 짧고 가늘어 지는 가지가 좋다. 또한, 불필요한 가지는 『기피가지』라고 하고, 힘이 강하여 수형을 흐트러지게 하는 가지는 전정을 해서 잘라 내어 수형 만들기를 하도록 한다.

취류
바람에 나부껴서 가지가 한쪽 방향으로 흐르고 있는 수형. 기울어진 줄기와 유사한 가지모습이 다르다

쌍간
일어서면서부터 2개의 줄기가 나와 있는 타이프. 2개의 대소차이가 적으면 『부부 쌍간』 많으면 아이 가진 쌍간 이다.

포기 자람
일어서면서부터 여러개의 줄기가 나와 있는 모양. 2개 이외의 우수의 줄기는 바람직스럽지 못하다.

반간
나무의 뿌리밑동 부근에서 줄기가 몸을 감은 듯이 극단적으로 구부림을 만들고 있는 패턴.

뿌리 얽힘
한 개의 뿌리가 표면에 노출된 수형으로, 그곳에서 줄기가 여러 개 얽히어 뻗어 있는 타이프.

모아 심기
대소의 독립한 나무를 몇 개인가를 심은 것. 우수는 싫어하기 때문에 심을 때에 조심하도록 한다.

나무와 분의 배합의 좋은 예

　잡목과 타원형분. 가로로 퍼지는 나무에는 공간을 느낄 수 있는 타원형분이 좋다. 얕은 분이면 보는 눈도 상쾌하다. 소나무와 정방형분. 현애 등의 상하를 강조하는 나무에는 속이 깊은 정방형분을. 높은 탁자에 장식하는 경우에는 하방형분은 적합하지 않다. 매화와 6각형 분에서는 꽃의 모양과 용기가 매치. 나무보다도 약간 작은 용기를 고르는 것으로 밸런스가 좋아진다.

장방형 분의 심은 소나무현애 수형

초심자를 위한 분재기르기 강좌교실

갖가지 분의모양

자유로운 발상으로 용기를 맞추어, 오리지낼리티 넘치는 나무와 분의 배합을.

최근에는 인테리어로서도 사용되는 모던한 분도 많이 시판되고 있다. 수목에 맞추어 고르도록 몇 개의 분들을 컬렉션하였다.

타원형
활엽수의 분재가 어울린다. 타원형이라고 하는 모양에서 퍼진 모양이다.

둥근 화분
모양이 없는 둥근 분은 정면이 없으므로 초보자라도 취급하기 쉬운 분이라고 할 수 있다.

감만 접시
바닥이 얕은 것이 특징. 소박한 흙의 풍미가 느껴진다.

장방형의 분
송백분재 등, 풍격이나 힘센 느낌을 주는 나무에 잘 어울린다.

정방형의 분
단단한 인상의 나무를 심는데 적합하다. 현애나 반현애에도 적합하다.

팔각의 분
아름답고 파란 색이 눈을 그는 자기. 성장하는 나무의 안정감을 느끼게 하는 형태.

대화형의 분
부드러움을 느끼는 모양과 엷은 색이 특징. 꽃식물과 열매식물에 어울린다.

하방형 분
높이가 있는 분으로 현애 수형에 어울린다. 즉 낙차 落差를 이용해 현애 수형을 강조하는데 적합하다.

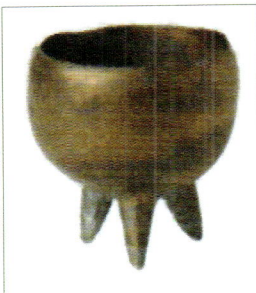

창작 분
다리가 달린 개성적인 모양. 수목을 고르는 것이, 잘 맞으면 멋진 배합이. 수형의 풍격을 살린다.

제 멋데로 생긴 분
분의 가장자리가 모자라는 것 같은 모양이. 단애를 연상시키고, 자연스러움이 강조되는 분이다.

소품 분재, 기르기로 시작해, 분재 기르기를 숙달해 보자!

 취미 생활로 분재를 배우고자 하는 취미인들은 본서를 참고해 기초를 배우고 의문점들을 전국의 분재원 상담사들에게 배우기를 원하면, 보다 자세한 가르침을 받을 수 있다. 전원 주택과 옥상 등 기타 생활 공간들을 활용해 자기 여건에 맞도록 소품 분재부터 시작해 기르기하면 취미 생활에 더 없이 좋을 뿐더러 재테크 개념도 될 것이다.

 시간 날 때마다 주변에 소재들을 찾아서 삽목, 취목, 접목 휘묻이, 등을 이용해 기르기를 해보는 것도 보다 바람직스러운 일일 것이다.

 분재란 실패하지 않는 것과 숙달은 다르다. 실패를 두려워 해서는 그만큼 숙달도 늦어진다. 아울러 어떻한 실패이던지 그것은 분재 기르기의 귀중한 체험이고 기르기 성공의 밑거름인 것이다.

송백분재

흑송

분재의 풍격을 느끼게 하는 줄기 껍질과 상록의 잎이 관상의 매력이다.

남송이라고도 하며, 극심한 환경에서 자생하는 이유인지 거친 줄기와 껍질, 굳센 잎이 특징이다. 그리고 햇빛과 통풍을 좋아 한다. 약간 건조한 토양을 좋아 하지만, 분에는 흙이 마르면 물을 듬뿍 준다.

성장기인 봄과 가을에는 치비를 주고 영양분도 충분히 준다. 단 뿌리가 비료에 닿지 않도록 상태를 관찰해 가면서 거름을 준다.

적송

여성적인 부드러운 분위기의 소나무

이름처럼 붉은 기를 띤 줄기 껍질이다. 만져도 아프지 않는 가늘고 긴 잎이 특징으로 여송女松이라고도 부른다. 그렇지만, 줄기와 껍질이 붉어지는 것은 노목을 분에 심은 상태로는 그 정도 까지는 안된다.

산간부에서 자생 하기 때문에 건조에는 어느정도 강하다. 그러므로 물주기는 다소 건조할 때 줄 것 비료는 봄에 소량으로 주고 가을에는 충분한 량을 준다. 양을 과하게 주면 나무가 웃 자라서 수형이 흐트러지므로 주의 할 것.

섬 잣나무 〈오엽송〉

가장 기르기 쉬운 송백 분재의 대표 종

우리나라 울릉도에서 자란 향나무의 변종으로써 흔히들 오엽송이라고 한다. 반면 분재의 대표종으로써 기르기 쉽고 인기가 좋다. 짧은 잎이 5개씩 나와 있는데서 오엽송이라 한다.

잎의 길이와 각도는 따로 따로이고 성장이 늦은 것이 특징이다. 냉엄한 환경에서의 적응력이 강하여 기르기 쉽다. 물은 건조한 상태에서 주고 용토의 배수에도 신경을 써야한다.

봄과 가을에는 치비를 주고 3월 하순부터 4월 초순에는 뿌리를 정리해 주고 새 용토로 바꾸어 분갈이를 해준다.

향나무

구부림과 사리외 신 만들기로 개성을 살린다

고산의 바위가 많은 곳에서부터 해변에 이르기까지 자생하는 이취의 사촌으로써 변화가 많은 굴곡의 줄기를 만들 수 있는 점에서 인기가 있는 수종이다.
　나무의 껍질을 벗기는 사리나 신을 만들기 쉬운 점에서 인기가 있다. 흙의 표면이 마르면 물을 듬뿍 주고 성장기에는 질소분 비료를 치비로 준다. 이식은 2년에 한 번, 봄 가을에 한다. 해충 걱정은 별로 없다.

노간주 나무

쥐가 피할 정도의 침상의 잎

우리나라의 산지나 구릉지 화강암 지역의 양지 바른 장소에서 생장한다. 단단하고 뾰쪽해진 침엽에서 쥐를 피하도록 하기위한 나무로써 사용되는 일도 있다.
물을 좋아하기 때문에 하절기에는 물이 마르지 않도록 주의해야 한다. 4~9월에는 순따기를 해 주어야 하고 11월에 1회 치비를 해준다.

주 목

심산의 냉엄한 환경을 표현하고 싶을 때,

전국의 심산에 자생하는 암수이주로 높이 20m를 넘는 거목으로 자란다. 세로로 갈라진 틈으로 뻗은 수피를 벗기면 붉은 줄기 살이 나온다.
오래된 가지는 4월, 새로 나온 가지는 6월에 삽목이 적기이고 줄기가 굵어지는 것도 양호하다. 정원수로는 봄에 작은 꽃을 피우게 하고 초 가을에 붉은 열매가 달린다.

물을 대단히 좋아 하므로 물주기를 게을리 해서는 안된다. 5월에 새 싹을 따주고 철사로 구부려 놓으면 수형이 멋이 있게 된다. 이 나무의 특이점은 취목으로는 번식이 어렵다.

삼나무

똑바로 우뚝 솟은 대목大木의 이미지

분재용으로는 참 삼나무, 지엽이 가는 왜소종인 8송이의 삼나무가 인기가 높다. 수명이 길어 거목이 되는 것부터 직간 완성이 되는 것이 대부분이다. 하지만, 어린 나무일 때 모아 심기를 해서 삼림을 표현하는 것도 바람직 하다.

나선상으로 붙은 잎은 겨울에는 갈색이 되고 봄이 되면 신록으로 빛이난다. 세월이 흐름에 따라 줄기의 껍질이 세로로 벗겨져서 풍취가 생긴다. 4~9월의 순따기를 게을리 하지 말아야 한다.

노송나무

직간에 더해 문인목이나 현애형의 수형이 어울린다

잎은 가지에 밀착된 상태로 갈색 수피는 세로로 벗겨진다. 자생수를 보면, 직간이 많으나 수형으로써는 문인목, 반현애도 가능하다. 잎은 자란 부분은 따고 손질을 한다.

웃자란 경우에는 가위로 잘라준다, 잎이 없는곳을 자르는 일은 금기다. 비교적 건조한 장소를 좋아 하므로 통풍이 잘 되는 장소에 둘 것. 표토가 마른 듯 하면 물을 듬뿍 주고 봄과 가을에 웃거름을 준다.

초심자를 위한 분재기르기강좌교실

관엽식물

당 단풍

단풍의 아름다움을 가까이에서 즐긴다

단풍의 대표종으로써 인기가 있다. 잎의 상단이 셋으로 갈라져 있고 잎 뒤에는 흰가루가 있다. 가지 만들기가 그다지 어렵지 않다. 세월이 흐르면 흐를 수록 나무의 풍격이 올라가는 특징이다.

그리고 가을에 아름다운 단풍은 볼만한 대표 수종이다. 변종인 미야시마 단풍에서는 봄에 노란 작은 꽃을 피운다. 환경을 그다지 가리지 않는 점에서 관리가 편하다. 단 물기가 끊기면 단풍에 영향이 미치므로 물주기에 주의 한다.

산 단풍

세월의 흐름을 느끼게 하는
세로 무늬 줄기의 껍질이 매력적이다.

단풍과의 단풍속으로 잎의 상부가 5~7개로 갈라져 있다. 이 나무의 매력은 불타는 듯한 붉은 잎, 그리고 수령을 거듭하면 생기는 세로 무늬의 줄기 껍질이다.

잎이 작고 가득찬 마디 사이에 가늘고 작은 가지를 많이 붙이고 있는 것이 특징이다. 기르기로는 여름철의 물주기는 조심할 것. 만일 물부족이면 잎 끝이 오그라져서 아름다운 단풍의 자태를 볼 수 없다.
비료는 질소분을 주로한 치비를 준다.
이식은 1~2년에 한 번, 3월 중순 경에 해준다.

팽나무

잎맥이 두드러진 가을의 노란 잎이 일품이다

느릅나무과의 교목으로 자생수에서는 열매도 열리지만, 분재로는 관엽식물로 평가된다. 볼만한 것은 가을의 노란 잎, 엽맥에 특징이 있고 3개의 주맥이 눈에 잘 띈다. 번식은 실생, 삽목, 취목이 가능하다. 열매는 먹기도 한다.

열매를 가을에 따서 파종을 하면 발아가 잘 되고 뿌리가 뻗을 좋은 소재가 된다. 굵은 뿌리가 나오기 쉽기 때문에 1년마다 이식을 해 잔 뿌리가 많이 생기도록 한다.

느티나무

빗자우를 세워 놓은 것 같은 싱싱한 신록의 나무

느릅나무과의 낙엽 교목, 느티나무라고 하면 "빗자루 서기"라 할 정도로 섬세한 표정을 내기 위해 실생으로 기르는 것이 좋다. 가지가 옆이 아닌 위로 뻗는 것이 특징이다.

잎이 서는 것을 골라 분재로 만든다. 싱싱한 신록 아름다운 단풍으로 만들기 위해 햇빛이 잘 드는 장소에서 기르기가 좋다. 정기적으로 분을 돌려서 구석 구석까지 잎에 햇빛을 쪼이도록 한다.

단풍나무

바위 밭을 연상해서 돌 붙임 분재를 만든다

자작나무과의 낙엽 소 교목으로 돌과의 매치가 잘 되고 산의 바위가 많은 곳 등에 잘 돋아난다. 단풍류 중에서는 잎이 가장 작고 단풍의 아름다움으로는 정평이 나 있다. 잎이 물들기 시작하면 잘 떨어지질 않는다.

그러므로 오래 감상 할 수 있는 장점이 있다. 줄기의 껍질과 가지 순에 개성이 있고 세월의 흐름과 더불어 풍취가 더해 간다. 봄부터 가을에 걸쳐 치비를 해준다.

소 사

우리나라 중부 이남에서 가장 많이 기르는 수종

전국에 자생하는 자작 나무과의 낙엽수로 줄기 껍질에 요철이 있고 봄이 되면 가지 끝에 암컷화수, 그 밑에 수컷 화수가 피고 가을이 되면 암컷과수가 생긴다.

분재로써 한 그루로 볼 수 있는 형태로 만들려면 수년이 걸리기 때문에 모아 심기가 최적이라 할 수 있다. 조합으로써는 주목主木이 되는 한 그루의 실생 3년생 정도의 묘목을 합치면 된다. 성장기에는 1개월에 한 번의 비율로 웃거름을 준다.

황 로

새빨갛게 물든 단풍이 볼만하다.

옻나뭇과의 낙엽수로써 볼만한 것은 새빨갛게 물든 단풍이 볼만하다. 분재로써는 풍정이 좋고 시원한 분위기로 만들어진다. 가지를 자르면 나오는 하얀 수액으로 옻을 타는 사람도 많으므로 작업을 할 때는 반드시 장갑을 끼고 할 것.

표토가 마르면 물을 충분히 주어야 한다. 비료가 과다하면 단풍이 늦어지거나 예쁘게 물 들지 않는 경우가 허다 하므로 적당량의 비료를 줄 것.

너도 밤나무

오래 될 수록 관상 가치가 높은 줄기 껍질

온대 지역에서 자생하는 낙엽수로써 세월이 흐르면 흐를수록 줄기와 껍질이 하얗게 변하고 나무 결이 촘촘해 진다. 자웅동주로 5월 신록의 계절이 되면 자생수에서는 수꽃과 암꽃의 개화를 즐길 수 있다.

고목성이기 때문에 선단의 수세는 상당히 강하므로 신중하게 싹 따기를 하지 않으면 상하의 균형이 깨어진 나무가 되어 버린다. 봄과 여름에 물 부족이 되지 않도록 주의 할 것. 건조가 심할 때에는 잎에 물을 뿌려주는 것도 효과적이다.

장수매화

4계절을 통하여 붉은 꽃이 피는 인기종

풀명자 나무의 변종으로 분재의 꽃 식물로써 인기가 높다. 모과 나무보다도 줄기가 굵어지지는 않지만, 잔잎이 많이 나와서 수형을 만들기가 쉽다. 4계절 꽃피는 성질이 강하여 붉은 꽃이 잘 피지만, 거친 가지치기의 백화종이 있다.

물끼가 떨어지면 안 되므로 물주기에 신경을 쓰고 한 여름을 제외한 4~10월에 걸쳐서는 비료를 많이 준다. 근두암병에 걸리기 쉽다. 옮겨 심을 때에 흙에서 근두암종을 발견하면 절제해 뿌리를 물로 씻어 옮겨 심는다.

모 과

한 가지에 2색의 꽃이 피기도

일찍피는 종을 한(寒)모과, 늦게 피는 종을 봄 모과라고 부른다. 꽃 색은 적색 백색을 주체로 하나의 가지에서 붉은 색과 흰색의 꽃이 나누어 피기도 한다. 모양도 한 겹 외에 두 겹과 겹꽃이 피기도 한다.

품종의 다양함과 기르기 쉬운 점에서 분재토써 인기가 높은 수종, 싹이 많이 돋아 나므로 줄기가 많이 된다. 건조에 약하고 낙엽이 지는 경우도 있으므로 건조에 주의 한다. 수세가 너무 강할 경우에는 웃거름을 주지 않는다.

철 쭉

풍부한 품종을 자랑하는 꽃 식물 분재의 대표

10,000 여 종의 풍부한 품종을 가지고 작출의 연대로 분류된다. 소재가 좋으면 그다지 연대에 구애될 필요는 없지만, 왜소하게 만들고 싶을 때에는 구화인 황산 계통이 바람직스럽다.

철쭉은 싹이 잘 트고 작은 가지가 잘 나온다. 줄기가 굵어 일찍 풍격이 나기쉬운 점 등의 이유도 있고 수형과 품종이 다양해 분재의 소재로 인기가 있다. 화기는 5~6월 중순이며 물을 줄 때는 꽃에 물을 뿌리지 않도록 주의한다.

골 담 초

가지 끝에 모여서 나비 모양의 노란 꽃이 일품

콩과의 낙엽수로 중국이 원산지이며 가지 끝의 엽액에서 노란 나비 모양의 꽃이피는 모습이 참새 무리에 비유되기도 한다. 하부에서 가지가 잘 갈라져서 분재로 기르기 쉬운 수종이다.

그리고 뿌리에 붙어있는 혹은 콩과의 특징으로 병은 아니다. 꽃순은 잘 알지 못함으로 전정은 꽃이 진후에 한다. 전정한 가지는 장마철에도 삽목이 가능 하지만, 가지에는 가시가 달려 있으므로 주의가 필요하다.

백일홍

원숭이도 미끄러질 정도의 매끄러운 줄기 껍질이 매력!

6월 경에 가지의 성장이 일단 멈추고 여름 가지가 자란 끝에 꽃을 피운다. 꽃이 오래 피는 점에서 백일홍이라고 부르고 한 여름 내내 꽃을 피게하는 귀중한 나무이다.

따라서 아름다운 줄기 껍질은 이름의 유래가 될 정도이다. 봄부터 개화까지의 사이에는 충분한 물주기를 해야 한다. 물기가 없어지면 꽃이 잘 피지 않기 때문에 주의가 필요하다. 이식은 1~2년에 한 번씩 봄에 한다.

들싸리

많은 가지에 아기자기 하게 피어있는 꽃

가을의 일곱가지 식물의 하나로 우리나라 전 국토에 자생하는데, 한 포기에서 갈라져 나와 자라는 것 등 군생하고 있는 것이 많으나 분재에서는 줄기를 만들고 많은 가지를 늘리도록 한다.

꽃은 귀여운 나비 모양이며 몇 가지의 품종이 있고 줄기가 하나 서 있는 나무싸리, 담홍색 꽃이 피는 야쿠시마 싸리, 소형인 야생종 들싸리 등이 있다. 물이 떨어지지 않도록 주의가 필요하다.

토 왕土旺등나무

토왕의 계절에 흰꽃이 핀다

 일본 서쪽 지방 산지에 자생하는 콩과의 낙엽 덩굴성 식물로 여름 등나무로 토왕 등나무 한 여름에 꽃이 핀다해서 붙여진 이름이다. 7~8월 경 엽액에서 크림색의 나비 모양의 꽃이 핀다.

 그 후 자색의 열매가 열린다. 배수와 양지를 좋아 하므로 표토가 마르면 즉시 물을 준다. 여름은 요수를 해서 물기가 떨어지지 않도록 한다. 비료는 개화 직후에 유기 비료를 주도록 한다.

작살나무

가지가 휘어질 정도로 연보라색 열매가 달린다
 곰 칡과의 낙엽 저목으로 우리나라 전국의 산야에 자생한다. 6~7월 경에 새로 난 가지에 담자색의 많은 꽃을 맺어 가을이 되면 보라색으로 익은 열매가 풍성하게 달린다.

 소 자식부와 의 차이는 꼭지 순의 유무로 판별된다. 더위와 추위에는 강하지만, 한 여름은 물주기에 신경을 기룰인다. 봄에 뻗은 가지를 4~5cm잘라서 5~6월에 삽목을 하면 활착이 잘 된다.

초심자를 위한 **분재기르기 강좌교실**

유사매화

세월과 함께 줄기의 가지 치기는 꼼꼼하게

산지나 습지에 자생하는 감탕나무과의 낙엽저목 자웅이주이기 때문에 웅목과 자목의 양목이 없으면 수분이 안되기 때문에 열매가 열리지 않는다. 9월부터 연초까지 색의 변화를 즐길 수 있는 열매는 붉은 열매 외에 노란 열매와 흰 열매가 있다.

줄기는 오래될 수록 가지 치기를 꼼꼼하게 해 주면 풍격이 나온다. 물부족이면 여름에 결매가 잘 열리지 않을뿐 아니라 가을에 낙과의 원인이 되고 다음 해의 꽃더가 생기지 않으므로 주의가 필요하다.

홍자단

뿌리를 이용해 개잘을 하는 것도 좋다

중국 원산지인 장미과의 상록 소 저목으로써 옆으로 기는 듯이 가지가 뻗고 잘 분지한다. 줄기가 굵어지지 않는 성질 때문에 몇 개로 모아 심기를 하면 5~6월에 짧은 가지의 엽액에 담홍색의 꽃을 피우고 가을에는 붉은 열매가 풍성하게 달린다.

이식은 봄 또는 가을의 피안 무렵에 뿌리의 상태가 좋으면 뿌리가〈근상〉드러 나도록 해도 재미 있는 수형이 된다. 7월까지 꽃이 피지 않는 웃자란 가지는 잘라서 짧은 가지가 되도록 하다.

111

노아시 감

가을에 많은 사람들에게 환영을 받는 작은 감

중국이 원산지인 감나무과로 우리나라 전역의 가을에 열리는 열매로써 처음은 떫지만, 성숙하면 닳다. 열매는 둥글고 큰 것으로부터 가늘고 길고 뾰쪽한 것 등이고 색도 붉은 쪽에 가까운 귤 색으로부터 황색에 이르기까지 가지 각색이다.

포기는 자웅이주이므로 개화시에는 수컷 포기와 교배 시킨다. 벌 나비가 오지 않으면 인공수분을 해주어야 한다. 여름에 수분이 안되면 낙과의 원인이 된다. 번식은 삽목과 취목 그리고 뿌리 꽃이가 가능하다. 굽은 줄기를 만들려면 뿌리 꽃이가 바람직스럽다.

심산 해당화

꽃과 열매 단풍이 관상 가치가 높다

봄에는 진한 핑크색의 꽃을 피우고 가을에는 열매가 열리고 단풍도 아름답게 든다. 대 중 소의 열매가 열리는 특성을 갖고 있다. 결실을 하기위해 개화 후에는 꽃 꼭지를 따지 않도록 한다.

녹색 열매가 적색에서 황색으로 변화해 가는 모습을 즐길 수 있다. 물은 분의 표토가 마른 듯 하면 듬뿍 주고 지엽의 생육이 너무 강하면 꽃과 열매가 잘 달리지 않으므로 질소분의 비료를 적게 주도록 한다.

푸른 칡 등나무

부드러운 덩굴과 남색의 열매가 일품

낙엽성 덩굴 식물로 우리나라 전국의 산야에 자생하고 있다. 7~8월에 크림색의 꽃이 핀다. 가을에는 선명한 남색의 열매가 달린다. 열매속에 생긴 종자를 심으면 실생 묘를 만들 수 있으며, 2~3년 후에는 꽃이 핀다.

자웅이주로 개화시 암꽃에는 녹색의 암수술이 수꽃에는 황색의 꽃가루가 있는 숫수술이 보인다. 개화한 암꽃의 옆에는 수꽃을 놓아두면 수분을 원활하게 한다.

애기사과

해당화를 옆에 두면 열매가 잘 열린다

중국이 원산지인 개 사과의 변종이라 한다. 4~5월에 짧은 가지에 담홍색의 꽃이 맺는다. 꽃이 진 후에 흰석이 되고 가을에는 붉게 익은 사과의 열매가 달린다.

열매가 귀엽고 분재계에서는 인기가 있는 수종이다. 자가 불친화성이므로 다른 사과 품종이나 해당화 등을 옆에 놓으면 열매가 잘 열린다. 봉오리가 생기면 결실까지는 수분이 마르지 않도록 물주기를 잘 해야 한다.

개나리

나무가 작아서 분재 만들기 쉬운 수종

중국이 원산지인 물푸레나무과의 낙엽 저목 이른 봄에 피는 노란 꽃이 매력적이다. 잎이 작아서 전체적으로 작게 만들기 쉽기 때문에 분재 만들기를 많이들 한다. 본래 한 포기에서 갈라져 나와 자라기 쉬운 나무이기 때문에 뿌리 연결이 잘 된다.

철사 걸이를 해서 뿌리가 올라 오도록 하고 구부려도 재미가 있다. 물주기는 뿌리가 활착하기 쉽고 물이 스며들지 않을 때는 물을 끌어 다시 듬뿍 주도록 한다. 웃거름은 봄 가을에 준다.

피리캰샤

가을이면 조그만한 열매가 주렁 주렁 달린다.

가을이면 붉은색 열매가 후드러지게 달린다. 장밋과의 상록 저목으로 5~6월에 하얀 작은 꽃이 핀다. 양성화이기 때문에 인공교배를 할 필요는 없다.

반 그늘에서도 자랄만큼 튼튼하지만 햇빛이 드는쪽이 열매가 잘 열리고 꽃이 잘 피어 열매를 맺는다. 개화 후에는 화분이 젖지않게 하기 위해 꽃에 물을 뿌리지 않도록 주의 한다.

철쭉나무

진달래과 / Rhododendron sechlippenbachii Maxim

- **형태**

  원산지는 한국, 중국, 일본, 내몽고로 낙엽 관목 관화 식물이다. 분류상 진달래과 진달래속으로, 일반적인 상록성으로 3~5월을 전후에 개화한다. 먼저 꽃피는 것을 진달래, 늦게 피는 것을 개꽃 즉 철쭉이라고 부른다. 철쭉의 야생종은 우리나라 전역에 분포하고 홍자색의 꽃이 기본이나, 진달래 과는 교배가 용이하여 일본에서 품종이 개량되어 3000여 종에 이르고 있는 것이 지금의 현실이다.

- **특성**

  철쭉은 세근성細根性으로 수분을 좋아하고 가뭄을 싫어 한다. 꽃눈은 새 가지 끝에 6~7월 경에 분화하므로 꽃이 진 직후에 전정하여 충실한 두 번째 꽃눈을 분화分化 시킨다. 가지는 차지상車枝狀으로 신장 하므로 한군데에 두 가닥만 남긴다. 남긴 가지도 기부基部에 2~3눈을 남기고 갈라 정자整姿 한다. 두 번째 눈에 꽃눈을 분화 시키기 위해서는 이 작업이 6월경까지 완료 되어야 한다. 휴면기간 중休眠期間中의 전정으로 가지 끝을 자르면 꽃눈을 잘라내게 되므로 가지가 지나치게 뻗어서 수형樹形을 망가 뜨리는 것만 전정 하는 것이 원칙이다.

  철쭉은 화용花容이 관상觀賞의 포인트 이므로 꽃 한송이 한송이가 아름답게 피도록 잔가지에 한 꽃의 비율료 달리게 하는 것이 기본이 된다. 왜냐하면 한번에 많은 꽃을 피우면 동화양분同化養分이 많이 소진되어 수세가 약해지기 때문이다. 또한 결실시킴과 마찬가지의 결과가 되므로 꽃이 진 후에는 바로 자방子房을 잘라주고 결실 시키도록 한다.

  철쭉류는 세근이 많이 나므로 2~3년마다 갈아심기를 않하면 분 속에 뿌리가 감겨버려 배수성排水性이 나빠져서 노화老化한 뿌리가 많아지고 그 결과 뿌리가 부패하여 수세가 나빠지는 원인이 된다. 보수성을 높이기 위해서는 적옥토보다 보수성이 좋은 녹소토와 같은 용토를 사용하는 것이 좋다.

번식은 씨뿌리기, 삽목, 취목으로, 접붙이기로 한다. 철쭉은 가지를 여러가지 형태로 변화 시키기가 용이한 수종으로 가지 타꾸기가 목적일 때는 삽목의 방법이 유리하다.

- **관상**

  철쭉은 화목분재花木盆栽의 대표라고 하여도 그 누구도 이의를 재기再記할 수 없을 정도다. 또한 철쭉은 튼튼하여 수형의 변화를 꾀 하기가 쉽고 꽃 또한 아름다울 뿐만 아니라 품종이 다양하므로 자기가 좋아하는 품종을 선택하여 기르기가 용이하다. 철쭉은 처음에는 꽃이 인기가 있었으나 현재는 분재로서 나무 만들기가 발전하여 목자木姿를 관상하는 추세에 와 있다. 5~6월의 꽃 피는 시기가 관상의 적기라는 것은 두 말할 것도 없다 하겠다.

초심자를 위한 분재기르기 강좌교실

철쭉 분재에서 배우는 강좌

본격적인 수형 표현기법

다음장부터 철쭉분재 기르기의 기초를, 사진과 함께 도해하여 자세히 누구나 이해하기 쉽게 설명 하려 한다. 많은 분재의 애호가들이 과연 분재의 매력은 무엇이냐의 의문과 함께 기르기에 대한 의문들 또한 많을 것이다. 그리고 분재란, 단순하게 자연의 모습을 분에 심어 재현한 것 만이 아닌 여러가지 미묘한것 즉 표현키 어려려운 것들의 새로운 기법들이 있다는 것을 알 것이다. 그래서 사람들은 분재를 볼 때, 굳셈과, 대범함, 오래됨, 마른 분위기, 엄숙함, 계절감, 스케일 감, 정경 등을 보고 느끼며 분재기르기에 매력을 느끼고 관심을 갖는 것은 아닐까?

만약 아무리 수근이 좋은 나무라도, 굳센 힘과 대범함, 고태미古態美 등이 표현되어 있지 않았다면, 멋도 없는 무미건조한 분재가 되어 버릴 것이다. 그러므로 여기에 수형樹形 만들기와 기르기 쉬운 철쭉나무를 통하여, 그 모든 것 들을 표현 하기위한 중심이 되는 기법들을 소개 한다. 근년의 전시회에서 높은 평가를 받은 작품들을 예로, 어떤 기법으로 무엇을 어떻게 표현 하였는가를 작품을 감상 하면서 여러분도 철쭉 분재기르기에 도전 하여 생의 환희가 넘치는 작품들을 만들어 보는 것도 퍽 의미가 있으며, 여가선용에도 최고가 될 것이다. 아무튼 이 철쭉기르기 강좌가 감상을 위해서도 나무 만들기를 위해서도, 철쭉분재 기르기 한 사람들에게 많은 참고와 도움이 되는 것만은 틀림이 없음을 밝힌다. 철쭉은 학명상으로는 낙엽, 관목 관화식물이라고 되어 있지만 지금은 품종개량으로 두 서너종만 제외하고 사철푸르므로 즉, 상록수라고 하여도 틀린말은 아니다.

초심자에게는, 철쭉 기르기가 바람직하다.

분재盆栽 기르기를 처음 시작한 초심자에게는, 철쭉이 관리와 기르기가 쉬운 수종이다. 이유는 모든 분재에 있어서는, 맨 아랫가지 즉 첫째 가지가 가장 중요하므로 신경을 많이 쓰게 되는데, 철쭉은 이 맨 아랫가지가 잘 자라는 특성이 있다. 또한 소재의 줄기만을 남겨 두어도 모든 가지가 잘 분지하며 어쩌다가 실수를 하여 중요한 가지에 심한 상처를 입히는 일이 있어도 쉽게 죽지않고 잘 자란다. 그리고 철쭉은 철사감기와 수형의 모든 정형을 연습 하는데 가장 좋은 수종이다. 특히 줄기와 뿌리가 잘 굵어지므로 잎과 꽃의 수형을 즐길수 있어 분재 기르기 초심자에게는 더 없이 좋은 수종이다. 지금까지 우리나라는 철쭉이라고 하면 진달래가 피어, 지고 난 다음에 피는 개 진달래를 철쭉이라고 불러왔다. 이것은 꽃이 찐득 찐득한 액이 나온다. 이것을 일본에서 3000여종의 품종을 개량하여 우리나라에 들어와 왜철쭉으로 지금까지 불리어 지고 있는데, 이번에 언제까지나 왜철쭉으로 부를 수 없는 것이여서. 이제부터서는 우리나라 정체성을 살리고자 하여 철쭉으로 통일 명명 하여 부르기로 하였다. 참고로 우리나라 철쭉은 지리산에 많이 자생하며, 전북 남원시에서 철쭉과 허브축제를 꽃이 피는 5월에 범 세계적인 규모로 행사를 하고있다.

야다의 거울
나무높이 38cm 줄기둘레 7cm

곡선을 그리는 줄기에 조화시킨 가지 만들기 작품으로 임팩트 강한 작품이다. 이 수형의 구상은 개성이 강한 떠 있는 듯한 뿌리에 도달한 작가의 예리한 감성이 표출된 성숙된 작품의 완성도다.

또한 분의 맞춤도 마치 철쭉 꽃이 피는 계절을 기다리는 듯한 분위기이다. 작가는 분재를 시작한지 30년이 되었다 한다.

자주 다니는 분재원에서 이 나무에 반해서 처음 신목이였지만, 고상 古相이 엿보여서 구입해 안마석에 이식하면 멋진 조품이 될 것 같았다 한다.

그 결과 균형이 잡힌 분재수로 만들어져 수형 다듬기에 노력의 댓가로 이처럼 멋스러운 작품을 만들게 되었다 한다.

기르면서 가지 끝을 유연하게 하고 싶다는 구상을 했다 한다. 그 후 작품이 작가의 의도대로 만들어졌다니 다행이다.

5칸에서 3칸으로의 개작은 매우 놀라운 테크닉이다.

철쭉의 어원語原과 기르기

철쭉의 어원

철쭉의 원명은 일본어인 "싸즈끼"이다. 세밀하게 구분을 하자면 품종을 개량하여 약 만여 종에 달하는 수종이 있으며 그 이름도 거의가 일본어로 되어 있다. 이 나무들의 자생지가 일본이었기 때문에 그렇다고 본다.

그러나 자생지가 일본이라는 것은 의문이 든다 하겠다. 아울러 물 철쭉 같은 과에 속하는 식물로써 영어로는 Royal azuleafkrh qnfmsek.이라 부른다. 우리나라에서는 철쭉이라는 달리 부르는 식물명이 없고 또 그와 같은 식물도 없다.

이와 비슷한 식물은 진달래와 물철쭉〈일명 개진달래〉와 산철쭉 등의 몇 종류가 있으나 철쭉과 비슷한 수종은 물 철쭉이다. 우리나라에서 더러 부르는 영산홍 이라고 부르기도 하지만, 그것은 잘못된 것이다.

영산홍은 일명 고려 영산홍이라고도 부르고 있는데, 이것에 대한 확실한 정설은 아직 없다. 우리나라에서 철쭉이 처음 발견된 것은 호남 지방 야산에서 채취되어 번식 되었다는 설이 있지만, 이는 아직 정확한 학설로 증명되지는 않고 있다.

일본의 문헌에서 보면 철쭉이 우리나라에 처음 들어온 것이 이조 초기에 들어와 왜 철쭉이라 부르고 있다. 앞으로 우리나라는 철쭉으로 통일해 부르는 것이 맞다고 본다. 현재 국내에 있는 품종과 나무의 크기를 살펴보면 역사를 짐작할 수 있다.

현재 일본에서는 오래된 수종은 구화라 부르고 그렇지 않은 것은 신화라고 구분해 부르고 있다. 현재는 일본뿐만이 아니라 우리나라 애호가들에게도 철쭉이 인기가 있어서 작품 만들기에 대단한 인기가 있다.

그러나 나무의 이름을 부르는데에 많은 혼란을 야기하고 있는데, 즉 왜 철쭉 혹은 사즈끼 혹은 영산홍 또는 기리시마 등으로 부르고 있는데, 앞으로는 철쭉으로 통일해 부른 것이 옳다고 본다.

우리나라는 매년 남원시에서 5월에 지리산 철쭉재를 하고 있다. 철쭉은 진달래과의 낙엽 활엽 관목으로써 봄에 진달래 꽃 비슷하게 깔대기 모양의 연분홍 꽃이 피는데 끈끈한 진이 있어 진달래와 달리 먹지를 못한다.

참고로 철쭉이 일본에서 전래 되었다고 하는데, 일본 사람들이 식물 도감을 만들면서 자기들 임의대로 해 놓은 것을 우리나라에서 연구도 없이 그대로 받아 들였다는 것은 매우 유감이다.

특징＼종별	철쭉〈쯔즈기〉	철쭉〈사쯔기〉
개화기	4~5월 경	6~7월 경
개화기의 새순상태	새 순이 아직 나오지 않고 있다.	새 순이 이미 다 나와 있다.
개화기의 잎의 상태	잎이 낙엽이된 상태이거나 묵은 잎이 남아 있는 상태	묵은 잎 위에 신록의 잎이 생기고 있다.
꽃술의 수	6~10 가닥이 된 것이 많다	대개 5가닥이다
잎의 크기	작은 것도 있지만 크고 얇다	대부분이 작고 두터우며 녹색이 많이 보인다.
가지 모양	거의 가지수가 작고 드문 드문 있다	대개 많이 밀생한다
가지 뻗음	옆으로 뻗는 것도 있지만 위로 곧은 것이 많다.	거의가 다 옆으로 자란다
뿌리발달	약간 미약하다	좌우로 많은 각도로 뿌리의 발달이 잘 된다.

초심자를 위한 분재기르기강좌교실

운 월 나무높이 상하 40cm 나두둘레 9cm

수형~현어

　철쭉의 소재를 선택할 때는 일반적으로 가지고 있는 나무의 특성을 찾아서 작품을 만드는 좋은 본보기의 철쭉이다.
　다른 나무들은 수형 만들기가 까다로운 것들이 많지만, 철쭉은 수형을 창출創出 하는데, 장점이 많은 나무이다.
　이 분재가 그 답이기도 하다. 이 작품의 구상은 2단으로 줄기를 적당히 구부려 휘다가 많지 않은 가지에서 꽃을 달고 있다.
　예술이란 무엇인가?
　어떤 재료나 기교나 양식에 의해 미美의 창작 및 표현을 느낄 수 있는 것이다.
　만일 당신이 좋은 선생을 만나 지도를 받아 이와 같은 작품을 탄생 시켰다면, 더 없는 영광일 것이다.

황산晃山 – 뿌리올림根上 나무높이–15cm

이 작품은 처음 뿌리를 포트에 심어놓고 위에서 밑으로 조금 눌러 노았다가 뿌리가 어느정도 커지면 위로 끌어올려서 구부러진 상태에서 작가 자신이 만들고자 하는 수형으로 만들어 나아 가면서 필요에 따라서는 철사감기로 교정을 한다. 필자는 이 작품을 보고 조금 보태서 말하면, 한동안 말문이 막힐 정도로 작품에 매료 되었다. 예술이라면, 미술, 사진, 문학, 무용 영화, 연극, 건축 등 많이 있다. 예술이란 무엇인가? 어떤 특정한 재료나 기교, 양식 따위에 의한 미美의 창작및 표현이다. 자 그렇다면, 보잘것 없는 조그마한 나무라는 재료를 가지고 이처럼 보면 볼수록 아름다움을 창작하는 사람이 최고의 예술가라고 하여도 아무도 이의가 없을 것이다. 아울러 예술중 분재예술이 최고라고 하면? 아무튼 이러쿵 저러쿵 말들이 많겠지만, 피카소의 지론데로 새가 우는것을 들으면 즐거웁듯이, 분재도 보고 그 미에 즐거우면 되는 것이다. 처음 세줄기 뿌리가 줄기되어 서로 오르다가 헤어지기가 못내 아쉬워 붙었다 떨어 젓다 하다가 끝내는 한 몸이되어 잎을 내고 꽃 세 송이를 피워 고개숙여 인사를 한다. 꽃 세 송이의 의미는? 이것이 예술의 극치다

철쭉 모양목 뿌리올림

분재란? 이 작품에서 보듯이 물 주고 비배 관리를 잘해 풍성한 꽃을 피웠다. 이것이 분재 기르기의 묘미이다.

분재 기르기에 있어서 가장 중요한 것은 물주기이다. 물주기 3년이란 말이 있다. 이 말은 3년이 되어야 물주기가 숙달된다는 것이다. 초심자들은 기억해야 될 말이다.

철쭉의 삽목挿木 번식

철쭉 삽목 번식이 좋은 점

철쭉은 일명 영산홍이라고 부르는 진달래과에 속하는 식물이다. 현재 우리나라 곳곳에 산재해 있는 대배大培는 오래 전에 일본에서 건너온 것으로 월동에도 비교적 강한 품종이다.

이 외에도 근래에 수 많은 품종들이 일본에서 들어와 화훼와 분재 애호가들에 의해 길러지고 있다. 철쭉에 대해서 분재 초심자들이 알아 두어야할 몇가지들을 열거하면 다음과 같이 요약할 수 있다.

첫째 철쭉과 기리시마 계통을 혼동하는 사람들이 의외로 많다는 사실이다. 이 두 품종은 잎과 꽃이 매우 흡사해 꽃이 피기 전에는 초심자들은 이를 잘 구분치 못하고 영산홍 또는 철쭉으로 혼동하는 것을 볼 수 있다.

기리시마와 철쭉을 쉽게 구별하는 방법은 기리시마는 4월 중순에 꽃이 피기 시작해 5월 중순까지 있다가 꽃이 나무에서 시든 채 매달리는 품종이 많다. 이 나무는 비교적 철쭉보다 가지가 강한 편이다.

꽃이 필 때는 잎보다 꽃이 먼저 피며 잎은 꽃이 진 후에 나온다. 철쭉사사끼는 5월 중순 경부터 꽃이 피기 시작해 6월 중순까지 지속 되는데 꽃이 일시에 피는 것이 아니라 피고 지고 한다. 특징은 꽃이 피기 전에 잎이 먼저 나온다.

그늘에 오래 두거나 영양 부족으로 꽃눈이 잎 눈으로 변하는 경우가 허다하다. 이때는 새로 나온 잎 눈을 제거해 잎 눈을 충실히 키워야 한다. 철쭉은 기리시마에 비해 직립성이 아니고 수명도 길며 뿌리의 발달도 좋다.

철쭉이 분재의 소재로써 초심자들에게 기르기 좋은 수종으로 인기가 좋다. 그 이유는 수종 자체가 꽃눈이 터지기를 잘허고 수형을 잡을 때에 약간 끊어져도 잘 죽지 않기 때문이다. 그러므로 원하는 곳에 필요한 가지를 낼 수 있는 수종이다.

그리고 돌붙임을 시도할 때에도 땅에서 바로 올릴 수 있을뿐 아니라 비교적 건조 상태에서도 잘 견디는 수종이다. 소재를 구하는데도 농장이나 화원에서 손쉽게 구할 수 있는 장점이 있다.

철쭉의 장점 몇 가지를 더 소개하면

첫째, 아무리 작은 소품이라 해도 꽃을 즐길 수 있다. 삽목한 그 해에도 꽃봉오리가 생긴다. 둘째, 수형을 가다듬을 때 실수로 상처가 낫어도 잘 죽지않고 회복이 빠르고 잘못해 부러져도 그곳에서 다음 가지를 기대할 수 있다.

셋째, 다른 수종에 비해 팔방성인 아름다운 뿌리가 쉽게 굵어진다. 넷째, 늦은 봄과 초 여름에 여러가지 아름다운 꽃을 즐길 수 있다. 다섯째, 다른 나무와는 달리 산캐기를 하지 않아도 소재를 쉽게 구할 수가 있다.

여섯 째, 분에 옮겨 심고자 할 때 시기에 구애 받지않고 언제든지 가능하다. 일곱번 째, 아무데서나 눈트기가 좋아 자신이 구상하는 수형의 작품을 만들 수 있다. 삽목으로 어떻게 배양 하는지 설명코져 한다.

철쭉 삽목 번식법

삽목이 발근發根이 잘 되는 이유

식물은 그 일부가 손상을 입었을 경우 상처 부분에 세포 분열이 생기는 것을 카루스 현상이라고 하는데, 이것이 바로 손상된 상처를 보호하고 원형原形으로 복구하려는 최선의 방법이다. 또 이렇한 방법을 재생이라고도 한다.

어미 나무에서 분리된 부분의 세포가 손상을 받아서 원형질 분해를 일으켜 그 자극이 점차 세포에 전달되어 저장 양분의 호르몬 합성을 촉진해 세포 분열이 활발해 져서 자른 부분에 막이 생겨 상처를 보호하고 이에 따라 세포분열은 유상조직〈카루스〉을 형성한다.

카루스 형성의 정도는 수목의 종류에 따라 조금씩 다르지만, 상처에 병원균의 침입을 방지하고 절단 부분의 면적을 넓게 하므로써 수분의 흡수를 원활하게 하여 가지 잎의 고사〈시들어 죽음〉를 방지한다.

한편 잎과 성분의 변화가 발생해 합성된 호르몬 굴질을 아래로 이동시켜 상처 부분의 물질대사를 높이고 또한 세포분열을 왕성하게 함으로써 근원체 형성이나 발달을 촉진 시킨다. 그러나 상처가 예리한 물체에 의해 받은 상처는 유상 조직이 생기는데 여기에는 상당히 많은 차이가 난다.

그러므로 삽목을 할 때 꽃이순은 잘 드는 칼이나 전정 가위로 잘라야 한다. 그러나 철쭉에 한해서는 어미 나무로부터 꽃이 순을 떼어낼 때 ,그림1참조〉그해에 자란 부분을 손톱으로 받치고 순간적으로 당겨 떼어낸다.

이 경우 칼질을 하지않고 삽목을 해도 발근은 잘 된다. 그 이유는 철쭉은 자른 부분보다 흙에 닿는 부분에서 뿌리가 아주 잘 나기 때문이다. 〈그림2참조〉

그림1
손톱을 대고 빠르게
잡아 당긴다

그림2
자른 부분의 몸통에서도
많은 뿌리가 나온다.

삽목插木의 종류

철쭉의 삽목은 녹지삽목〈1년 가지인 푸른 가지의 꺽꽂이〉과 숙지삽목 〈1년 가지로써 굳어진 가지의 꺽꽂이로 〉으로 나눌 수가 있다. 녹지삽목은 그 해에 나온 가지가 아직 굳어지지 않는 상태인 6월 초순 경의이다.

숙지 삽목은 그 해에 자란 가지가 도질화 된 8월 경의 것을 말한다. 그런데 삽목 후 그 성적에 있어서는 녹지 삽목은 아직 굳어지지 않은 것을 꽂기 때문에 시일은 빠르지만, 성적이 좋지 않으며, 숙지 삽목은 시일이 걸리지만 성적이 아주 좋은 편이다. 그러므로 가급적 녹지 삽목 보다는 숙지 삽목이 좋다.

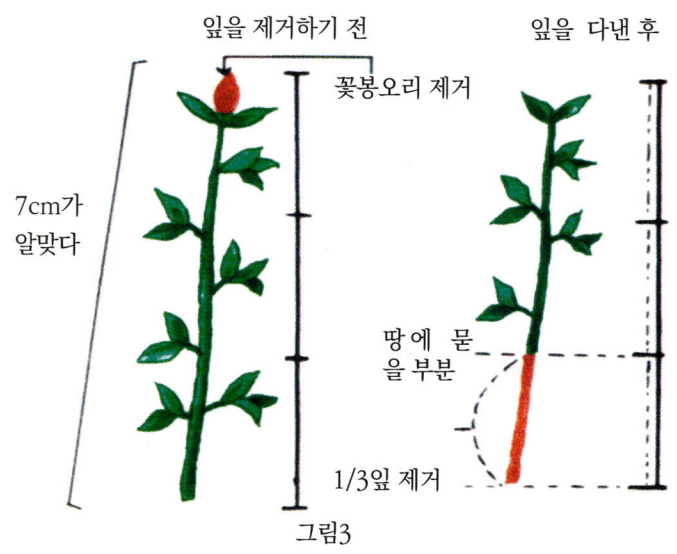

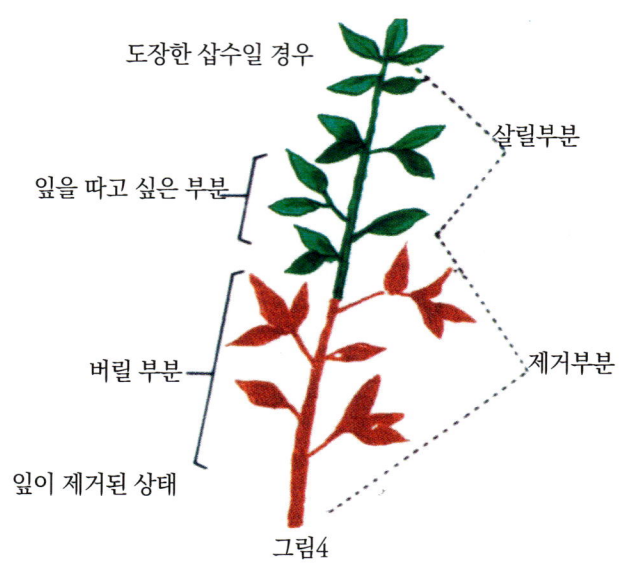

꽂이 순 만들기

삽수 꽃이 순은 첫째 어미나무에서 채취할 때부터 건강하고 병충해가 없는 것을 선택해야 한다. 그리고 어미나무로부터 분리된 후 건조를 막는 것이 우선이다. 꽂이 순 채취 시간은 아침 일찍 이슬이 가시기 전인 8시 이전에 채취해야 하는데, 이슬이 마르지 않도록 하기위해 아이스박스에 담아야 한다.

이것을 조금씩 꺼내어 작업을 하는 것이 최상이다. 삽목은 봄이나 여름에 하는 것이 바람직 하며 가을 삽목은 특수 장치가 없는 한 피하는 것이 좋다. 꽃이순의 길이는 7 cm내외가 바람직하며, 그 길이의 3/1정도까지 잎을 제거하고,〈꽃봉오리도 제거〉녹지삽목을 할 경우도 생장점을 제거하는 것이 이상적이다.〈그림 3참조〉

삽목할 경우 흙속으로 들어가는 길이는 전체 길이의 3/1선이 들어가게 되는데, 잎을 제거한 부분을 삽목 상자에 꽂을 때이다.

보통은 45도로 기울여 꽂지만, 그렇지 않고 똑바로 꽂아도 무방하다. 그리고 꽃이순이 너무 헛 자라서徒長 아주 길어졌을 경우는 윗 부분에서 7cm를 이용하는 것이 좋으며 아랫 부분에 잎이 있는 것을 이용하면 성적이 좋지 않다. 삽목하는 간격은 사방 3cm간격이면 된다.

용토用土에 대하여

풍화된 화강암의 모래 흙을 사용하는 것이 적당하며, 이것이 없을 경우에는 가는 모래를 사용해도 무방하다. 모래를 사용할 때는 아주 가는 흙을 채로 쳐 내고 난 굵은 알갱이를 사용하는 것이 좋다.

그 이유는 물 빠짐이 좋아야 하기 때문이다. 특히 유의 해야 할 모래 흙의 물 빠짐이 좋아야 함은 물론 유기 물질이 섞이지 않은 깨끗한 것이라야 병균의 해를 방지 할 수 있다.

삽목상자 및 용기

삽목을 하기 위해서는 용기가 필요하다. 적은 분량을 꽂을 경우에는 얕은 분盆이나 나무 상자를 이용 하는데 댄 아래에 굵은 모래를 넣고 그 위에 가는 상토를 채운다. 이 때에는 일반 분재를 심을 때와 마찬가지로 분의 맨 윗 부분까지 상토를 채우지 말고 2cm 정도의 위쪽 운두를 남겨 놓는다.

많은 분량의 삽목을 할 경우에는 지면에 삽목 상자를 만들어 직접 꽂는데 폭 1m 길이는 적당량을 가감한다. 이 괘 나무에 가장 나뿐 지렁이나 두더지의 피해를 막기 위해선 삽목 상자 맨 아래에 모기장이나 철망을 깔아주면 피해를 줄일 수 있다.

삽목 후의 관리

삽목 후에는 적당한 햇빛과 통풍 그리고 수분 등 셔심한 관리가 중요하다. 분이나 나무 상자에 삽목을 하였을 경우에는 그늘에 옮겨 놓을 수 있으나 그렇지 않을 경우에는 발을 이용해 햇빛을 막아 주어야 한다.

또한 나무 상자에 삽목한 것을 너무 자주 옮기면 나무가 움직여서 좋지 않으므로 일정한 장소에 두고 발을 쳐 주어 관리하는 것이 정도다. 발은 꽃이 순의 끝 부분에서 30cm 정도의 간격을 두고 쳐야하며, 이때 발은 갈대발보다 평발이 좋다,〈그림5참조〉

그리고 오후 7시 경에는 발을 걷어내어 꽃이 순이 밤 이슬을 맞으면 좋다. 오전중에 햇빛을 충분히 받도록 해주눈 것이 발근을 단축 시켜준다.

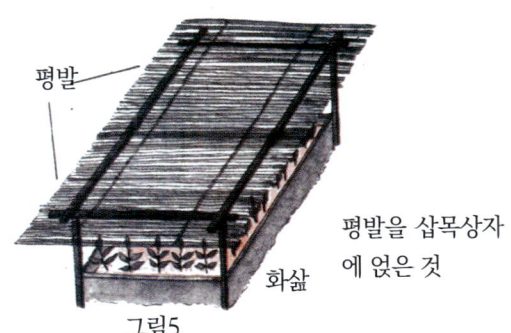

초심자를 위한 분재기르기 강좌교실

철쭉 삽목挿木 심기의 이론과 실제

① 삽목한지 1년 후 필름으로 감아준다.

② 필름으로 감아준지 3~4년 지나 분에 옮겨 심는다. 그리고 봄에 심은 후 가을에 필름을 벗긴다. 그러면 잔 뿌리들이 나와있는 것을 볼 수 있다.

③ 필름을 벗기고 철사 거리로 수형을 만든다. 그리고 나무가 혼자 서 있지를 못할 경우가 있다. 그러면 지주대를 세워서 고정시켜준다. (7년 정도 생육)

④ 삽목 후 23~24년 생장

철쭉 삽목상자의 월동

7월이나 8월에 삽목한 묘목은 10월 초가 되면 50~70%정도 뿌리가 돋아난다. 미쳐 뿌리가 돋아나지 않은 것은 겨울을 난 후 이듬해 봄에 새 잎이 돋아남과 동시에 뿌리가 돋는 경우가 많기 때문에 겨울철의 삽목 상자 관리를 철저히 해야 된다.

나무 상자나 분에 삽목한 것은 온실이나 프레임에서 겨울을 난 것이 좋으나 온실이 없을 경우 땅에 다량으로 삽목을 하였을 경우에는 최대한으로 방한 시설을 해 주어야 한다. 또한 월동 준비를 할 때 주의 할 것은 햇빛과 보온을 고려해 겨울을 맞이해야 한다.

뿌리가 돋은 묘목이 햇빛을 받지 못하면 낙엽이 져서 죽을 염려가 있으며 아직 뿌리가 돋지않은 묘목도 죽을 염려가 있다. 겨울 관리를 위한 비닐 하우스는 소형과 대형 터널식 하우스 등 두기지로 만들 수 있다.

하우스는 소형에 비해 묘목이 잘 자라고 뿌리 돋는 산태가 좋다. 삽목 상자의 안전한 월동 준비 요령은 시설을 이중으로 만드는 것이다. 대형의 비닐 하우스에서는 보통 15일에 1회 정도 물 주는 것이 가장 좋다.

저녁에 물을 주면 삽목 상자가 얼수 있으므로 절대적으로 오전에 물을 주어 물이 고여 있지 않도록 한다. 물기가 너무 많으면 밤에 기온이 낮아 삽목 상자가 얼어 동해를 입을 염려가 있다.

소형 터널의 관리는 지면에 직접 삽목한 그 위에 비닐 하우스를 설치하면 되지딴, 나무상자나 분에 삽목한 것은 그것을 땅에 묻어둔 다음에 소형 터널을 설치해야 한다. 소형 터널은 주로 8번선 철사나 대나무로 계대를 만든데, 반달형으로 구부려 눈이 많이 덮이더라도 넘어지지 않도록 한다.

그리고 터널을 씌운 다음 햇빛이 비칠 수 있도록 갈대발이나 가마니 등을 덮어주고 그위에 다시 비닐을 덮어주면 좋다.〈그림 3~4참조〉 주의할 점은 비닐을 씌우기 전 삽목 상자에 물을 충분히 주어야 한다.

비닐을 시운 후 이듬해 3월까지는 물을 주어서는 안된다. 이유는 완전히 밀폐 되었기에 수분 증발이 거의 없기 때문이다.

이듬해 봄 3월 중순 경부터 터널 양쪽을 열어서 외기와의 접촉을 시도하고 4월 중순 경에는 발판을 덮어주고 비닐을 완전히 걷어낸 다음 처음 삽목 했을 때와 마찬가지로 관리를 한다.

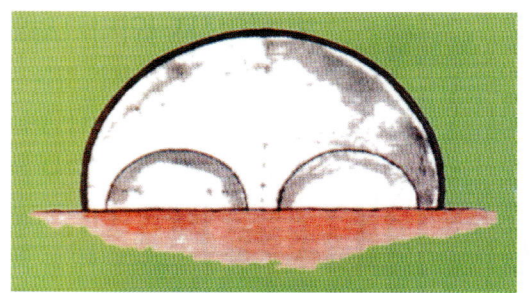

대형 비닐하우스 위에 밤에만 가마니를 덮어준다. 〈그림1〉

8번 철사나 대나무를 이용해 1차로 비닐을 씌우고 2차로 햇빛이 들어갈 수 있는 가마니 발을 덥고 3차에도 다시 발을 씌워주면 좋다.〈그림2〉

삽목 할 때에 꽃 봉오리를 제거했더라도 간혹 남아서 꽃이 피는 수가 있는데, 이때는 뿌리가 뽑히지.〈그림3〉

그림과 같이 나무 상자나 문을 땅에 묻는다〈그림4〉

앉도록 조심하여 꽃을 따 주어야 묘목의 생장에 지장을 받지않고 잘 자랄 수 있도록 해야 한다.

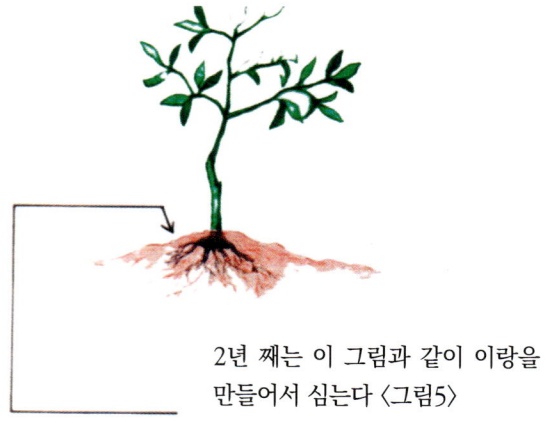

2년 째는 이 그림과 같이 이랑을 만들어서 심는다 〈그림5〉

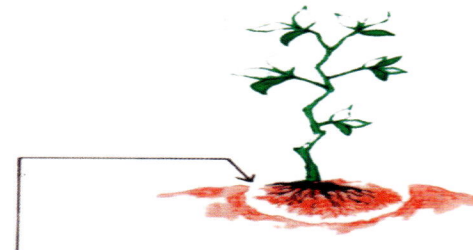

묘목을 이식할 때에 호미로 땅을 파고 묘목을 넣은 후 황토나 마사토를 한 주먹 정도 넣는다. 흙의 입자가 가늘은 것 그〈림 6〉

삽목한 철쭉 분에 옮겨심기

철쭉 소재목 정리

철쭉은 나무가 크고 작고간에 특징은 3년생 이상이면 뿌리의 발달이 좋아서 작품을 만들 수 있다는 점이다. 그리고 초심자들도 경험이나 기술이 없어도 기르기가 쉬운 수종이다.

철쭉의 옮겨 심기는 3~4월이 좋다. 옮겨심기에는 초심자들이 꼭 알아둘 일은 뿌리에 붙어 있는 흙을 모두 털어내고 분에 옮기는 것이 원칙이다 봄에 옮겨 심기는 잘 되지만, 여름철에 굵은 뿌리에 있는 흙은 전부 털어내지 말고 약간 남겨서 옮겨야 싹눈이 잘 나오고 건강하게 자란다.

만일 흙을 모두 털어낸 경우에는 싹눈이 더디게 나온.

다. 이렇게 옮겨 심기한 다음 약 1개월 동안 발을 쳐서 해가림을 해 주어야 한다. 그 후 약 15일 후 부터 전 가지나 몸통에서 서릿발 같은 싹눈이 나오기 시작한다. 철쭉이 특이한 점은 가지 다듬기를 하는데 꽃눈 분화가 7월 중순까지 되기 때문에 꽃을 보려면 가지 정리를 늦어도 7월 초순까지는 해 주어야 한다.

이른 봄 4월 초순에 가지 정리를 해 가지가 헛 자랐을 경우에는 헛 자란 가지를 다시 싹눈이 나와 꽃눈 분화가 이뤄져 충실한 꽃눈이 생겨나며 이듬해 초 여름에는 아름다운 꽃들을 보게된다.

뿌리의 흙 제거법

철쭉을 노지에서 파 올려 분재의 소재로 사용할 경우는 흙을 제거할 때에 뿌리에 상처가 나지 않도록 조심한다. 대나무 젓가락으로 서서히 흙을 제거한다. 흙이 완전히 제거되면 잘 드는 가위로 겹친 뿌리나 엉킨 뿌리 등을 잘내 내면서 각 줄기의 불필여한 가지도 수형에 따라 적당히 정리해 준다.

특히 철쭉은 뿌리의 흙이 대체로 잘 털리지 않은데, 진흙탕의 노지에서 기른 것은 뿌리의 흙을 털 때 뿌리가 상하지 않도록 조심한다. 각 줄기의 불필요한 가지를 자를 때는 원 나무 둥치에서 바짝 잘라즌다.

다른 수종은 다른 수종은 월 등치에서 약 1cm정도 여유를 두고 자르는데, 철쭉은 잘 드는 가위로 바짝 자른다음 상처를 보호하는 보호 약제를 발라주면 상처가 깨끗하게 아문다.그리고 자른 자국에 헝겊을 대고 가는 철사나 노끈으로 매주면 상처가 잘 아문다.

원 등치에서 바짝 안 자르면 그 가지가 살아서 잎이 나와 자란다.

또 가지를 자를 때 여유를 두고 잘라주면 자른 부분이 들어가지 않은 채 새 쌂 눈이 나와서 수형이 산만하게 된다. 이때 구리 철사나 알미늄 철사를 이용하여 가지를 유인 해야 되는데, 다른 수종에 비해서는 작업 후에 즉시 철사 감기를 하면 안 되는 것으로 되어 있으나 10여년동안 경험에 의하면 뿌리의 흙을 털어낸 후 직후에 철사로 유인한 것을 대강해 재배 분에 옮겨 심어 좋은 결과를 보았던 경험이 있기도 하다. 철사 감기를 할 때에는 반드시 철사에 문종이나 풀라워 테잎을 감아서 사용해야 수피를 보호 할 수 있게 된다.

특히 여름철의 작업시에는 철사를 감고 가지를 유인 할 때 환상박피가 될 염려가 있으므로 주의가 필요하다. 모든 나무의 생리는 가지가 똑바로 서 있을 경우에는 싹눈의 수량이 적게 나올뿐 아니라 나오는 기간도 늦다.

각 가지를 직각이나 둔각으로 교절 했을 경우는 많은 싹 눈이 빠른 ㅅ5ㅣ일 안에 나오게 된다. 앞에서 말했지만, 철쭉을 철사로 수형 다듬기를 할 때 실수로 인해 가지가 3/2정도 끈어지더라도 절대로 실망치 말고 풀라워 테잎으로 감아 주면 회본이된다. 1년은 그대로 둔채 보호하면 된다.

철쭉 분에 옮겨심기

뿌리의 흙을 털고 정리된 소재는 분에 옮겨 심게 되는데, 이 때 철쭉은 다른 수종에 비해 뿌리가 아주 가는 잔 뿌리이기 때문에 단단히 고정 시켜주고 약 15일 정도는 발을 친 반 그늘에서 관리를 하는 것이 좋다.

특히 분에 심을 때 뿌리가 흔들리지 않도록 고정 시킬 시에는 분 양쪽 밑구멍을 통해 철사를 넣고 끌어 올려서 잘 고정 시킨다. 구멍이 하나일 경우는 8번선 정도의 철사 토막이나 못을 이용해 그림과 같은 방법으로 감은 뒤 분 아래 구멍에서 위를 향하여 철사를 넣은 다음 고정을 시킨다.

그리고 다 심은 후는 노끈으로 잘 고정 시키고 충분이 물을 준다.

토양의 선택

다른 수종의 분재도 토양의 선택이 중요 하겠지만, 철쭉 분재 역시 나무가 잘 자랄 수 있도록 알맞은 용토를 선택해 주어야 한다. 철쭉은 비교적 옮겨 심기가 강한 강한 수종이여서 다소 토양이 좋지 않더라도 분에 옮겨 심은 후 새로운 뿌리가 나오지 않은 상태에서 새 잎이 약하게 나오고 꽃이 피는 일이 많은데, 이것은 나무가 갖고 있는 자체의 영양과 약간의 영양 흡수로써 유지가 될 수 있다.

초심자를 위한 분재기르기 강좌교실

그러나 토양이 좋지 않은 상태에서의 철쭉은 뿌리가 일부 부패되고 오그라들기 때문에 잎이 황색으로 변하며 나무가 죽어가기 시작 하는데 이렇한 현상은 대개 1~2년 정도 걸리는 수가 많다. 이러한 현상은 사전에 예방 하려면 철쭉을 분에 올릴 때 첫째 조건은 앞에서 말한바와 같이 밭 흙을 잘 털어낸 후 물에 씻어내고 뿌리가 뭉치는 일이 없도록 하는 일이다.

둘째는, 흙을 잘 골라서 이용하는 것이다. 흙의 혼합 과정에서 철쭉은 뿌리가 가늘고 잘기 때문에 토양이 0.8mm이상 2.5mm이하가 가장 적합 하다고 학쓰으나 토양은 적옥토나 녹소토가 가장 이상적이다.

그 외의 토양으로는 마사토에 산이끼를, 토양의 20%가량 햇빛에 말려서 손으로 비벼 쓰던가 가위로 잘게 잘라서 마사토와 섞어 쓰면 좋다. 이것은 철쭉이 비교적 수분〈물〉을 좋아하는 수종이기 때문에 마사토가 수분 공급이 좋다는 뜻이다.

철쭉 분에 올리는 방법

뿌리 씻기는 나무는 일단 물속에 뿌리를 담구어 분에 올릴 준비를 한다. 토기로 된 준비하고 분 밑 바닥에 약간 굵은 흙을 깔고 용토를 넣는다. 용토는 마사토나 적옥토 또는 녹소토 중 한가지나 산이끼를 1~2할 잘게 썰어 혼합한 것을 적당하다.

분 중앙을 두툼하게 한 다음 용토위에 나무를 올리고 약간 흔드는 듯 하며 누른다. 이유는 뿌리 사이에 흙이 골고루 들어가게 함이다. 다시 용토를 보태고 대 젓가락으로 용토를 고루 넣어 채우고 산 이끼를 깔아서 뿌리를 보호 해준다.

이것으로 심기는 완성 하였으나 뿌리를 길게 잘랐기 때문에 끈으로 묶어서 고정 시켜야 한다. 심은 후 햇빛이 잘 드는 실내에 들여 놓고 물은 너무 많이 주지 않도록 해야한다.

특히 분무기로 물을 자주 뿌려 주어야 한다. 이것은 줄기의 눈을 촉진하는 효과가 있다.

용토를 봉긋하게 쌓아 올리고 나무를 눌러 부친다

1 나일론 끈으로 고정 시키는 법

철사를 그림과 같이구부려 분의 바닥에서 끌어올려 그림과 연결 고정 시킨다

용토는 찰 흙을 쓰되 분의 바닥에서부터 반 가량은 마사토로 채운다

2 나무를 고정 시키는 법

고정 시킨 상태   분의 바닥에서 본 상태

나무가 단단하게 고정되어 있다는 것은 배양 하는데 큰 잇점이 있다. 가구기의 분의 바닥에 있는 홈 3군데를 이용해 한 즐의 근으로도 고정할 수가 있다.

분의 가운데가 구멍을 통해 1의 방향으로 당긴다

분의 바닥을 건너가는 2~3의 끈을 끌어 당기어 출발점의 끈을 3에서 묶는다

철쭉의 철사걸이

철사 감기의 목적과 시기 그리고 요령

철쭉의 철사 감는 시기는 10월 하순부터 11월이 좋으며 감은 후 약 10개월 가량 감아두는 것이 적당하다. 그러나 꽃이 핀 다음 가지치기나 가지 다듬기를 할 때에 철사 감기를 같이해도 무방하다.

철사를 감는 것은 가지나 줄기를 구부리는 것과 또 구부러진 것을 곧게 펴려는 두 가지의 목적을 위해서이다. 구부리는 것은 주로 모양목이나 현애 수형을 만든 경우이고 곧게 펴는 것은 직간直幹 사간斜幹 쌍간雙幹 등을 만들 때 시도한다.

*줄기나 가지 부분에 철사를 감는 것은 구리나 알미늄 철사를 주로 쓴다. 철사의 길이는 감으려고 하는 줄기나 가지의 길이의 약 3배 정도를 준비해야 하며, 철사의 굵기는 적당히 선택한다. 눈 짐작으로 굵기나 굵은 가지일 경우에는 10번을 쓴다.

그리고 아주 가는 가지에는 22번선을 쓴다. 철사는10번 선에서부터 22번선까지 있는데, 중간치인 12, 14, 18, 20번선도 준비해두는 것이 좋다. 철사의 굵기는 10번선이 직경 3.2m,m, 22번선이 0.7mm라는 것을 알아두면 된다.

*새나무 철쭉 기르기

철쭉 새나무 기르기의 적기는 3월 중순~4월 중순이나 그리고 5월 중순에서~하순 경이 좋으며 그 사이 4월 하순~5월 상순은 적당하지 않지만, 별 무리는 없다. 즉 칼집을 내면 수액이 흘러서 수세가 현저히 덜어지게 될 수도 있기 때문이다.

왜? 이시기에만 수액이 나오는지는 이론상의 근거는 없다. 하지만 물 오름이 가장 왕성한 시기이기 때문에 그렇지 않은가 추론될 뿐이다. 즉 지리산 고로쇠 물도 봄 한철에 물이 나오는 것처럼.

큰 술잔 나무높이 63cm 줄기 둘레 22cm 수형~부부 쌍간

이 분재 소장자는 지인의 분재원에서 이 작품을 보는 순간, 자기와의 만남을 기다리고 있는 듯한 느낌을 받았다고 한다. 중간 정도에서 뻗은 껍질의 한 곳이 되집혀 꺽겨져 다시 하늘을 향한 시원스러운 자태, 쌍줄기의 늘어진 가지의 유연스러움이 서로 연주를 하는 듯한 모습에 희열을 받았다 한다.

소장자는 즉시 구입해 자신이 머리 속으로 수형 구상을 다시 그려본다. 정면을 반대쪽으로 변경하고 우측의 두개의 가지를 빼서 작은 신 을 만들고 약간 올라간 주主줄기 가지의 좋지않은 점을 없에기 위해 옮겨 심을 각도를 10도 정도 기울여 우측으로 흐르게 만들었다.

이제부터는 수세를 올리면서 가지 끝의 풀림을 다시 가볍게 해 가면서 자신의 철쭉 분재 만들기의 철학인 "엄함"과 "외로움" :쓸쓸함"의 풍정을 만드는데 최선을 다한다 한다.소재와의 일기일회, 소장자의 센스와 구상력이 놀라울 뿐이다. 이렇한 두 줄기 쌍간 수형을 사이 좋은 부부 쌍간이라 한다.

철쭉의 철사감기의 목적과 요령

철사 감기의 시기

철쭉의 철사 감는 시기는 10월 하순부터 11월이 적기이며 철사 감은 후 약 10개월 정도 둔다. 그러나 꽃이 핀 다음 줄기 치기나 가지 다듬기를 할 때에 철사 감기를 같이 해도 무방하다.

철사 감기를 하는 것은 줄기나 가지를 구부리는 것과 구부러진 것을 곧게 펴려는 두 가지 목적을 위해서다. 구부리려는 것은 주로 모양목이나 현애 수형을 만드는 경우이고, 곧게 펴려는 것은 직간 直幹 사간斜幹 쌍간雙幹 등을 만들 때 한다.

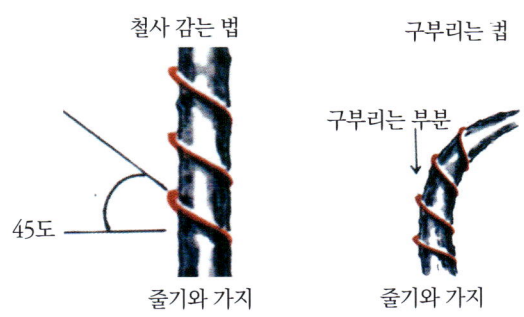

줄기이든 가지이든 철사를 감는 각도는 이 그림과 같이 45도로 하는 것이 좋다.

구부려야 할 방향의 반대쪽 수피에 철사가 밀착 되도록 한다.

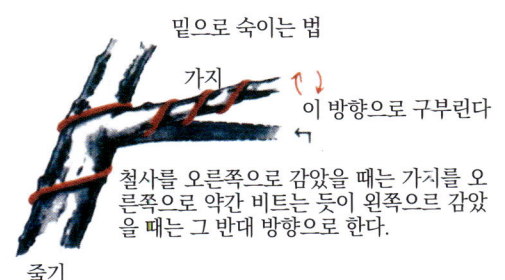

철사를 오른쪽으로 감았을 때는 가지를 오른쪽으로 약간 비트는 듯이 왼쪽으로 감았을 때는 그 반대 방향으로 한다.

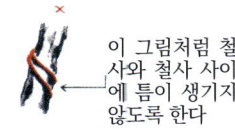

위 사진처럼 사이를 좁게 감으면 별 효과가 없다

두 가닥으로 감는 법

한 가닥만으로 잘 안될 때는 줄기부터 두 가닥으로 감는다. 철사 두 가닥은 반드시 평행이 되도록 감는다

이 그림처럼 철사와 철사 사이에 틈이 생기지 않도록 한다

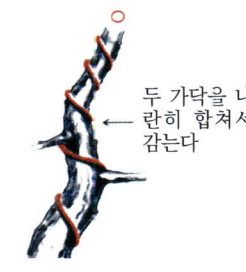

두 가닥을 나란히 합쳐서 감는다

두 가지를 숙이는 법

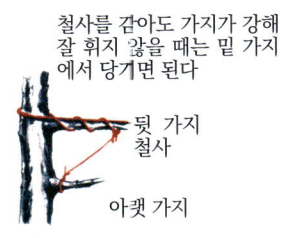

철사를 감아도 가지가 강해 잘 휘지 않을 때는 밑 가지에서 당기면 된다

줄기의 철사 감기

줄기를 구부릴 때는 우선 뿌리 부분을 분盆에 단단히 고정 시켜 줄기를 휘어도 움직이지 않도록 한다. 줄기 감기용 알미늄 철사 8번선을 써서 분의 바닥에서 부터 나무 끝까지의 높이를 측정해 그 높이에 5~10cm를 더 보탠 길이로 철사를 잘라둔다. 이 길이는 많이 구부려야 할 수록 길게 잡고 굴곡이 적을 때는 짧아도 좋다. 철사를 감는 순서는 분토에 찔러 놓고 밑에서부터 윗 쪽으로 좌우 어느 방향으로 감아도 된다.

철사를 감아 올리는 각도는 45도로 해야한다. 그리고 감아 나갈 방향의 바깥쪽 나무 껍질에 철사가 밀착 되도록 감아야 한다. 감기를 끝낸 철사의 끝 부분은 두겹으로 감거나 꺾어서 풀어지지 않도록 고정 시킨다. 작업이 끝난 후에는 한 손으로 뿌리 부분을 누르고 나무가 무리가 없도록 원하는 방향으로 곡선을 잡아 나간다.

줄기에 철사 감기법❶
줄기에 철사 감기의 필요선

자기가 원하는 수형樹形을 만들기 위해 철사를 이용해 줄기를 구부리기를 한다. 직간 수형을 만들 때는 줄기가 약간만 구부러져 있어도 안된다. 또 모양목을 만들려면, 곧고 바르게 생긴 것도 구부리지 않으면 안된다.

그리고 전체적으로 키가 너무 커버린 나무는 줄기의 곳곳에 다양한 곡선을 만들어 수형의 멋스러움을 낸다. 설령 곡선으로 되어 있는 나무라 해도 그것이 자연스럽지 못할 때는 그 곡선을 교정하는 경우가 있다.

쌍간 나무의 경우는 원 줄기와 곁 줄기가 갈라지는 분기점의 각도가 보기에 흉한 경우가 많다. 양쪽을 끌어다가 붙이거나 간격을 더 넓히는 수도 있고 취류라든가 뿌리 이음 등을 만들 때는 줄기를 뿌리 근처에서 심한 각도로 구부려야 할 경우도 있다.

이와 같은 경우에는 철사를 이용해 줄기를 감고 곡선을 만들지만, 줄기를 원하는 방향으로 갑자기 구부려 하면 무리가 따르기 때문에 부러지거나 갈라지기도 하고 껍질이 벗겨 지기도 한다.

특히 그 구부러진 각도가 클 때는 실패하기 쉽고 또 나무 전체가 고사하기 쉽다. 크게 나누어 말하자면 이렇한 위험도는 고목일 수록 더 많고 절믄 나무일 경우는 적다고 보면 된다.

줄기에 철사 감기

철사 감기의 효과를 높이려면, 구부려야 할 줄기에 철사 감기를 한다. 이때 철사에 한지나 테잎을 삼베 등에 감아서 사용한다. 이 방법에는 몇 가지의 방법이 있는데, 성목인 경우에는 다음과 같이 한다.

한 겹 감기~구부리려고 하는 줄기의 곡선 부분에 한지를 밑에서부터 위로 향해서 감고 그 종이의 끝을 프르어지지 않게 매듭을 짓는다. 이 한지를 감는 법은 철사를 감는 방식과는 반대로 오른쪽 감기를 한다.

왜냐하면 한지 외 철사를 같은 방향으로 감는 것은 가지가 더 강하게 조이는 것을 방지하기 위해서다. 나무가 젊었을 때는 이와 같은 한 겹 감기로 목적을 달성할 수 있다.

두 겹 감기~한 겹 감기만으로 좋은 효과를 얻지 못햇을 때는 두 겹 감기를 한다. 이 방법은 줄기를 더 강하게 구부리고자 할 때에 한다. 방법은 한 겹 감기를 할 때와는 달리 먼저 한지를 나무에 붙여 감싸줏이 감고난 다음에 다시 한 겹 감기와 같은 요령으로 감는다.

이 경우에도 강한 곡선에는 고무 타이어 조각 것을 기워 넣어서 교정을 한다. 첫째, 구부러진 것을 곧게 펴려고 하는 경우는 두 손에 힘을 주고 구부러진 곳을 몇 차례고 반복해 펴 본다.

그렇게 하다보면 어느 정도의 탄력이 있는가 판단이 선다. 곡선을 펴서 철사 감기를 했을 때 튕겨지거나 끊어질 염려가 없을 만큼의 굵은 구리 철사를 선택해 줄기의 밑부분부터 윗쪽의 가지로 감아 올라간다.

줄기 감기를 하지 않았던 부문은 구리 철사에 한지를 감아서 사용한다. 결론적으로 말해서 줄기 감기의 기본은 소재의 장점을 살려서 멋스러운 모습으로 철사 감기를 한다.

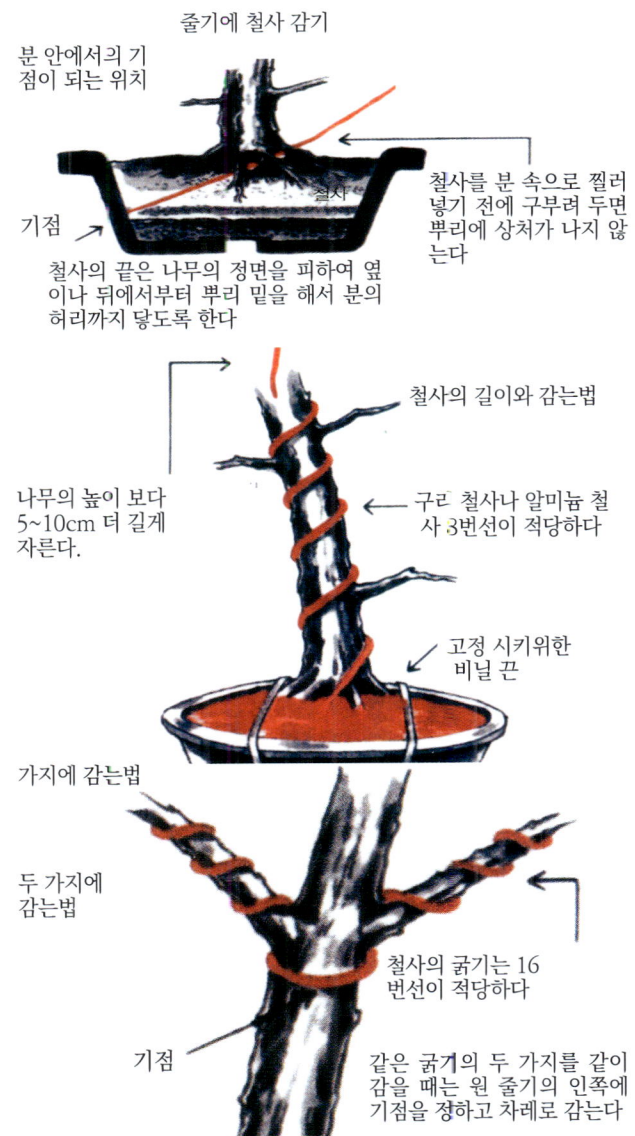

줄기에 철사 감기

분 안에서의 기점이 되는 위치

기점

철사를 분 속으로 찔러 넣기 전에 구부려 두면 뿌리에 상처가 나지 않는다

철사의 끝은 나무의 정면을 피하여 옆이나 뒤에서부터 뿌리 밑을 해서 분의 허리까지 닿도록 한다

철사의 길이와 감는법

나무의 높이 보다 5~10cm 더 길게 자른다.

구리 철사나 알미늄 철사 3번선이 적당하다

고정 시키위한 비닐 끈

가지에 감는법

두 가지에 감는법

기점

철사의 굵기는 16번선이 적당하다

같은 굵기의 두 가지를 같이 감을 때는 원 줄기의 안쪽에 기점을 정하고 차례로 감는다

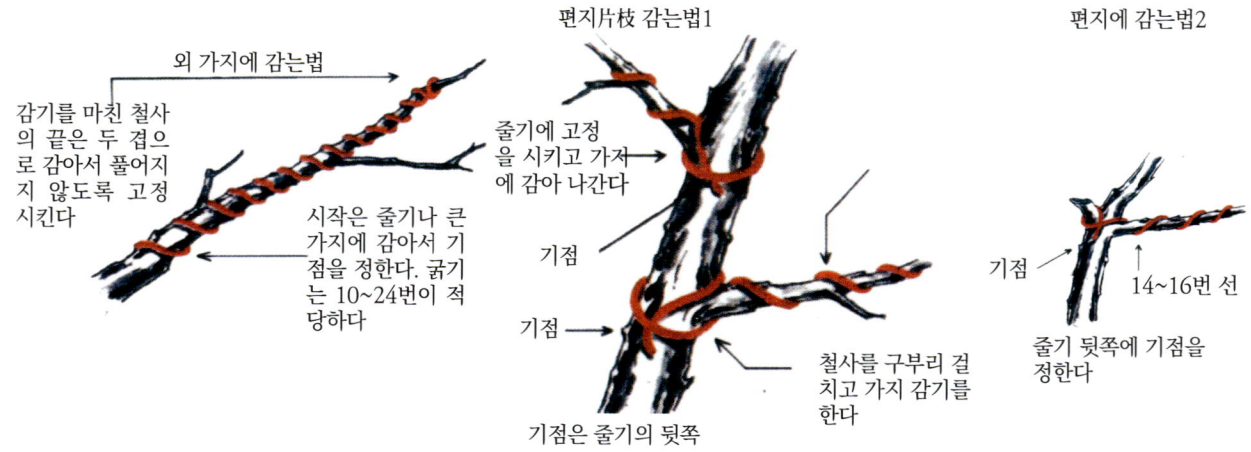

가지 치기의 의의

아랫 가지부터 시작해 차례 차례 밑둥우터 잘라낸다. 아랫 가지와 중간 가지에 대해서는 줄기가 굵어져 바깥쪽에 있는 잔가지1년가지 이외는 전부 잘라 버려도 좋다.철쭉의 경우는 3년 가지 이상은 대개 철사에 의해 교정할 수가 없으므로 도움가지役枝는 줄기의 순을 이용해서 개작할 필요가 있다.

중간 부분에서 심沈에 걸쳐서는 1년 가지 정도의 잔 가지는 되도록이면 남기고 그 이외는 밑동부터 잘라낸다. 단 철쭉 나무의 정수리 부분은 현저하게 수세가 약하기 때문에 심 부분은 잔가지를 되도록 많이 남겨야만 한다.

굵은 가지는 톱을 사용해 밑동부터 잘라낸다. 자귀로 자를 경우는 반드시 가지가 붙은 아랫쪽에서 잘라내야 한다. 윗쪽을 자르면 그 기세로 줄기에 상처를 낼 수 있다. 잘라낸 후 예리한 칼로 다시 깎아 다듬고 유합제를 발라 새 살 돋음을 촉진 시켜야 한다.

다음은 개작의 방법인데 보통은 뿌리 뻗음의 상태를 보고 정면을 정한 후 가지 치기를 하는데 개작할 소재가 노지에 깊이 심어져 있던 것으로 철저하게 뿌리를 씻어야 한다. 줄기는 가지에 비하여 억세어서 거의 새로 트는 순으로 개작을 해야한다. 분에 올릴 때 정면을 박아도 지장은 없으며 뿌리를 씻을 때도 작업하기 쉬워진다.

초심자가 분재 기르기에 있어서
흔히 잘못이 생기는 이론과 실제

실제로 분재를 기르다보면 의문이 생기는 일이 한 두 가지가 아니다. 여기서는 초보자가 범하기 쉬운 잘못들의 해결책들을 설명 한다.

방안에서 길렀더니 잎이 노랗게 변해버렸다.

예쁘게 만들어진 아름다운 분재는 실내에 장식하여 언제까지나 바라보고 있고 싶은 것. 하지만, 빛이 약하고, 통풍이 안 되는 실내에서는 식물은 성장하지 않을 뿐만이 아니라, 상태가 허둘어져 최후에는 시들어버리는 일이 많다. 분재는 기본적으로 문밖에서 기르는 것이라고 이해를 하여 두어야 기르기에 실수가 없다. 감상하기 위하여 방에 장식해 두는 것은 3일정도가 한계이다. 몇 개의 분재를 가지고 있는 경우에는 로테이션으로 실내에 넣어 두도록 한다. 꽃식물이나 열매식물 등은 가장 감상하기에 좋은 시기에단 실내에 넣어두면 좋을 것이다.

물 주기를 잊었더니 잎이 시들어 있었다.

분재를 시들게 해버리는 가장 많은 잘못은 물주기 이다. 작은 분에서 기르는 분재는 용토가 마르기 쉽기 때문에 물주기는 재배관리의 기본중의 기본임을 명심 하지 않으면 안된다. 물주기의 방법은 표면의 흙이 마르면 물을 듬뿍 주는 것이 정석이다.

잎이 시들거나 마를 것 같으면, 먼저 즉시 물주기를 한다. 양동이 등에 물을 담아, 거품이 나지 않을 때까지 분마다 잠기게 하여, 반그늘에서 통풍이 잘 되는 장소에 둔다. 물주기를 계속하면, 잎이 다시 살아나고, 낙엽이 져버려도 새싹이 나온다. 말랐다고 생각해도 2~3개월은 상태를 두고 관당 하여야 한다.

비료를 준 뒤에 나무가 시들어 말라버린 이유는 무엇때문일까?

　흙의 양이 적은 분재에서는, 그만큼 영양분을 정기적으로 주지 않으면 안 된다. 이식할 때에는 용토 안에는 낱알 상태의 비료를 주고, 봄과 가을에도 웃거름으로서 고형비료를 치비 하기도 하고, 액체비료를 주기도 한다. 하지만, 비료를 많이 주면 좋다고 할 수는 없다. 『지나친 것은 부족한 것만 못하다』로, 비료를 너무 주면 비료에게 져서 반대로 나무가 타격을 받는 일이 있다. 비료주기에에 임해서는 규정량을 확인하고 가능한 한, 조금씩 주도록 한다. 치비는 고형의 유기질비료를 철사로 고정해서 주면 좋다.

소재를 입수하고, 옮겨 심었더 뿌리의 위치가 깊어졌다.

　나무의 자세가 마음에 들어 그 묘목을 구입했으나, 포트에서 빼내어 옮겨 심으려고 하면, 뿌리 뻗기까지의 위치가 깊어졌다고 하는 경우가 있다. 가급적 작게 만드는 일이 중요한 분재에서는 뿌리밑동의 위치에서 첫 가지의 위치가 짧은 편이 좋다. 분재의 소재를 구입할 때에는 반드시 나무의 뿌리밑동을 확인하도록 한다. 나무의 상부가 어떻게 되든지 작게 만들지 않으면 안 된다. 소재의 구입 시에, 뿌리가 뻗는 위치를 확인하는 것은 어려우니 전문가의 조언을 들을 필요가 있다.

밭의 흙을 이용해 나무를 심었더니 생육이 나빠졌다.

분재에 있어 좋은 흙의 조건은 배수가 잘되고, 그리고 배수성과 보비성이 풍부한 것 이어야 한다. 밭이나 정원 등의 흙에서는 배수가 잘 되지 않은 경우가 많고, 뿌리가 호흡을 할 수 없게 되어서, 뿌리부패를 일으켜 버리는 일이 있다. 통상, 분재에는 적옥토의 소립을 베이스로, 또한 녹소토나 마사토, 부엽토, 산모래 등을 혼합한 흙을 사용하는 일이 많다. 용토를 만들 때에는 체를 사용해서 가루상태의 흙을 제거해 두는 것이 중요하다. 가루상태의 흙이 많으면, 배수가 나빠지는 원인이 된다.

생각한대로 꽃이 피어 주지 않는 것은 왜 일까요?

특히 꽃식물의 분재에서는 매년 꽃이 피는 종류가 대부분이므로, 꽃이 피지 않으면 매력이 반감해 버린다. 이유는 몇 가지인가 생각 할 수 있다. 예를 들면 햇빛이나 물, 비료 등이 부족 하는 등. 또, 꽃 순의 형성 시에 전정해버리면 개화하지 않는다. 그리고 매화나 벚꽃 등은 겨울의 추위를 겪지 않으면 개화의 스위치가 들어가지 않기 때문에 겨울철에 실내 등에 넣어 관리하면 개화하지 않는다. 일상의 관리에서는 물 부족으로 낙엽이 지지 않도록 하고, 가을이 되면 인산이 많은 비료를 착실히 주도록 한다.

개화한 나무의, 열매가 대부분 열리지 않는 이유가 무엇인가요

　선명한 색채의 과실을 즐기는 열매식물의 분재는 먼저 조심해야 할 것이 자웅이주의 종류. 로야가키나 낙상홍 등은 자목(암컷나무)밖에 열매를 열지 않는다. 또한 개화 시에 수분을 하지 않으면 안 되기 때문에, 웅목(수컷나무)을 가까이에 놓고 교배를 시킬 필요가 있다. 공주사과 등은 같은 수종의 꽃끼리는 결실하기 어려우므로, 해당화나 공주해당화 등을 가까이에 두면 좋다. 어느 종류나 개화 시에 수분이 없으면 낙과의 원인이 되므로 요주의. 개화시의 물주기는 조석으로 2회가 안심이다. 초보자라도 결실시키기 쉬운 것은 애기사과와 피라칸사 등이다.

철사 등을 감아서 가지를 구부렸더니 나무가지가 부러져 버렸다.

분재에서는 줄기와 가지를 이미지대로의 모양을 만들기 위하여 철사를 감아 붙여서 형성하는 방법이 있다. 기본적으로 철사걸이는 어린 나무의 줄기와 작은 가지에 덧붙이는 것인데, 오래된 줄기와 가지는 단단해서 철사로 구부릴 수가 없는 것도 있다. 먼저 손으로 가볍게 구부려 보고, 가지와 줄기가 휘어져서 잘 구부려지는지 아닌지를 확인한다. 철사를 감은 뒤라도 무리하게 가지를 구부리면 부러져 버린다. 포인트는 철사가 감긴 곳을 구부릴 것. 가지를 구부리는 것이 아닌, 철사를 손에 대고 천천히 구부리도록 하여야 줄기나 가지의 부러짐을 예방한다.

강풍을 맞고 가지가 부러져 버렸다.

중요한 분재를 못 쓰게하지 않게 하기 위하여 바람 방지 대책은 확실하게 하여야 한다. 강풍에 의하여 분재가 넘어지고, 가지가 부러지기도 하고 분이 깨지기도 한다. 가지가 부러져 버리면, 싹과 마디위에서 커트. 굵은 가지를 자를 때에는 유합제를 발라 두면 좋다.

태풍이 올 때에는 철사나 끈 등으로 분을 선반에 고정시키기도 하고, 분 끼리를 서로 맞붙여서 넘어지지 않도록 해두어야 한다. 또한, 분재가 세찬 비를 맞으면 용토가 흘러나와 뿌리가 노출되어 버리는 일도 있다. 햇빛을 쪼여 뿌리가 건조하기 전에 새 용토를 보충해 주어야 한다.

이식의 적기는 다망해서 아무래도 작업을 할 시간이 없다.

이식은 가능한 한 적합한 시즌에 하면 좋다. 일반적으로는 봄의 생동감 넘치는 때를 중심으로 3~5월이 적기라고 한다.

갖고 있는 분재의 가지가 말라가고 있는데, 아무래도 이 시기에 이식할 수 없는 경우에는 이식 서비스를 하고 있는 전문가에게 부탁해도 좋다. 또, 생육불량이 심한 경우에는, 코토부근의 용토를 분안의 흙 전체가 막혀 있을 때에는 대나무꼬챙이로 쑤셔서 배수를 좋게 하는 방법도 있으므로 시도 해 보도록 하고 경우에 따라서는 전문가의 도움을 받도록 한다.

옮겨 심은 후에 나무가 말라 버리는 이유가 무엇일까요?

　옮겨 심는 것은 분재를 오래 기르기 위해서는 필요불가결한 작업이다. 용토가 단립화 해서 배수가 안 되면, 봄이나 가을에 이식한다고 하는 것이 기본이다. 소형분재에서는 1~2년에 한번 이식하면 좋다. 이식 작업에서는 뿌리를 처리하고, 용토를 새롭게 하는 것이 목적. 하지만, 용토 넣기가 불충분하면 뿌리가 건조하기도 하고, 부패하기도 해서 말라 버리는 일이 있다. 뿌리와 용토 사이에 빈곳이 생기지 않도록, 확실하게 흙을 넣어 두어야 한다. 젓가락을 사용해서 수직으로 용토를 쑤시면, 뿌리사이로 흙이 들어간다.

잎 베어내기와 뿌리자르기를 했더니 나무가 말라 버렸다.

　이식할 때에는 불필요한 뿌리를 잘 정리하고 나서 이식하지만, 뿌리자르기와 동시에 잎 베기를 하는 것은 권고 할 수는 없다. 뿌리자르기와 잎 베기는 그 나름의 나무에 부담이 간다. 동시에 행하면, 나무전체의 체력이 소모되어 버리고, 말라 버리는 일이 있다. 잎 베기와 뿌리의 정리는 다른 시기에 한다. 또, 잎 베기는 유목이나 줄기가 약해 있을 때에는 삼가는 편이 좋다. 대체로 6월 전후, 잎이 혼잡한 시즌에 하는 것이 베스트다. 나도 밤나무 등, 2번싹의 붕아력이 약한 수종은 잎을 반절만 잘라 내는 잎 자르기가 바람직 스럽다.

웅목과 자목의 구별을 전혀 못하겠는데 요령을 가르쳐 주세요.

특히 열매식물의 분재 중에서 자웅이주의 종류로는 암컷과 수컷의 구별이 필요하게 된다. 낙상홍과 로야가키, 마우미, 청갈등 나무 등이 대표적 수종이다.

자웅의 구분방법으로서는 꽃을 피게 하여, 그것을 확인하는 것이 가장 알기 쉬운 방법이다. 암꽃은 암술이 발달하고 숫술은 퇴화하고 있다. 숫 꽃은 그 반대가 된다. 나무로 판단하는 경우, 일반적으로는 작은 가지가 많은 것이 웅목이고, 작은 가지가 적은 것이 자목이라고 되어 있다. 소재의 입수 시에는 반드시 전문가에게 확인해보고 나서 구입해야 한다.

나무가 자꾸 성장해 가면서 수형이 무너지는 것은 왜 일까요?

수형이 흐트러져 가면, 전정을 해서 모양을 정돈한다. 힘 있게 뻗는 강한 가지가 있으면, 그것으로 인하여 전체의 밸런스가 깨져 버린다. 분재의 정전에서는 강한 가지를 자르고, 약한 가지를 많이 만드는 것이 기본이 된다. 이것을 반복하는 것으로 작은 수형으로 정돈해 간다.

힘 있는 가지는 가지밑동에 있는 싹을 2~3개 남기고 커트. 또, 위로 뻗은 가지와 하향성 가지 등의 불필요한 가지는 남기지 말고 가지가 달린 뿌리에서 잘라 낸다. 전정의 시기는 늦가을 의 낙엽기, 혹은 봄부터 뻗은 나무 끝이 여무는 6월경이 최적기이다.

나무와 분의 바란스가 그다지 좋지 않다.

　　나무와 분의 바란스는 감상을 목적으로 하는 분재에서는 대단히 중요하다. 어린나무 일 때 부터 기르는 경우에는 거기에 적합한 싸이즈의 작은 분에 심어 놓고, 성장에 맞추어 분을 서서히 크게 해 나간다. 나무가 수령이 많아지면 분의 싸이즈는 딱 좋다고 생각하는 것 보다 한 단계 작은 것을 골라야 한다. 분이 크면 심기는 쉽지만, 수형이 돋보이지 않게 된다. 좋은 분의 이용의 예로서는 송백과 장방형, 느티나무와 모아심기에는 타원형분 매화나무는 6각형 분, 현애수형에는 약간 깊이가 있는 정방형의 분 등이 어울린다.

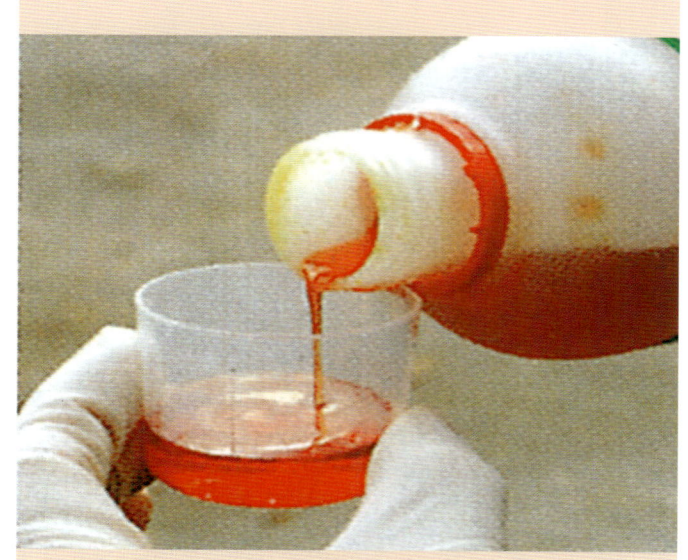

나무가 자꾸 성장해 가면서 수형이 무너지는 것은 왜 일까요?

　　수형이 흐트러져 가면, 전정을 해서 모양을 정돈한다. 힘 있게 뻗는 강한 가지가 있으면, 그것으로 인하여 전체의 밸런스가 깨져 버린다. 분재의 정전에서는 강한 가지를 자르고, 약한 가지를 많이 만드는 것이 기본이 된다. 이것을 반복하는 것으로 작은 수형으로 정돈해 간다.

　　힘 있는 가지는 가지밑동에 있는 싹을 2~3개 남기고 커트. 또, 위로 뻗은 가지와 하향성 가지 등의 불필요한 가지는 남기지 말고 가지가 달린 뿌리에서 잘라 낸다. 전정의 시기는 늦가을 의 낙엽기, 혹은 봄부터 뻗은 나무 끝이 여무는 6월경이 최적기이다.

취목과 뿌리 꽂이가 아무래도 잘 되지 않는다.

취목에서 잘 되지 않는 패턴은, 형성층을 잘 깎아 내지 않았기 때문에 발근하지 않은 케이스와 아직 충분히 발근해 있지 않았는데 잘라내 버렸다고 하는 케이스 등. 껍질을 벗겨서 형성충이 보이면 다시 깎아 목질부 까지 노출시킨다. 벗기는 폭은 줄기의 직경의 1.5배가 되도록 한다. 뿌리 꽂이에서는 뿌리를 가위로 깨끗하게 커트하고, 뿌리의 상하를 정확하게 심는 일이 중요하다. 1cm정도 표토에 뿌리가 나와 있는 것 같이 꽂는 것이 최상이다. 싹이나기 까지는 건조함을 방지하기 위하여 수태나 짚 등으로 표토를 덮어 주어야 한다.

마르는 것이 염려가 되어 과감하게 한 전정이 좀처럼 잘되지 않는다.

나무를 작게 만들려면, 전정은 빠질 수 없는 작업. 특히 처음으로 분재를 기르기 하는 사람은 과감한 전정과 뿌리의 처리가 되지 않는 다고 하는 케이스가 많다. 전정을 하기 전에는 남긴 싹이 어떻게 자랄까를 생각하면서, 다시 나무 전체의 흐름을 파악하여, 다음부터는 어떠한 수형으로 만들고 싶은 가를 상상하면서 전정해 간다. 중심이 되는 가지를 확실하게 하고, 한 가지 한 가지를 잘 보고, 전체를 다시 한 바퀴 정도 몰아 넣을 정도의 감각이 필요하다. 굵은 가지를 커트한 경우에는 유합제를 발라서 자른 곳을 보호하여 주어야 한다.

초심자를 위한 분재기르기 강좌교실

추운 겨울에는 분재수를 실내에 두는 것이 좋은가요?

되도록이면 옥외에 두는 것이 바람직하다. 왜냐하면 겨울철의 실내는 난방기구로 온도를 올리기 때문에 건조하기 쉬우므로 분재에는 좋은 환경이 되지 못한다. 그러므로 옥외서 방한 대책을 세우는 것이 이상적이다. 부득이 실내에 들여 놓는다면 난방 영향이 없는 장소에 두어야 한다.

겨울동안에 낙엽이진 분재수는 햇볕이 없어도 되는 지요?

기본적으로는 햇볕이 닿는 장소에서 기르기 하는 것이 기본이다. 잎이 떨어져버린 식물은 잎을 통하여 광합성光合成 즉 녹색 식물의 엽록체가 빛 에너지를 이용하여 공기 중에서 빨아들인 이산화탄소와 뿌리에서 흡수한 수분으로 탄수화물및 단백질 등을 생성하는 작용으로, 잎이 떨어진 낙엽수는 광합성을 하지 않으므로 햇빛이 닿지 않아도 된다. 그러나 이른 봄이 되면 햇빛이나 외부의 기온에 적용 하도록 해서 서서히 계절의 변화를 느끼도록 하여 싹 트는 것을 도와주어야 한다.

초심자를 위한 분재기르기 강좌교실

초심자가 알아야 할
분재관리의 29가지 핵심 포인트

　이미 분재를 시작한 당신은, 무조건 시간과 정성을 투자한다고 해서 그것이 곧「성공적인 분재」기르기와 직결되지 않는다는 사실을 깨달았을 것이다. 분재를 성공적으로 기르기 위해서는 분재 전반에 걸쳐 전문가에게 기술문제를 자문받아 터득해야 하는 것이 분재 기르기의 정석이다.
　그동안 당신이 분재를 기르면서 벽에 부딪치는 문제점이나 오류를 범하고 있을지도 모르는 분재관리의 핵심적인 포인트 30가지를 재미있는 그림과 함께 간결하고도 명확하게 이해할 수 있도록 도해하였다. 일단 분재의 신비로운 세계에 뛰어든 당신에게, 여기에 수록된 최소한의 상식들이 많은 도움이 되리라 믿어 의심치 않는다.

1. 뿌리근균 根菌

소나무뿌리 주위를 살피면 하얗게 곰팡이가 피어 있는 듯한 모습을 볼수 있다. 이것이 바로 뿌리근균 인데, 나무의 영양을 주로 흡수하는 잔뿌리의 끝부분에서 가장 활발하게 작용을 한다.
산에서 소재를 채취할 때나 분갈이를 할 때 잔뿌리를 소중하게 다루는 이유도 바로 여기에 있다. 뿌리근균은 토양 속에 있는 양분을 뿌리에 공급해 주며 살아가므로 소나무가 영양을 흡수하는 데 큰 역할을 하는 것이다. 이 뿌리근균은 자연발생하여 살아가므로 특별한 조치는 취할 필요가 없다.

2. 분재의 생명인 잔가지의 밀생법密生法

분재나 산과 들에 자라는 나무의 가지뻗음은 흙속에 있는 뿌리와 절대적인 관계가 있다. 말하자면 굵은 뿌리가 땅속 깊이 뻗어 있을 경우에는 곧고 굵은 가지가 많고, 반대로 잔뿌리가 많을 경우에는 잘잘한 가지들이 촘촘히 밀생하는 것이다. 그러므로 분재의 경우 분갈이를 제때에 할 것이며, 수종樹種에 따라 약ㅁ자의 토양을 사용하는 것이 하나의 방범이므로 분갈이시 토양의 입자 선택에 각별히 신경을 써야 한다.

3. 뿌리 자르기와 잔 가지의 수명

분재가 작은 분盆안에서 오랜 세월을 이상없이 생존할 수 있는 것은 바로 적절한 시기에 뿌리를 자르고 분갈이를 해주었기 때문이다 뿌리가 분 안에 너무 가득차 있는 것을 그대로 방치해 두면 그 나무는 점점 허약해 저서 쉽게 노화老化하지만, 제때에 뿌리를 잘라주면 나무의 회춘回春에 가장 좋으므로 싱싱하고 건강한 분재를 언제든지 감상할 수 있게 된다. 뿌리를 자를 때는 소재목素材木에 가까운 나무는 보통 2분의 1 이상을 대담하게 잘라 주어서 빠른 시일 안에 굵게 자랄 수 있도록 해주고, 노목인 경우에는 뿌리를 조금만 잘라서 잔잔한 가지들이 흐트러지지 않도록 해야 수명이 연장 된다.

4. 수형樹形과 서체書體는 유사성이 있다

우리가 매일쓰고 있는 글씨에도 여러가지 서체가 있으며, 또한 각 서체마다 따로따로 지니고 있는 특성이 있다. 분재에 있어서도 마찬가지로 각기 다른 멋과 특성이 있는 것이다. 수형을 서체와 비교해 본다면 직간直幹은 해서楷書라 할 수 있으며, 직선적인 특징이 있는데 비해, 매우 자유스러운 곡선曲線의 구성으로 짜여져 있는 모양목模樣木이나 사간斜幹은 행서行書에 가깝다. 또한 문인목文人木은 초서業書에 해당 한다고 하겠는데, 전혀 딱딱한 느낌이 없고 그대로의 유연한 흐름의 형태는 문인화文人畵의 섬세하고 고고한 느낌과 같다고 보겠다.

5. 수레바퀴 가지車枝를 만들지 말아야 한다.

해송은 한 곳에서 여러개의 가지가 나와 있는 경우가 많은데, 이것을 일명 사방가지 라고도 부른다. 이런 바퀴살 가지를 옆에서 보면 여러개의 빗장가지 처럼 보인다. 이 빗장가지를 그대로 둠으로써 우선 생겨나는 문제는 뿌리로부터 흡수되는 양분과 수분이 여러캐의 가지로 인해 손실되므로 중심에 자리잡은 줄기로 홀러드는 양도 줄어들기 때문에 발육이 쇠퇴한다. 심한 경우에는 줄기가 가지보다도 가늘어지는 현상이 생기기도 한다 그리고 빗장가지가 생겨나면 줄기와 가지에 의해 구성되는 형태상의 흐름에 산뜻한 맛이 없어지므로, 필요한 가지 하나만 남겨두고 모두 끊어 버린다

6. 분재를 직접 땅에 놓으면 자람이 더디다.

분재는 재배대가 높으면 잘 자란다는 말이 있다. 땅에서는 통풍이 불량하여 호흡과 동화작용이 잘 이루어 지지 않으므로 잘 자라지 않는것은 당연한 일이다. 뿐만 아니라 이렇한 장소에 놓인 분재는 병,해충의 침입이 심하고 비를 맞거나 물을 줄 때에 흙물이 튀어서 나뭇잎 뒷면에 묻어 기공氣孔을 막는다. 만약 콘크리트 바닥인 경우에는 반사열이 심해서 수분 증발로 분재에 나쁜 영향을 주므로 땅보다 1m이상 높은 재배대에서 기르는 것이 바람직 하다.

7. 새순을 딸 때는 손으로 딴다

새순 따기란 신장伸長하는 부분을 도중에서 끈어줌을 말한다. 새순 따기는 가지가 짧을 때에 일찍 따 버리는 것이 좋다. 왜냐하면 가지가 신장할 때에는 가지의 끝 부분에 많은 양분이 집중 하게 되므로 가지를 너무 키워서 자르면 영양의 손실이 많아 나무에게 부담을 주게 된다.
분盆이라는 한정된 공간속에서 자라야 하는 나무의 입장으로는 작은 양분도 낭비 해서는 안된다. 새순 치기의 적당한 시기와 수종에 따라 가지가적절히 연할 때에 잘라 주어야 한다. 가지가 너무 굵어진 뒤에 자르면 잘린 부위의 상처가 보기 흉하다.

8. 으름덩굴과 멀꿀은 철사감기가 부적당하다

으름덩굴과 멀꿀은 수피樹皮가 연약하여 철사감기는 적당하지 않으므로 가위로 모양을 다듬어 간다. 이 나무들은 덩굴성 이므로 수형樹形을 단정하게 가꾸기가 어렵다. 열매를 관상하는 것이 주 목적이므로 수형에 대해서는 지나치게 신경을 쓰지 않아도 된다. 굳이 수형을 바꾸고 싶다면 비닐 끈으로 유인 하는 방법이 있다. 봄에 자란 순을 그대로 두면 너무 길게 자라고 가지의 수가 늘어나지 않으므로 가지의 밑 부분 2~3가만 남기고 잘라 주어야 한다. 단 순따기를 자주하면 꽃눈이 붙기 어려우므로 열매가 빨리 맺기를 원하면 순 다기를 삼가 하여야 한다.

9. 분재는 포인트를 정하여 기른다

분재는 수형을 비롯하여 꽃, 열매, 잎, 단풍 등 여러가지 요소가 많다. 분재 기르기를 할 때에는 반드시 목적을 정하여야 한다. 즉 꽃, 열매, 단풍 등의 수형을 결정 하여야 한다. 특히 모아심기 에는 나무의 크기와 색깔 등 눈에 띄기쉬운 것에 포인트를 맞춰 연출상의 조화를 꾀 하여야 한다.
크기나 줄기가 서로 같은 것을 모아 심기 할 경우에는 촘촘히 심은곳은 중후重厚한 느낌이 들고 간격이 넓은곳은 공간 때문에 가벼운 느낌이 든다.

10. 해송은 줄기가 너무 자라면 좋지 않다

　해송을 분재로 키울 때는 줄기에 너무 의존하지 말고 가지를 이용하여 수형樹形을 다듬어 나가야 한다. 분에 심은 해송은 뿌리가 안정 될 때까지 1~2년 동안은 별로 자라나지 않으나 그 다음 해 부터는 신장 속도가 빨라져 그대로 방치 해 두면 수형에 있어서 가장 중요한 첫째 가지가 약해질 뿐만 아니라 줄기와 마디 사이가 길어져 볼품 없이 되어 버린다. 이럴 경우 마디가 길어진 줄기는 잘라 버리고 다른 가지를 줄기로 정해야 한다. 말하자면 좌우로 자라나고 있는 어느 하나를 선택 하는 것이다. 이런식으로 하여 점차 짜임새 있는 모양의 해송 분재를 기르기 한다.

11. 해송은 토분土盆에 심어 기른 것이 좋다.

해송을 유약釉藥이 칠해진 분에 심어서 배양하면 나무 상태가 좋지 않다. 해송을 기를 때에는 잎은 짧게 수피는 거칠게 한다. 이렇게 가꾸기 위해서는 햇빛을 충분하게 받고 통풍이 잘 되는곳이라야 하고 습도는 너무 높지 않아야 한다. 이런 관점에서 볼 때 유약을 칠한 분은 보수력이 높기 때문에 아무리 신경을 쓴다 해도 가지와 잎이 길고 허약하게 자라기 쉬우며 수피도 거칠어지지 않는다. 그러므로 토분을 사용하는 것이 좋으며 관상이라는 관점에서도 토분의 벽돌색은 해송의 분위기와 잘 어울린다.

12. 분재는 포인트를 정하여 기른다

분재의 정면은 줄기나 뿌리뻗음이 보기가 좋은곳을 선택 하여야 한다. 수봉樹棒을 앞으로 약간 숙여지도록 하고, 줄기 역시 앞으로 기울어진 듯한 모습으로 한다. 뒷면에는 긴 가지를 많이 배치시켜 나무가 깊이와 번창함을 연출하여 감상하는 기쁨을 갖도록 한다.
돌출한 가지는 보는 사람에게 거부감을 느끼게 하기 쉬우므로 적당하게 잘라 주던지 가지의 위치를 바꿔 보기좋게 처리 하든지 하여야 한다.

13. 여름철의 비료주기는 꽃피는데 지장이 있다.

충실한 잎과 꽃을 보기 위해서는 비료가 절대적인 것이다. 그러나 여름철에 꽃이 피는 나무는 여름철에 거의 분화分化가 이뤄지는 계절이므로 요소분 비료를 많이 주면 줄기와 잎이 우거지고 꽃눈이 잘 생기지 않는 결과를 초래 하게 된다. 특히 어린나무일 경우에는 이렇게 되기가 쉽다. 꽃눈이 생기는 가지는 봄철에는 성장하고 여름철에는 성장이 멈춰야 하는데 여름철에도 비료를 계속 주게되면 쉬지않고 성장하게 된다. 이렇한 현상을 2차 성장 또는 하지夏枝라고 한다.그러므로 여름철에는 비료를 주지말고 물만 약간씩 주는 정도로 관리 하여야 꽃이 피어 많이 분화를 한다.

14. 향나무는 열매를 잘 맺는 품종은 피해야 한다.

향나무는 여러 종류가 있는데 그 중에서 열매를 잘 맺는 품종은 분재로 기르기에 적당하지 않다. 왜냐하면 열매가 맺히면 나무의 건강 상태가 나빠져 가지와 잎에 윤기가 없어 지므로 향나무가 지녀야 할 부드러움이 감소 될 뿐더러 맺어진 열매를 따 줘야 하는 번거로움도 따른다.

그러므로 처음 종목種木을 선택할 때에 잘 알아서 하여야 한다. 간단히 말해서 향나무는 자웅이주雌雄異株로써 암나무에만 열매가 열리므로 분재용으로는 수나무를 선택하는 것이 기르기에 유리 하다.

15. 해가 진 후에 주는 물은 해롭다.

해가 진 후 분재에 물을 주면 가지와 잎이 길고 연약하게 자란다. 낮에는 탄소동화작용을 하여 영양을 축적 해 놓았다가 밤이 되면 나무 전체를 살 찌우는 작용을 한다. 나무는 물 주머니라고 하여도 좋을 정도로 수분으로 거의 형성 되어 있다. 나무가 살 찌기 위해서는 많은양의 수분이 필요 하므로 밤에 주는 물은 나무의 성장과 밀접한 관계가 있다.

만약 물 주기를 계속 잊은 채 그대로 두면 말라 죽고 만다. 그러므로 해가 있을 때 물을 주어 과습 상태가 되지 않도록 하여야 한다. 부득이 밤에 물을 주어야 할 경우 잎에 물을 뿌리는 정도로 주는것이 좋다.

16. 당단풍의 성목成木에는 거름을 적게 준다

당단풍은 나무라기 보다 풀에 가깝다고 여겨질 만큼 성장이 빠르다. 어린 나무일 때는 가지의 수를 늘리고 줄기를 키우기 위하여 거름을 많이 줄 필요가 있으나 성목으로서 수형이 많이 다듬어진 다음에는 거름을 적게 줌으로써 가느다란 가지를 많이 뽑을 수 있게 된다. 거름도 어린시절에는 깻묵 즉 질소분의 단용 비료를 주어도 무방 하지만, 나이가 들어 붉은 단풍을 즐기기 위해서는 인산이나 칼리 즉 골분이나 나뭇잎재를 섞어서 주는 것이 바람직 하다.

17. 땅에 옮겨심은 이듬해엔 꽃이 피지 않는다. 가을에 단풍을 즐기려면 봄에 잎을 따주어야 한다

초심자들은 봄철에 피어난 잎들을 여름철에 갈아 주어야 한다고 하면 이상하게 생각할지 모르지만, 그러나 잡목류인 단풍나무나 느티나무등은 가을에 아름다운 단풍을 보기 위해서는 의도적으로 잎 따기를 해 주어야 한다. 봄에 피어난 잎을 가을까지 두면 가을철을 맞이하여 아름다운 단풍이 들기 어렵다. 아무리 정성을 다하여 기른다 하여도 잎은 커지고 곳곳에 상처나 벌레 먹은 자국이 생겨나 거의 보기가 흉해진다. 그러므로 6월 중순에서 7월 중순경에 잎을 따 주면 새잎이 자라는 동안에 가을이 오면, 잎도 작고 색상도 뚜렸 하고 고운 단풍 잎을 볼 수 있다.

단 잎 따기할 나무는 무엇보다도 건강 하여야 하며 잎을 따 낸 후에는 새 잎이 굳어질 때까지 햇빛에서 관리를 잘 해주어야 한다.

18. 새순은 일찍 따버릴 수록 좋다

새순 따기란 신장伸長하는 부분을 도중에서 끊어 주는 작업을 말함인데 가지가 짧을 때 일찍 따 버릴 수록 좋다. 그 이유는 가지가 신장할 때에는 가지의 끝 부분에 많은 양분이 집중하게 되므로, 가지를 너무 키워서 자른다면 영양의 손실이 크며 나무 자체에도 부담을 주게 된다. 분盆이라는 한정 된 공간속에서 자라야하는 나무의 입장으로서는 조금의 양분도 낭비를 할 수 없는 것이다.
순 치기의 적당한 시기와 수종에 따라 순이 적절히 연할때에 따 주어야 한다. 가지가 너무 굵어진 후에 자르기를 하면 잘린 부위의 상처가 보기 흉하다.

19. 심한 가지 치기는 바늘잎이 생기는 원인이 된다.

향나무는 특이하게 발생하는 가시와 같은 바늘잎 이라는 것이 있다. 이 잎은 너무나 심하게 가지치기를 하여도 바늘잎이 생기지 않는 것도 있는데, 요즈음 돌 붙임에 많이 이용 되고 있는 기주 향나무紀州眞柏가 바로 그것이다. 그 이외의 품종은 바늘잎이 잘 발생 하므로 주의하여 가지치기를 해야 한다. 만일 바늘잎이 계속 자라면 바늘잎을 따 버린 후 1년정도 관찰 하면서 다음 잎을 관찰하며 기대 하는 수 박에 없다.

20. 땅에 옮겨심은 나무는 이듬해엔 꽃이 피지 않는다

분盆에서는 꽃과 열매가 잘 맺었었는데 나무가 너무 자라서 땅으로 옮겨 심었더니 꽃도 열매도 볼 수 없는 경으가 있다. 이러한 현상은 일시적인 것이다. 작은 공간에서 자라다가 갑자기 넓은 땅으로 옮겨지면 뿌리는 해방이 된듯 마음껏 자라기 시작한다. 뿌리가 너무 자라게 되면 그와 비례하여 가지와 잎이 무성해져서 나무가 다시 젊어 지므로 꽃이 피지 않는다. 땅에 옮겨 심은 후 2~3년이 지나 뿌리 자람이 안정 되고 나면 다시 안정을 되 찾아 아름다운 꽃을 풍성하게 피어 줄 것이니 염려할 것 없다.

21. 뿌리의 정리에도 신경을 써야한다

뿌리를 오랫동안 방치하면 계속 자라서 분盆주위를 감고 돌며 자라다가 결국은 분 가득히 뿌리가 가득 차게 된다. 그러면 힘이 좋은 뿌리만 살아남고 약한 뿌리는 죽어가며, 위에서는 나무의 잔 가지도 죽어갈 염려가 있는 것이다. 결과적으로 뿌리 뻗음이 흐트러져 분재로써 바람직스러운 모습을 잃게 된다. 이를 방지 하기 위하여서는 갈아 심기를 해 주어야 하는데 이때 수종樹種에 따라 주기적으로 뿌리를 절단 함으로써 남아 있는 뿌리를 더욱 건강하게 하고 새로운 뿌리가 나와 나무 전체의 세포가 젊어지게 되며 뿌리의 건강도 지속 시킬 수 있다.

22. 매화의 꽃눈을 붙이려면 새순 자르기를 한다.

매화는 새순 자르기 작업을 부지런히 해 주는것이 꽃눈을 많이 생기게 하는 비결이다. 봄에 가지가 15cm정도 자랐을 때 가지끝의 연한 부분을 손으로 잘라 준다. 이렇게 하면 가지끝에 상처가 생기지 않을 뿐 아니라 가지의 신장이 그대로 정지 하게 된다.

만약 새순 자르기 후 곁눈이 자라는 일이 있으면 그것은 모두 새순 자르기와 같은 요령으로 일찍기 따 버려야 한다. 그리고 물 주는 양이 많으면 새로운 눈이 다시 자라나기 쉬우므로 물을 적게 주어서 가지 끝의 연한잎이 시들 정도가 되도록 물을 적게 준다.

23. 분재 기르기에 있어서 귀동냥의 배움은 오히려 해로울 수가 있다

식물에 있어서 꽃이 핀다는 것은 결실의 예고로서 방치한 상태에서도 열매는 맺히기 마련이다. 그러나 꽃은 피었는데도 열매가 맺지 않는 경우가 있다. 그 원인으로는 식물 자체의 문제점과 그 식물의 관리 방법을 생각할 수 있다. 식물 자체의 문제점으로는 어리거나 노회한 나무는 꽃이 피더라도 열매를 잘 맺지 않는다. 관리상의 문제로는 물과 비료주기, 교배법交配法, 병,충해 방지 등의 잘못을 들수 있다.이러한 실수를 범하지 않으려면 단편적인 지식에 의존 하지 말고 전문가에게 기초부터 상담을 받아 차근차근 분재 기르기를 해 나가야 하며 잘못 된 귀동냥은 분재를 망칠 수 있다.

24. 분갈이 할 때에 뿌리를 똑바로 펴서 심는다

나무의 뿌리는 가지의 자람과같이 중심으로부터 바깥쪽을 향하여 뻗어 자라는 것이 자연의 섭리이고 그 생김새이다. 그러므로 분재의 묘목이나 소재를 땅이나 분슎에 심을 때 또는 분갈이나 흙갈이 할 때는 뿌리가 순조롭게 뻗을 수 있도록 잘 펴 주어야 장래의 뿌리 뻗음 즉 팔방성의 매력있는 뿌리를 기대할 수 있다. 만약 뿌리가 엉켜 있는 소재를 구입 하였을 경우에는 물속에 1~2시간 담궈 두었다가 너무 큰 뿌리는 철사로 가지를 교정할 때처럼 모양을 잡아 심었다가 1년 후 파내어 철사를 제거 한 다음 다시 심어야 한다.

25. 틀에박힌 수형에 구애 받지 말자

분재 기르기에 있어 희귀한 품종만이 최상은 아니다. 물론 많은 분재 애호가들이 감탄할 수 있는 작품이여야 명목이라고 말한다. 그러나 인기가 있고 귀하게 여긴다는 것은 나무 자체의 매력이겠지만, 그토인해 돈과 직결될 수 있다는 타산적으로 이루어진다는 것이다.

나무가 매력적이어서 마음에 든다. 이것은 분재를 취미로 하는 세계에서는 가장 우선적인 기준이다. 다른 사람들에게 납득 시킬수는 없드라도 자기 자신이 좋아하고 만족 한다면 그것으로 분재 기르기의 의의는 충분 하다고 본다.

그런 다음에 다른 작품들을 감상하면 될 것이다. 이 단계까지 이르면 비호써 다른 사람의 작품을 모방 하거나 틀에 박힌 수형으로 부터 벗어날 수 있으며 비로써 자기 창작에 도달케 된다.

26. 분재수의 뿌리는 통기성이 좋아야 잘 자란다

모든 식물의 뿌리는 호흡을 하기 마련이다. 특히 분재수의 뿌리는 호흡을 잘 할 수 있도록 인위적으로 토양을 손 보아 주지 않으면 안된다. 흔히 분盆에서 기르다가 말라 죽이는 경우가 많은데 통기성通氣性이 가장 큰 원인이 된다. 이유는 유약을 바른 분에서는 통기성이 좋지않아 말라 죽지만 통기성이 좋은 토분이나 나무상자에 심었을 때는 잘 산다. 나무가 갑자기 힘이 없어지면 돌 붙임의 방법도 생각 해 볼 수 있다 다만 통기성이 지나치게 좋아도 뿌라가 말라 버리는 경우가 있으므로 주의가 필요하다.

27. 올해 꽃피지 않은 가지는 다음 해에 핀다

올해 피어야 할 꽃이 피지 않았을 때의 원인으로는 가지가 지나치게 힘이 강해서 꽃눈이 분화分化되지 못하고 모두 잎 눈으로 되어 버렸거나 가지가 너무 쇠약하여 도저히 꽃을 피울 힘이 없는 경우를 들 수 있다. 가지가 약해서 꽃이 피지 못햇을 때는 어쩔 수가 없으나 힘차게 자란 가지는 올해 꽃이 피지 않았더라도 다음해에 꽃이 피는 수가 많으므로 함부로 자르는 일이 없도록 한다. 가지치기를 할 경우 올해 꽃이 핀 가지중 불 필요한 가지를 잘라내고 꽃이 피지 않은 가지는 그대로 두어야 다음해에 꽃을 감상할 수 있게 된다. 유실수 중 감나무는 특히 격년으로 열매를 맺는 경우가 많은데, 열매를 맺지 않는 해는 다음 해 결실을 준비하고 있는 과정으로 보면 된다.

28. 수형樹形은 강물의 물 줄기와 비슷하다

나무의 모양은 품종에 따라 각기 다르다. 또한 같은 품종이라도 성장해 온 연륜과 자생지自生地의 환경 등 복잡한 조건이 조합되어 이루어 지는 것이다. 그러므로 나무가 살아가고 있는 환경과 거기에 따라 정해지는 수형은 가히 천태만상千態萬象이라 할 수 있다.

아무리 그렇다고 하더라도 대체로 나무는 줄기와 가지에 의해 기본적인 형태가 이루어 진다. 이것은 비행기에서 내려다 본 강물이 주류主流와 지류支流, 그리고 하구河邱(나무의 밑동과 비유)는 넓고 상류로 가면 서서히 가늘어 지며 하류에는 굵은 지류가, 상류로 갈 수록 가는 지류가 흘러드는 모습과 형태가 비슷하다.

29. 수형의 완벽한 균형은 재미가 없다

수형을 만들 때 특히 직간直幹인 경우에는 좌우 대칭의 수형으로 만들어야 균형이 잘 이루어진 것처럼 보인다. 그러므로 거의 모두가 소위 삼각형 또는 원추형의 모양으로 만들기를 하는 것이 통례가 되고 있다. 전형적인 직간 수형은 줄기가 곧게 자라고 어느 한쪽으로도 변화가 없으므로 좌 우의 가지와 잎이 같은 길이와 상태로 자라고 있지 않으면 균형을 유지 하기가 어렵다.

그러나 지나치게 틀에 잡힌 좌 우 대칭의 수형은 너무 단조롭고 재미가 없으므로 좌우 어느 한쪽의 가지를 길게 가꾸어 균형을 깨뜨려 줌으로써 변화 있는 직간의 운치를 갖게 하는 것이 좋다.

초심자를 위한 분재기르기 강좌교실

풋사과

분재 물주기의 중요성

초심자들은 분재 기르기에 있어서 "물주기가 핵심이라는 말을 많이 들었을 것이다. 아울러 물주기의 요령을 터득 하는데 3년이 걸렸다고 하는 말이 있다. 그만큼 물주기가 어렵다는 것이 된다. 그러므로 분수盆樹를 죽이고 살리는 것은 물주기가 기본이 된다.

나무의 종류, 분의 크고 작기, 깊고 낮기, 흙의 상태, 햇빛이나 바람맞이의 조건, 계절이나 그날의 일기 등에 따라서 하루의 물주기의 횟수나 양을 일률적으로 정할 수는 없다. 물을 어떤 상태에서 얼마만큼 주느냐의 판단은 오직 당신 자신이 정할 수 있도록 숙달이 필요하다.

풍성한 과일 분재의 매력

동부아시아 유럽원산의 낙엽성 큰키 나무로 현재 많은 원예품종이 만들어 지고 있다. 기본종은 꽃이 흰색에서 담홍색으로 열매는 지름이 4~5cm 안팎이며 홍색, 그리고 원예품종의 황록색과 황색등 여러가지가 있다.

홍색을 성숙하는 열매를 즐기기 위해 분재 가꾸기를 한다. 꽃눈은 짧은 가지에 분화하여 이듬해 봄에 이 꽃눈이 겨우 싹이 터서 새 가지가 발생하고 그 끝에 개화하고 결실한다. 따라서 봄부터 자라는 가지 중 세력이 좋은것은 그 순을 따서 성장을 억제하고 짧은 가지의 발생을 촉구한다. 번식은 씨뿌리기, 접붙이기로 한다.

눈 향나무 나무높이 92cm 보라색 토기

사리舍利와 신神 만들기

사리와 신~사리는 〈일명 백골〉나무의 줄기가 풍화하여 마른 것을 말하고, 신이란 나무의 가지가 마른 것을 말한다. 따라러 사리와 신도 분재수의 일부를 말한다. 분재수에 이것이 있으드로써 멋을 돋구고 가치를 높이는데 있다.

사리와 신을 만드는 시기~사리와 신은 자연스럽게 그리고 조화있게 생긴 것이 바람직 하지만, 그것을 구하기란 어렵다. 그래서 분재수의 한 부분을 이용하여 인위적으로 만드는 경우가 많다.

만드는 시기는 사리는 2~3월,의 눈이 나오기 전 신은 언제라도 가능하다.

사리나 신을 만들 수 있는 수종~송백류 중에서는 노간주 나무 등에 많고, 곰솔, 섬 잣나무, 향나무 등에서 볼 수 있고 잡목류에서는 매화나무가 있다.

사리와 신을 만드는데 필요한 도구~사리나 신은 각크기가 다르므로 연장도 여러가지가 있다. 초심자들에게 필요한 도구들만을 열서한다. 상가지 자르는 가위 껍질 벗기는 칼 끝 각종 조각도 줄 가는 톱 쇠망치 등이 필요하다.

석유 유합제의 도포塗布~사리나 신이 만들어졌으면 그 표면 전체에 2~3배로 묽게한 석유 유황 합제를 붓으로 칠해서 희게해 그 부분을 미화 한다. 이 때 주의 할 것은 사리를 만든 후 곧 칠하지 말고 만든 부분이 굳어 졌을 더 도포한다.

곧 칠하면 액이 스며들어 나무가 마르는 경우가 있다.

이 줄기의 사리의 광체는 그 무엇과도 바꿀 수 없는 존재감이넘친다. 그것은 이분재수의 역사에 대해 웅변적으로 말해 주고 있다.

소품분재 기르기의 실제
미니분재 기르기로 생활의 활력을!

비록 소품 분재일 지라도 산들바람에 하늘거리는 모습은, 마치 생명력이 넘쳐 보임으로써 보는 사람으로 하여금 기분을 상쾌 하게 해준다. 큐브형인 용기와 흐르는 듯 한 주목의 줄기와 대비가 되어 마치 절벽에서 뻗어 나온듯한 모습이, 나무의 강인함을 말해 주는 듯하다.

• 주목〈뿌리올림〉 : 높이 11.5cm

가장자리가 없는 듯이 만들어진 분에 심어진 나무가 금방이라도 넘어 질듯한 자연수형의 가냘픈 소나무의 실생묘 소품분재 이다.
곧게 뻗은 줄기가 강하게 휘어져 들어간 모습이 일품이다. 흑송을 얄팍하고 둥근 분에 심어 전체적으로 둥근 느낌을 들게 하여 소나무 본래의 유연함을 표현 하고 있다.

• 소나무〈적송〉 : 높이 12cm

일반적으로 볼 때 금방이라도 넘어질 듯한 분의 선택이 잘못된 것 같지만, 개성적인 용기를 사용하는 것은 기르는 사람의 자유다. 나름대로 기르기의 보람을 느끼면 되는것이지 이러쿵 저러쿵 하는 다른 사람의 의견 따위는 신경쓸 필요가 없다.

이 분의 특징은 쫙 째진 화분의 직부에 광택이 별미기다. 또한 비스듬한 입이 이끼의 이끼와 조릿대가 앙상블을 이루었다.

귀여운 열매가 감상 가치를 높여준다. 그리고 낙엽이 진 후에나 볼 수가 있는 가을을 수 놓은 열매의 풍경시!!

쭉 뻗은 가지에 열매를 열린 장점을 살리려고 지구본처럼 생긴 둥근 용기에 나무를 비스듬이 심었다. 분 용토 위에 이끼를 깔고 상록의 조릿대를 심은 것이 낙상홍을 돋보이게 했다.

• 낙상홍과 조릿대 : 높이 55cm

이러한 소재는 우리 생활 주변에 많이 있는 것들이다. 갱화석으로 만들어진 용기에 유사 매화 나무의 비스듬함과 살려서 심고 밸런스를 생각해서 황금 고사리를 곁들었다.

11월 경에는 노란 열매가 벌여져 그 안에서 빨간 열개가 얼굴을 내밀 때의 아름다움은 말로 표현키 어렵다. 그야말로 하얀돌 분, 잎이 3가지가 만들어낸 분재의 풍취!!

• 유사매화, 갱화석 분, 넉줄 고사리 높이 : 35cm

구부러진 소나무의 모습이 힘 있는 인상으로, 그리고 마치 뱀이 똬리를 감은 듯하다.

가로형의 긴 장방형 용기에 흔들림이 강한 실생 7년생 섬잣나무를 심었다. 모가 난 용기에 대하여, 여분이 있는 가지를 늘어뜨리고 둥근 줄기의 라인을 살려서. 용기의 가장자리에 붙여 심고, 이끼는 전체에 깔지않고 화장토를 깔았고, 이끼정원 식으로 군데군데 이끼를 심어서 전체적으로 정원의 분위기를 연출하였다.

정성껏 기른 분재는 세월이 흐르면 흐를 수록 나무의 운치와 고태미古態美가 더해진다.

섬잣나무 • 높이 26cm

우측의 적송은 잎이 가늘어 『여송(女松)』이라고도 부른다. 섬세한 소나무 줄기를 보태 모으는 것으로 볼륨감을 연출하고 있다. 좌측의 들싸리나무는 자연스러움이 있는 잎과 붉은 자색의 작은 꽃이 귀엽다. 용기바닥이 둥근면으로 되어 있기 때문에, 넘어질듯한 불안정감 때문에.보는 사람으로 하여금 지켜주고 싶은 기분이 들 정도로 나약해 보인다.

이 분들은 오래된 지붕의 기와의 일부를 배수용으로 밑 구멍을 뚫어서 용기로 개조하여 분으로 만들었더니 색다른 맛이 난다.

나무를 분에 심기위해 주변의 소재를 적절히 이용한 좋은 예이다

• 사진 : 좌, 들싸리 17cm / 우, 적송 15.5cm

나무와 야생초를 사용해 자연을 연출한 소품분재 연출!!

거칠은 나무껍질이 짙은 녹색으로 잘 돋보이고, 볼품 있는 뿌리가 드러난 점이 눈길을 끈다. 흑송의형상을 살리려고 넉줄 고사리를 심어 한 껏 경관을 돋보이게 하였다.

　전통적인 분재와는 조금 다르지만, 수목과 산야초를 함께모아 심기를 하여 보다 자연에 가까운 경치를 그 안에서 볼 수가 있는 장점이 있다.
　주변의 들풀과 나무를 이용하여 모아심기 분재를 만들어 보는 것도 분재기르기의 맛이다.
　이러한 수형은 뿌리올림〈根上〉이라고 하며 만들기 기법은 다음장에서 설명 하기로 한다.

　실제로 야산을 다니면 소나무와, 매화, 단풍나무오- 느티나무 등, 분재로 자주 이용되는 수목과 만난다. 특히 크게 성장한 수목에는세월을 느끼고, 거치른 줄기껍질과 굳센 뿌리의 퍼짐, 4방으로 뻗은 가지모양 등, 볼만한 것이 참으로 많다. 이것을 작은 분 속에 재현하려고 하는 것이 분재의 참 묘미라고 할 수 있다.
　주변에 자생하고 있는 나무들을 눈을 돌려 보자. 나무들에게 달라붙는 것 같이 하여 자라고 있는 작은 풀과 꽃, 줄기껍질에 달라붙어 있는 이끼 등, 갖가지 식물이 같은 환경에서 공생하고 있는 것을 볼 수 있다. 이러한 자연 공간을 표현 하려고 하는 것이 소위 말하는 『모아심기 분재』이다.
　작금에 있어서 야생초를 전문적으로 기르기를 하는 곳이 우리나라 이곳 저곳에 많이 있다. 모아심기 분재는 작은 나무와 야생초를 이용하여 보다 내추럴적 이고 나무의 개성도 돋보이게 하기 때문에 참으로 불가사의하다 하겠다.

　모아심기 분재에서 주역으로 등장하는 수목에 대하여 어떤 야생초를 고르고, 어떻게 태치하는가가 중요한 포인트이다. 항상 곁에 두고 바라보고 싶은, 모아심기 분재의 기법을 소개한다.

초심자를 위한 분재기르기강좌교실

초목草木분재 기르기와 심는 법

야생초류 분재를 만드는데 어려울 것같이 생각되지만 만드는 방법은 대단히 간단 하다.
먼저 좋아하는 용기를 이용 마음에 드는 식물을 심어 보자.

Step 01 **분의 준비**

분재를 작은 분에 이식하려면 약간의 장치가 필요하다.
분의 기본을 깨달으면 갖가지 크기나 모양의 분재에 응용된다.

(재료)
분재 분은 1개, 알루미늄제의 철사A(직경1mm, 분의 직경의 2배의 길이), 철사B(직경1mm, 분바닥 구멍의 직경의 3배의 길이), 철사C(직경1.5mm, 분바닥 구멍의 직경의 1.5배정도의 길이), 분바닥의 그물망(분바닥보다 한 바퀴 큰 사이즈로 자른 것)

1. 철사 B를 손으로 구부려, 화분바닥 망을 고정하기 위한 핀을 만든다.

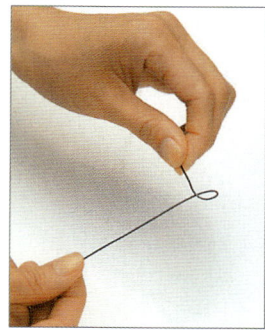
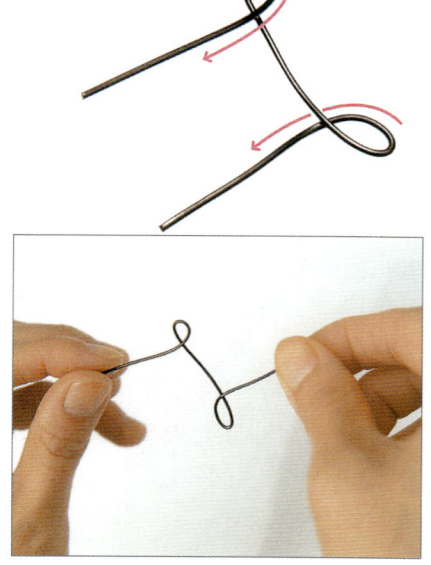

초심자를 위한 **분재기르기강좌교실**

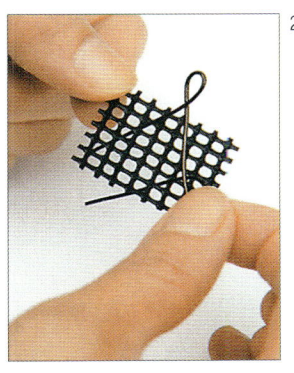

2. 분바닥 구멍보다 한 바퀴 큰 사이즈로 자른 바닥망에 한 개의 핀을 꽂는다.

3. 틈새가 생기지 않도록 분바닥 구멍에 2를 메운다

4. 분을 뒤집어서 핀을 손으로 구부려서 분 바닥망을 분에 고정시킨다.

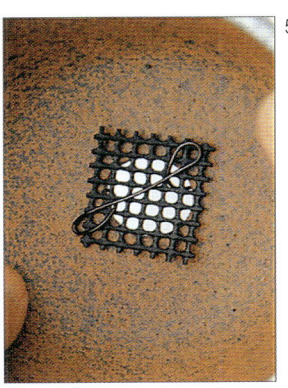

5. 분을 겉으로 돌리고 핀을 굽힌 룰 부분을 손으로 눌러서 평평하게 한다.

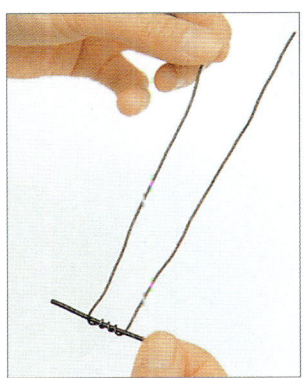

6. 수목인 경우에는 철사C에 철사A를 4~5회 감아서 뿌리를 분에 고정시키기 위한 뿌리 고정을 단든다. 풀 종류는 불필요.

7. 6의 뿌리 고정을 분 안에서 분바닥 구멍에 꽂아 넣는다.

8. 분을 겉으로 뒤집어 이식 작업에 방해가 되지 않도록 뿌리 고정을 분가장자리에 건다.

완성
분의 준비종료. 철사의 길이는 분의 직경과 분바닥 구멍의 직경에 맞추어 조정헌다. 분바닥 구멍이 2개 이상인 경우도 마찬가지의 순서로 모든 분구멍에 준비를 한다.

169

초심자를 위한 분재기르기 강좌교실

Step 02 야생초류의 분재심기의 실제

분재라고 하면 소나무와 잡목류 등의 수목을 생각하기 쉽지만, 꽃과 잎을 즐기는 야생초류도 훌륭한 분재이다. 모아심기의 감각으로 부담 없이 만들어 보자. 작업은 봄이나 가을에 한다.

(재료)
낙엽송 묘목 2포트, 티컵형의 화분(직경9cm, 화초의 키가 작은 것인 경우에는 뿌리고정 철사는 불필요)이식용 흙(적옥토 극소립2 : 녹소토소립 1의 배합토), 고로토(적옥토 소립), 이끼, 기타, 흙삽, 대젓가락, 조로, 핀셋 등

1. 분바닥에 세트한 화분 바닥망이 보이지 않을 정도로 고로토의 적옥토 소립을 얇게 깐다.

2. 잘 섞은 이식 용토를 분바닥의 고로토가 보이지 않을 정도로 넣는다.

3. 종묘 포트에서 벗겨, 대젓가락으로 뿌리를 빗기듯이 해서 흙을 털어 낸다. 개화 중에는 흙을 반절정도로 남긴다.

4. 3의 처리를 한 2포트분의 종묘를 꽃의 방향등을 보아가면서 손으로 맞추어 정면을 정한다.

초심자를 위한 **분재기르기 강좌교실**

5. 4에서 합친 종묘를 정면을 자기 쪽을 향하여 분 안에 넣는다.

6. 종묘와 분사이에 흙삽으로 이스응 흙을 조금씩 넣는다.

7. 종묘가 흔들리지 않도록 대젓가락으로 흙을 쿡쿡 찔러서 빈틈을 없앤다. 흙이 모자라면 보탠다.

8. 흙이 들어가면 분바닥에서 흘러나오는 물이 투명해질 때까지 물주기를 해서 미진을 씻어 낸다.

9. 포기 밑동에서 이끼를 간다. 이끼 뒤의 흙을 털어 내고, 핀셋으로 흙을 꽉 누르면 활착이 된다.

완성
타이린매화낙엽송 화초류의 분재 완성. 이식 직후에는 바람이 약한 양지바른 곳에서 관리한다. 봄, 가을에는 햇볕이 잘 드는 곳에 두고, 여름에는 반그늘로 분을 옮긴다.

초심자를 위한 분재기르기 강좌교실

Step 03

나무 분재 심기의 실제

수목의 분재를 화목, 또는 가지분재라고 부른다.
가지가 뻗어나가는 모양을 잘 보고, 정면에서 보았을 때에 더욱 박력이 있게 보이도록 이식한다.

(재료)
단풍 1포기, 분재화분 1개(직경 약 10cm) 이식용 흙(적옥토 극소립), 적옥토 소립, 이끼, 기타, 흙삽, 대젓가락, 조로, 집게, 핀셋 등

1. 흙삽으로 분 바닥망이 보이지 않게 될 정도로 적옥토를 얇게 깐다.

2. 적옥토가 보이지 않게 될 정도로 이식용 흙을 넣는다.

3. 분으로부터 단풍나무 포기를 벗겨 대저가락으로 뿌리를 흩트리면서 흙을 턴다.

4. 분에 뿌리가 잘 어울리도록 긴 뿌리를 가위로 반절 정도의 길이로 자른다.

초심자를위한 **분재기르기강좌교실**

5. 가지가 뻗어나가는 것을 잘 보고 정면을 결정. 자기 쪽으로 정면을 향하여 화분 안에 포기를 고정시킨다.

6. 포기와 분사이에 흙삽으로 이식용 흙을 조금씩 넣그, 대젓가락으로 흙을 찔러서 틈새기를 메꾼다.

7. 분 가장자리까지 흙이 들어가면 화분 가장자리에 걸어 놓은 뿌리고정의 철사로 단풍나무의 뿌리철사를 고정시킨다.

8. 집게로 뿌리고정의 철사를 비틀어 포기가 움직이지 않도록 한다. 남은 철사는 집게로 자른다.

9. 분바닥에서 흘러나오는 물이 투명해질 때까지 물을 듬뿍 주어 용토 속의 미진을 씻어낸다.

10. 핀셋의 흙손 등으로 흙을 가볍게 눌러서 평탄하게 고른다.

11. 흙의 표면에 핀셋으로 작게 나눈 이끼를 포기밑동에서부터 깐다. 이끼 속에 흙을 털어내면 활착이 잘된다.

12. 이끼는 기호로 전면에 깔지 않아도 된다. 이끼의 주위에 이식용 흙을 더하여 지면을 평편하게 한다.

완성
단풍나무용 분재의 완성. 5월경 가지 끝이 웃자라면 끝부분을 전정하여 되 자른다.

Step 04 어린실생묘에 머무는, 생명의 빛을 생활공간 가까이에

낙엽송 • 높이 : 15×22cm

산에서는 올려다 볼 것 같은 고목도 작은 화분으로 가까이에서 즐길 수 있다. 이것이 분재의 묘미이다.

씨앗으로부터 싹이 터서 3년째. 아직 어린 묘목이다. 온기가 있는 둥근 화분에 그대로 번창하면, 생명에 빛이 머문다. 기대와 불안, 앞으로의 성장을 지켜보는 것도 즐거움이다.

■ **기르는 포인트**
- **용토** : 경질옥토소립 7 부사사 3
- **놓는장소** : 양지에서 관리하지만, 봄에 싹이 튼 지 얼마 않된 연약한 잎은 햇볕에 타기 쉬우므로, 강한 햇빛은 피한다.
- **물 주기** : 마르면 준다.
- **비료** : 싹이 나올 무렵에 준다. 비료를 많이 주면 잎이 너무 커져서 전체가 느슨해져 버린다.
- **이식** : 물이 잘 빠지지 않으면 4월 중순에 이식한다.

※ 고온다습이 고충이다. 여름에는 서늘한 장소에서 물크러지지 않도록

위 사진의 우측 나무이다. 3년 후의 모습은 풍뎅이가 날라들어, 나무와 풀의 모아심기분재로 변신, 풍격이 나왔다. 계절의 변화를 느낀다.

초심자를 위한 분재기르기강좌교실

Step 05
야생초와 나무 모아심기 분재
가지 분재 기르기의 실제

분재수로써 소재가 좋으면, 멋스러운 분에 이식 하는것 만으로도 큰 보람이 있다. 또한 원예점이나 묘목상에서 분재수에 어울리는 묘목을 골라서 분재 기르기 하는것도 즐거움의 하나이다. 꽃은 아무리 아름다워도 피었다가 금방 시들어 버리지만, 좋은 소재의 분재수는 세월이 가면 갈수록 그 수형의 미가 배가 되어 기른 사람을 즐겁게 해 준다.

우선 좋은 분재를 기르려면, 확실한 분의 이식이 중요하다. 먼저 식물의 심장인 뿌리를 풀어서 활성화시켜야 한다. 뿌리 갈이 하는 적기는 뿌리가 활발하게 활동 하기전인, 초봄이나 초 가을이다. 한여름과 늦가을 그리고 겨울은 가급적 피하는 것이 무방하다.

줄기가 움직인듯하고 윗 부분의 가지 흔들림 그리고 원 뿌리의 굽은듯한 모습. 이 모두가 최상급 포트 묘목이다.

1. 원 뿌리 모양이 만곡한 줄기가 숨겨져 있음을 볼 수 있다.
2. 뿌리가 새로운 흑과 잘 섞이도록 대 젓가락으로 잘 펼쳐준다.
3. 뿌리펴기가 끝나면 빠른 시간에 이식을 완료 해야 한다.
4. 묘목을 분여 여러가지로 검토하고 뿌리의 만곡을 살리는것이 중요하다.
5. 분에 이식 된 분재수를 살핀다다. 윗 부분이 무겁게 보이므로 불안정

묘목을 이식할 때에 분에 묘목의 가지를 분에 확실하게 고정시키는 것이 이식의 기본이다. 기우려 심기 또는 꽃이나 큰 열매가 열리는 분재수는 잘 고정시키는 것을 잊지 말아야 한다. 여기서 뿌리를 고정 시키는 철사는 분의 구멍의 직경보다 약간 긴 2.5mm의 알미늄선을 길게 끊은 1.5mm의 알미늄선을 3회 회전할 정도로 감을것. 중량급의 분재수는 좀더 굵은 알미늄선을 이용한다.

고정시킬 때는 가지나 표면에 나와 있는 뿌리에 철사로 인한 상처가 나지 않도록 주의한다. 때에 따라서는 뿌리밑의 철사를 이용할 때에 구멍을 통하여 잡아 맨다.

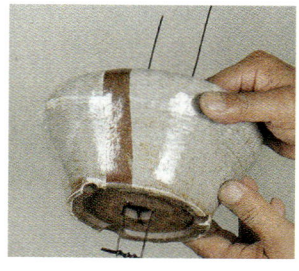
6. 망을 분 밑에 깔고 뿌리를 잡아 맨다.

7. 분 밑 바닥에 경질의 적옥토 7, 산모래 3을 깐다. 구멍을 철사로 통하여 고정시킨다.

8. 배양토를 같은 비율로 섞는다

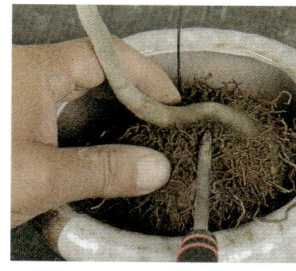
9. 뿌리와 흑을 감싸고 묘목을 앉친다.

10. 그리고 펜치로 살짝 고정한다. 위 줄기밑에 알미늄선을 구멍을 통해 고정하고 끌어 내려 감는것이 필수 코스.

11. 여분의 철사는 펜치 등으로 잘라주고 아래로 향해 구부려 둔다.

12. 묘목이 자리를 잡으면 배양토를 뿌리 주위에 충분히 넣어 준다.

13. 뿌리와 분 사이에 공간이 생기지 않도록 대 젓가락으로 잘 쑤셔 준다

14. 분 중앙에 이끼를 깔아주고 그 주변에 산모래로 치장해 준다.

초심자를 위한 분재기르기강좌교실

포트에 있는 모습 그대로 분에 이식 한 후 2년이 지나 어느정도 분재수로써의 모습을 갖추게 되었으며, 가을을 맞아 붉게물든 잎이 한층 아름다워 가지분재의 진 면목을 유감없이 표출하고 있다. 이제부터 전문가와 상담하여 철사감기로 원하는 수형으로 만들려고 한다.

앞으로 분재수의 모습을 상상만 하여도 써부터 가슴이 설렌다. 나무 • 높이 48cm

■ **기르기 포인트**
- **용토** : 적옥토 7, 산모래 3
- **놓는장소** : 햇빛이 잘 드는곳. 여름 한 나절은 그늘에 둔다.
- **물 주기** : 마른 듯하면 듬뿍 준다.
- **비료** : 봄, 가을에 소량으로 준다.
- **분갈이** : 용토가 굳어 둘 빠짐이 나쁘면 3월 하순에서 4월 상순에 걸쳐 이식한다.

※분재수의 수형이 좋으므로 현재의 형태를 유지 하려면 흐트러진 가지를 적절히 전정 해 준다.

초심자를 위한 분재기르기 강좌교실

Step 06 존재감이 있는 분에, 봄의 경치가 머문다

분은 조금은 삐틀어지고 넓은것이 안정감과 자주색 유약이 따뜻함과 안정감을 준다. 존재감이 있는 분에 옮겨 심을 것을 미리 생각하고 골랐다.

주主가 되는 나무는 휴가층층나무로써 꽃이 좀 작기 때문에 같이심을 소재들은 균형이 맞지않는 작은 것으로 하였다. 감제풀의 잎은 보통 이상으로 크게 자라기 때문에 여기서는 몇년동안 가지고 있어 작게 다져진 소재를 준비 하였다.

분은 좌측이 약간 낮게 되어 있기 때문에 휴가층층 나무를 우측에 맞게 하고 가지를 좌측으로 약간 흐르는듯 심었다. 감제풀, 풍로초는 여기서는 완전히 조연이므로 휴가층층 나무의 뿌리를 감추지 않도록 배려 하였다.

가지 끝이 너무 겹첫다고 생각 되는 곳은 철사를 감아서 방향을 바꾸었으나 마지막 1개의 가지가 다른 가지와 방향이 어울리지 않아 커트 해 버렸다.

1. 진사요 변 둥근 분
   지름 22.5cm / 높이 6.5cm

2. 좌측에 휴가층층나무, 와 감제풀, 좌측에 풍로초.

3. 감제풀에서 사용분만 빼낸다

4. 휴가층층나무 뿌리를 푼다

5. 잔가지 끝에 철사를 감아서 방향을 교정한다

6. 우측에 휴가층층나무를 놓는다

7. 앞쪽에 감제풀, 좌측에 풍로초

8. 불필요한 잔 가지를 자른다

9. 작업종료. 이끼는 전면에 깔 필요는 없다

초심자를 위한 분재기르기 강좌교실

철사감기는 길들여지면, 가지 전부에 감고 싶지만, 크게 흩어져 있는 가지를 고치는 정도로 자연스러움을 느낄 정도로 한다.

작업이 끝난 1개월 후 휴가층층나무에서 꽃이 피기 시작하였다. 그리고 감제풀이 싹 기터서 대지로부터의 봄이 오고 있다는 메시지를 전하는 것 같다.
그러나 무어라 해도 휴가층층나무와 분과의 조화가 딱 맞게 어울리는 느낌이다.

• 높이 28cm

■ 기르는 포인트
• 용토 : 적옥토7 모래3
• 놓는장소 : 햇빛이 잘 닿는 곳이 좋지만, 여름에는 반 그늘에서 잎이 타지 않도록 관리 한다
• 물 주기 : 마르면 듬뿍 준다.
• 비료 : 봄과 가을에 치비를 준다.
• 이식 : 이시에서 지입할 때 까지이다. 돌아오는 봄에는 이식할 예정이다.

※ 강한 가지를 적당히 제거하고 부드러운 가지로 만들어 간다.

어느덧 작업한지 7년이란 세월이 흘렀다. 여름철의 잎이 왕성하게 번성함기, 자연미가 넘치는 와일드한 모습으로 자라고 있다. 처음 심었을 때 보다는 몇 배 자랐다.

잎보다 먼저 핀 꽃의 관상이 지나니 이처럼 왕성한 잎들이 그야말로 분 가득하다. 아마 사람들은 이런 기분 때문에 애써 심고 돌보며 기르기를 할 것이다. 봄과 가을에 치비를 잊어서는 안된다

| 초심자를 위한 분재기르기 강좌교실

Step 07 포트의 실생묘나, 삽목묘의 분에 옮겨 심기의 실제

마음에 든 나무와 용기가 결정되면, 드디어 옮겨심기 작업을 시작한다. 앞으로 나무의 멋진 모습을 상상하면서 즐겁게 작업을 하자.

준비물 – 소사나무, 공주사라, 이끼, 분

1. 용기의 바닥구멍보다도 덮개주위정도로 크게 커트한 화분밑바닥네트에, U자형으로 구부린 철사를 꿴다.

2. 분바닥 네트에 꿴 철사를 바닥구멍에 꿰어서 고정시키고, 여분이 있는 철사를 적당한 길이로 커트한다.

3. 공주옥룡의 묘목을 포트에서 포기밑동을 잡아서 조심스럽게 빼 낸다.

4. 뿌리가 상하지 않도록 젓가락을 사용해서 뿌리주위의 오래된 흙을 털러낸다. 고토에는 해충의 알 등이 들어 있는 일도 있다.

5. 뿌리의 흙을 털어내면, 공주옥룡의 웃자란 뿌리부분을 가위로 잘라 낸다.

6. 마찬가지로 흙을 털어낸 공주옥룡, 이대로는 볼륨이 너무 많으므로 포기 나누기를 한다.

용기와 심을 나무가의 준비가 갖추어지면, 옮겨 심기를 시작 한다. 용토는 적옥토와 배양토를 준비한다.
　이식할 때에 중요한 것은 나무의 배치이다. 먼저 나무와 용기의 정면을 결정하는 데서부터 시작한다. 선택한 나무를 잘 보고, 분재를 만들 때에 어느 각도에서 보면 좋은 분위기인가, 아름다운 수형으로 보이는 가를 보고 결정하는 일이 중요하다. 또한 용기에 어떻게 맞출 것인가, 어떻게 이식하면 균형이 잡힐 것인가도 생각 해야 한다.
　여기에 소개한 용기는 정면은 없으나, 문양이나 구울 때의 얼룩이 생긴 용기의 경우에는 정면을 결정하여 식물을 배치하면, 보다 매력적인 분재가 완성된다. 또한 어려운 일이란 깨끗하게 이끼를 까는 일이다. 이끼의 질감을 살리면서, 적당한 힘의 가감으로 깔아 나간다.

유연한 소사나무와 공주사라의 분과의 대비가 좋은 느낌이다. 포기밑동을 높게 하고, 용기의 가장자리를 향하여 낮게 하면 나무의 자세가 한층 우연하게 보인다.

7. 처음에 분 바닥네트가 보이지 않을 정도로 배양토를 넣는다. 의외로 이 작업을 잊어버리는 사람이 있는데 주의가 필요하다.

8. 소사나무의 웃자란 뿌리를 커트해서 이식하기 쉬운 상태로 해 두면 좋다.

9. 용기 안의 배치가 결정되면, 그 위치가 벗어나지 않도록 포기 밑동을 누르면서 용기의 가장자리까지 흙을 넣는다.

10. 젓가락을 수직으로 찔러서 뿌리사이에 흙을 채워 간다. 흙이 분 속으로 들어가면 다시 흙을 보태 넣는다.

11. 이끼를 손으로 가볍게 누르면서 흙 위에 깐다. 공간이 생기면 이끼를 적당한 크기로 잘라서 전체에 깐다.

심기완성

Step 08 소나무 싹 따주기

겨울의 전정

가지와 잎이 무성한 초여름에는 계속해서 수목이 휴면하는 겨울도 전정의 작업적기이다.
여기에서는 소나무의 밑줄기 쪽에 난 잎을 제거하여, 모습을 정돈하는 테크닉을 소개 하겠다.
흑송과 첫눈담쟁이의 모아심기분재. 잎이 바삭바삭해서 소나무다운 깔끔한 인상이 없다.

1. 아래쪽의 작은 싹은 전정가위로 밑동에서 잘라낸다.

2. 마른 잎을 전정가위로 밑동에서 잘라 깨끗하게 한다.

전정剪定 : 과수의 생육과 결실을 균등히 하고, 미관상 고르게 하기 위해 가지의 일부를 자르는 것을 말함.

초심자를 위한 **분재기르기 강좌교실**

3. 새싹주위의 작은 눈을 밑동에서 잘라 낸다.

4. 밑줄기 쪽에 난 잎을 딴 곳. 가지와 잎의 늦춤과 당김이 나와 깔끔한 인상.

NG
가지를 상하게 해버렸기 때문에 잎을 손으로 뜯어서는 안된다.

NG
잎의 도중에서 자르면 시들기 때문에 잎 밑동에서 자른다.

밑줄기 쪽에서 난 잎을 정리한 것으로 젊은 소나무의 풍정이 나왔다.

183

초심자를 위한 분재기르기 강좌교실

Step 09 실생묘를 분에 옮겨 철사 감기의 실제

철사를 사용해서 조형적인 가지모양으로 만들거나「여기에 가지가 필요하다」하는 곳에 가지를 더하는 일을 할 수 있는 철사 감기는 분재에서만이 할 수 있는 즐거운 테크닉이다. 작업은 휴면기인 겨울철에 한다.

(재료)
단풍나무 분재화분 1개 알루미늄제의 철사(직경 2mm 1개, 직경 1.5mm 1개), 철사 자르는 도구
※철사의 직경은 가지의 굵기의 2/3, 길이는 감는 가지의 약 1.3배가 목표.

1. 철사의 한쪽의 끝을 L자로 구부린다.

2. L자로 구부린 철사의 끝을 포기밑동에 단단히 끼워 넣는다.

3 가지에 대하여 45도의 각도로, 등 간격으로 철사를 감아올린다. 가지와 철사사이에 빈틈을 만들지 않는다.

4. 끝이 가는 가지에는 철사를 감지 않고 남긴다. 남은 철사를 끊는 도구로 자른다.

초심자를 위한 분재기르기 강좌교실

5. 가지가 갈라져 있는 곳은 역방향 ①에 감아서 철사를 고정하고 나서 감는다.
② 철사는 가지런히 한다.

6. 마찬가지의 순서대로 철사를 감고 싶은 가지 모두에게 철사를 감는다.

완성
철사감기의 완성. 정취가 있는 가지모양이 되었다.

7. 전부의 가지에 청사를 다 감은 곳.

8. 양손을 가지런히, 손가락으로 조금씩 누르면서 좋아하는 가지모양으로 모양을 만들어 간다.

NG
양손이 떨어진 상태로 힘을 넣으면 가지가 부러지므로 요주의.

초심자를 위한 분재기르기 강좌교실

Step 10 가지 분재의 철사감기의 실제

분재라고 하면 무조건 줄기나 가지에 철사감기를 한다고 생각 하겠지만, 꼭 그렇지만은 않다. 가지에 철사 감기는 최소한으로 한 것이 바람직 하다. 그리고 철사감기는 정중하고 차근 차근 배워가면 그렇게 어려운 일도 아니다. 여기에 강의 하고자 한 소재는 지난 해에 기르려고 심은 단풍나무이다. 금년에 뿌리에서 필요 없는 가지가 2개 나왔다. 잘라 버려도 되지만, 아래 부분에 가지가 없는 것이 아쉬워 곁 줄기로 삼아 보았다 그리고 여유롭게 직선적으로 철사를 걸어서 움직이지 못하게 하였다. 철사의 굵기는 구부리고 싶은 줄기나 가지의 직경 3/2정도를 눈 대중으로 한다. 잡목류는 줄기의 껍질도 아름다우므로 상하지 않도록 철사에 테프를 감아서 해야 한다.

또한 줄기에 철사 걸기를 하면 나무가 자라면서 철사가 줄기를 파고 들어가므로 3개월에서 6개월 사이에 줄기에서 철사를 떼어 내는 것을 잊어서는 안된다.

1. 쓸모없는 가지를 곁줄기로 하기엔 직선이 너무 과하다.

2. 철사에 테프를 감아 굽히고 싶은 줄기 뒤로 지지점이 되도록 깊숙히 넣는다.

3. 철사의 길이는 걸고싶은 부분의 1.5배를 눈 대중으로 한다.

4. 감은 부분을 손가락으로 누르면서 오른손으로 감는다. 나무에 접하는 제일 앞 부분이 지지점이 되도록 항상 손가락으로 눌러준다.

5. 위 사진에서 엄지손가락에서 검지손가락으로 이동 하고 있다. 천천히 반복한다.

6. 철사 감기가 끝났다. 철사의 여분은 잘라 버렸다.

초심자를 위한 분재기르기강좌교실

7. 구부리고 싶은 부분을 손가락으로 잡고 지지점으로 한 후 나무가지가 꺾이지 않는 범위에서 자유자재로 넉넉하게 구부린다.

조화가 잘 잡힌 3줄기 분재수 높이 95cm

분재수의 철사감기 반년 후 6월에 철사를 벗기고 그 해 가을의 수형이다. 성장한 나무의 자태가 마음에 들어 기분이 날아갈 듯하다. 철사를 걸었던 곁 줄기 또한 작위적이지 않고 자연스러움이 안정감을 준다.

187

Step 11 단풍나무 분재의 갈아심기와 철사감기로 수형 만들기의 실제

가지가 흔들리는 듯한 수형으로!!

분재 기르기에 소재의 구입은 매우 중요하다. 만일 자기가 원하는 소재가 아닐경우 대담하게 원하는 수형으로 만들어 개성적인 분에 심으면 매우 이상적이다. 반드시 평범한 분은 사용하지 않은 것이 가지분재의 철칙이다.

줄기에 철사를 감으면 일단은 용토에 쑤셔넣어 고정하지만, 주主 줄기에 철사걸이는 줄기를 의지하여 2개의 가지에 걸쳐매는 것이 기본이다. 작은 가지에 걸려고 하면 단단한 주 가지를 의지하는 것이 좋다. 이때 작은 가지가 꺾이지 않도록 주의 한다.

1. 긴 가지를 우측으로 쭉 잡아내리면 다이나믹한 자세가 된 것을 알 수 있다.
2. 소재를 분에 기우려 심으려면 뿌리가 둥굴게 되도록 흙을 조금 떨어 뜨린다.
3. 분의 선택은 소재에 맞게 하여야 한다.

4. 교정하고자 하는 가지 가까이 2개의 가지가 있으면 줄기에 의지하여 철사걸이를 한다.

초심자를위한 **분재기르기강좌교실**

5. 왼쪽 손가락으로 지지점을 만들고 신중하게 가지를 구부린다

6. 포인트가 된 가지의 교정이 되었다

7. 이때에 불필요한 가지도 제거한다

8. 그리고 길게 자란 싹도 제거한다

9. 전체의 나무 모양을 정리한다.

10. 줄기가 똑바른것이 조금 마음에 걸리므로 4mm의 철사로 구부려 고정한다.

189

11. 전체의 수형을 관찰해 본다. 철사는 6개월 후에 떼어낸다. 일부는 상황에 따라 오는 봄에 때기도 한다.

철사감기를 하여 수형을 만든 2년 후의 모습이다.
정말 보기좋은 분재가 되었다.

■ **기르기 요령**

- **용토**   : 경질의 적옥토 7, 산모래 3
- **놓는장소** : 햇빛이 잘 닿는 곳
- **물 주기** : 건조하면 듬뿍 준다.
- **비료**   : 봄과 가을에 준다.
- **분갈이** : 물 빠짐이 나쁘면 3월하순~4월상순사이에 한다.

※ 기본적인 수형이 되었으므로 꽃이 핀후에 자라난 가지는 잘라버린다.

초심자를 위한 분재기르기강좌교실

최상부의 곁 줄기를 철사걸이로 수형의 바란스를 정리 하였다.
무게가 있는 분재가 아니므로 실내에서 이렇게 자유로운 장식대가 어울린다.

Step 12 철사 걸이로 나무의 수형樹形을 만든다

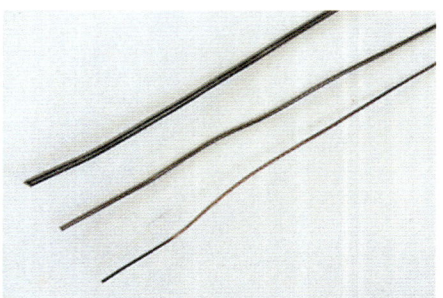

　분재盆栽는 자기가 원하는 대로 수형을 만드는 기법이 있다. 즉 나무에 철사 걸이로 여러 가지로 수형을 만들 수가 있으므로 자신감 있게 분재수盆栽樹의 수형樹形에 도전해 보자!!
　철사는 굵기나 재질 등이 여러 가지가 있다. 처음 하는 사람은 부드러운 알미늄제가 사용하기 쉽다. 철사를 거는 줄기나 가지의 3/2 정도의 굵기인 것을 사용한다. 처음은 1.5~2.5mm종류를 사용 하는 것이 바람직하다.
　철사를 사용 하는 것은 줄기와 가지의 수형을 자기가 원하는 대로 디자인을 할 수가 있는 장점이 있다. 처음은 줄기와 가지가 부드러운 수종樹種으로 연습한다.

철사 걸이는 5~6월에 한다.

　분盆속에 자연풍경을 담아 내는 것이 '채화분재"의 매력이지만, 자연적인 식물이기 때문에 생각처럼 기르기 하는 것은 한계가 있다. 여기서 줄기나 가지에 철사 걸이를 해서 밑으로 내리거나 옆으로 흐르게 하여 자기가 원하는 수형을 만드는 것이다.
　철사 걸이는 기본적으로 식물의 휴면기인 겨울에 하는 것이 좋지만, 이 시기는 가지가 딱딱해 부러지기 쉬우므로 초심자는 가지가 부드러운 5~6월에 한다. 한 번 철사를 걸면 2~6개월 정도는 떼어내지 말고 줄기나 가지의 모양이 교정 된 후에 떼어낸다.
　또한 철사를 오래 걸어 두면 생장한 줄기나 가지에 파고들어가 상처가 생겨 상할 수 있으므로 철사를 감은 후 3개월 정도 지나면 줄기나 가지에 파고 들어가지 않은지 확인이 필요하다.

초심자를 위한 **분재기르기 강좌교실**

철사를 걸기 전의 분재_
자연스러운 가지의 생김
새를 살려서 어떠한 수형
으로 할 것인가의 이미지
를 구상한다.

나무는 기은 좋게도 잘 굽어지지
않는다~철사를 걸려면 먼저 나무
를 엄지로 누르고 조금씩 서서히
굽혀 나간다. 한 번에 수형을 만들
려면, 줄기와 가지가 부러지지 않
도록 주의한다.

가지에 철사 걸기의 실제

철사는 주± 가지에 건다.

1. 철사의 길이는 주 가지의 1.3배 정도로 한다.

2. 철사의 끝을 위 사진처럼 한다.

3. 구부린 철사의 끝을 줄기 밑에 끼워 넣는다.

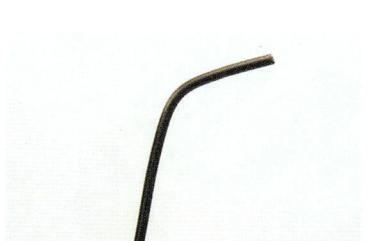

4. 손으로 철사의 뿌리 밑을 누르고 주 가지에 철사를 감는다.

5. 주 가지에서 난 잔 가지가 감기지 않도록 주의해서 약 1cm 간격으로 감아 나간다.

6. 위 까지 다 감으면 남아 있는 철사는 잘라 버린다.

교정 한다

1. 수형을 만들고 싶은 가지에 철사 감기가 끝난 도 가지를 양 손의 엄지와 검지로 천천히 누르면서 구부린다.

2. 전체의 이미지에 가깝도록 몇 번이고 가지를 구부려 나간다.

3. 완성

옆 가지에 건다.

1. 옆 가지의 철사 감기의 시작은 주 가지에 감은 것을 연결하여 걸어서 한다.

2. 주 가지와 같은 줄기의 옆 가지에 연결하여 약 1cm 간격으로 감는다.

3. 교정 하고자 하는 모든 곁가지에 철사 걸이를 한다.

초심자를 위한 분재기르기 강좌교실

Step 13 철사를 벗기다

겨울의 휴면기에 감은 철사는 초여름의 성장기에 철사가 가지에 파고들기 전에 벗긴다. 벗기는 일이 늦어지면 가지가 상처입기도 하고, 파고든 채로 벗길 수 없게 되기도 하므로 주의해야 한다. 한번으로 모양이 잡히지 않는 경우에는 매년 철사감기를 반복하여 조금씩 이상적인 가지모양으로 다가가게 한다.

휴면기에 철사를 감은 단풍나무와 담쟁이의 모아심기분재

1. 철사가 가지에 파고들기 시작하고 있으므로 서둘러 철사를 벗긴다.
2. 철사의 끝을 집게 등으로 일으켜서 벗기기 쉽게 한다.
3. 손이나 집게로 가지가 상하지 않도록 철사를 벗긴다.

Before

After

철사를 모두 벗긴 것. 반년 만에 확실하게 모양이 잡혀있다. 다시 가지를 구부리고 싶을 때에는 휴면기에 재차철사를 감는다.

초심자를 위한 분재기르기 강좌교실

Step 14 대나무와 참죽나무

포트에 대나무와 참죽나무소재
분은 시골 도자기 풍
• 지름 : 16 • 높이 : 19cm

　대나무와 참죽나무는 서로 상생성이 있어 함께 심으면 이상적이다. 청정한 분위기에 참죽나무꽃이 떠는듯 하며 핀다. 대나무와 참죽나무의 이미지를 십분 살리려고 분도 그에 걸 맞는 시골 도자기를 구입하여 심었다. 소재를 분에 옮겨 심었을 때 쓰러지기 쉬운 가지는 철사로 분과 고정시켜서 넘어짐을 막는다. 이때에 흙을 분에 가득 넣고 이식 함으로 뿌리가 지탱 해 주기 때문에 참죽나무는 철사 걸이가 필요치 않다. 대나무의 뿌리는 이끼로 쌓았기 때문에 그것을 감은 실을 조심스럽게 풀어 준다. 그리고 나무종류는 건조한 것에 약하기 때문에 너무 흙을 많이 털어내지 말아야 한다.

1. 분 밑바닥에 망을 깔고 적옥토 7, 산모래 3 정도를 넣는다.

2. 대나무는 녹색 분위를 나타내기 위해 긴 줄기는 잘라 준다.

3. 대나무와 참죽나무를 일체감이 들도록 바란스를 잡는다.

4. 분에 심은 대나무와 참죽나무

5. 이식완성. • 높이 : 80cm

6. 대나무와 참죽나무를 일체감이 들도록 바란스를 잡는다.

참죽과 대나무

포트에 있는 소재를 투명한 분에 옮겨 심은지, 2년후의 모습.

대나무의 나긋 나긋 하고 섬세하게 위로 뻗음이 한층 돋보이며 참죽나무의 꽃 수도 많이 늘어나 피어 있어 작품의 완성도를 밀도 있게 나타내었다.

초심자를 위한 분재기르기 강좌교실

Step 15 채화분재彩畵盆栽로 자연의 아름다움을 표현表現 한다

채화분재는 나무와 야생초를 함께 심어서 색감 짙은 풍경을 분에 담을 수 있다. 수령 2~3년의 비교적 어린 나무와 야생초를 심어서 오랜 세월을 기다리지 않고, 자연의 경관을 감상할 수 있는 것이 채화분재의 매력이고 특징이다.

겨울이 되면 초목草木이 휴면을 하고 봄에는 새 싹이 나고 그리고 아침 이슬에 젖어 있거나 가을이면 잎들의 형형색색의 변화로, 여러 가지 풍정을 느낄 수 있다. 아울러 채화분재는 만드는 작가의 이상적인 생각으로 만들어 현대 주택에 알맞게 채화분재는 즐길 수 있다.

더 나아가 비록 소품 분재일지라도 생활 주변에 가까이 두고 초목이 물이 부족하지 않은가? 또는 햇볕을 쪼여 주어야 하는가 하는 등의 관심으로 기른이의 생활속에서 "채화분재는" 늘 일상의 함께 하는 즐거움이 따른다.

어느덧 나뭇잎이 빨갛고 노랗게 물드는 가을 낙엽은 아름다움을 느끼게 하지만, 한 편으로는 가을이 오는 것을 알리는 쓸쓸함을 동반 한다. 날마다 물들고 떨어지는 낙엽에서 겨울의 추위를 대비한다.

채화彩畵 : 색을 칠하여 그린 그림. 채색화. 착색화.

초심자를 위한 **분재기르기 강좌교실**

만물이 소생하는 봄에 만개하는 벚꽃은 보는 사람의 마음을 즐겁게 해준다. 그리고 작은 꽃봉오리에서 피는 꽃에 기르는 사람의 관심과 애정이 머문다.

금방이라도 넘어질듯 한 하얀 용기에 메인으로 나무 한 그루, 그리고 풀들이 함께 어우러져 조화를 이루었다. 넘어질듯 한 용기에 소사나무, 돌단풍 그리고 공작 고사리들이 따라서 모두 다 옆으로 고개를 숙였음이, 이 작가의 섬세한 기량과 완숙미를 엿 볼 수 있다.

199

명품분재 감상
名品盆栽 監常

1970년 경 분재원 대표에 따르면, 이 나무는 평범한 나무였었는데 상단과 하단 오른 쪽 가지 사이의 활력이 균형이 잡혀 있지 않아서 아랫 쪽 가지를 가혹 하리만치 억제 시켜서 수형을 잡았다 고한다.

그리고 다음 해에 분갈이를 할 때에 뿌리 부분이 약간 드러나게 해 뿌리의 강함이 드러 나도록 하엿다고 한다.

노랗게 익은 모과가 작품의 완성도를 높였다.

*1985년에 일본 국풍전에 출품하여 입선 작

초심자를 위한 분재기르기강좌교실

적 송 赤松 높이 62cm 높이 95cm
중국 회색도기 1922년 일본 고쿠후상

이 분재수의 매력은 처음 솟아 오를 때의 거대한 곡선과 줄기의 강렬한 비틀림에서 시작된다. 구입시 반 쯤 죽은 강태겼지만, 소장자의 엄청난 노력과 기술 덕분으로 이처럼 회복 되였다 한다.

그리고분재원의 견습생이 관리를 맡았다 한다. 이처럼 굴곡지고 쳐진 가지를 튼튼하게 유지하는 것은 브통 어려운 일이 아니다.

이 분재수의 포인트는 떨어지는 듯한 가지를 촘촘하게 유지하는 것이 매우 중요한 것이다.

홍매 紅梅

줄기의 기기묘묘한 곡선과 가지 사이의 공간 처리가 잘 되어 분재수의 완성도를 한층 돋보이게 하여서 꽃이 없어도 즐길 수 있다.

이웃 일본에서는 소한 대한 추위를 이기고 봄이면 맨 먼저 피는 매화는 문인과 예술가들에게 많은 사랑을 받았다. 2월에 국풍전이 열릴 때 아름다운 꽃이 피기 때문에 그 운치는 한 층 더할 것이다.

화분과 나무의 뒤틀린 줄기가 잘 매치가 되어서 이 분재수의 완성도가 돋보인다. 흑백 사진임에도 불구하고 갸날픈 가지 끝에 피어있는 꽃들이 우리 곁에 다가온 듯 하다.

초심자를 위한 분재기르기 강좌교실

섬 잣나무 오엽송
보라색 토기
높이 75cm

자연수는 정면이 없지만, 분재에는 정면이 있다. 자연수는 그 나무의 상태뿐이 아니라 입지入地하고 있는 자연환경, 그 주변에 있는 나무들의 상태 등이 배경을 이루면서 그 나무의 모습이 주변 분위기에 어울린다.

하지만, 분재란 스스로의 모습을 단 하나로 극한시키면서 최소한으로 간략화된 표현이기 때문에 가장 아름다운 모습을 감상하는 시점視点이 필요하고 그것이 곧 정면이 되기 때문에 분재를 하는 사람이라면 가능한한 먼저 정면을 정할 줄 알아야 한다.

눈 향나무 나무 높이 67cm 중국 회색골동품 토기 1992년 제66회 고쿠후전 대상

 분재수가 오른 쪽 가지 아래 빈 공간을 마치 움켜쥐고 있는 듯 하게 잘 만들어진, 오래된 줄기의 사리의 전형적인 것을 말해준 듯 그 자태姿態가 위용威容을 자랑한 듯 하다.

흑 송 나무 늎이 66cm 보라샐 토기 1990년 제 10회 타이칸 전시회 총리상 수상

 화려하고 견고한 줄기를 선호하는 카즈오 씨는 이 분재를 구입해 자신의 집에서 여가선용으로 기르기를 나무의 중간 쯤에서 기우러진 특징이 훌륭했고 하단의 뿌리 부분의 섬세하고 아름다움을 살렸고 가지와 잎의 균형을 맞추면서 비 정상적인 직립 스타일로 만들었다. 첫번 째 전시회에 출품해 운 좋게 최우수상을 수상했다.

섬 잣나무
오엽송
나무 높이 84cm

이 분재수를 보면 어딘지 허허롭고 신비로움을 느끼게 한다. 이 나무가 생존 하려면 체감〈몸통〉부와 물감〈수피〉가 있어야 한다.

그런데 체감부는 말라 비틀어졌고 절반 남은 물감부는 안타깝게도 마지막 생을 부여잡고 있는 듯 하다.

소장자는 1998년 고쿠후전시회에 출품 해 관람객들은 줄기의 곡선과 내부 고목스럼의 우아하고 여성스러움을 느껴 많은 찬사를 받았다 한다.

한편으로는 세월의 무게를 어찌하지 못해 허약해진 우리 인간의 한면을 느끼게 해준다 하겠다.

선 잣나무 오엽송 나무 높이 95cm 根上 뿌리올림 주홍토기 1988년 제8회 타이칸 전시회 국무총리 상 수상

이 분재는 예날에 산캐기 해 기른 것으로 추정된다. 뿌리가 노출된 이만한 대작은 드물다. 아울러 자연은 이 나무에 웅장한 모양과 야생적인 것을 부여했다. 소장자가 죽고 그의 아들이 아버지를 추모해 전시회에 출품했다 한다.

섬 잣나무 오엽송 나무높이 67cm 회색 골동품 토기 1987년 제61화 고쿠후 전시히 출품 수상

이처럼 몸통이 뒤틀린 빈 줄기는 정말 기기모묘한 독특한 하기만 하다. 산캐기한 나무로써 자연적으로 만들어진 것은, 인간으로써는 도저히 만들 수가 없다.

섬 잣나무 오엽송 나무높이 73cm 1987제 60회 고쿠우 전시회 츕품 수상

이 나무의 줄기에 고사목을 보노라면 혹독한 자연 환경 속에서 얼마나 많은 인고忍苦의 세월을 살았는지 짐작 할 수 있다.

눈 향나무 나무높이 72cm 보라색 토기
완벽한 사리간의 전형이다.

Step 16 소품분재
평상 시의 관리

분재는 분이 작으므로 흙이 마르기 쉽고 거름도 많이 필요하다.
분재를 놓는 장소, 물주기, 거름의 3가지 기본적인 관리요령을 알아두자.

놓는 장소

분재를 이식한 직후에는 이식할 때에 뿌리가 상해져 있기 때문에 찬그늘에서 쉬게 한다. 5~7일이 지나면 그늘을 좋아하는 식물이외에는 문밖의 햇볕과 통풍이 잘되는 곳으로 화분을 옮긴다. 병충해예방으로 화분은 지면에 놓지 말고 플라워스탠드나 분재선반위에 둔다.

분재는 문밖에서 관리하고, 실내에 장식하는 경우에는 3일 정도를 목표로.

여름나기

해 가리개를 해서 직사광선을 피한다. 여름철에는 강한 햇살로 잎이 상하여 시들기 쉬우므로, 커튼 등으로 차광한다. 사진과 같이 판자를 겹쳐 분재선반을 만들어, 마포 등으로 차광하면 커튼 인테리어로서도 즐길 수 있다.

겨울나기(월동)

햇볕이 잘 드는 처마 밑으로 옮긴다. 겨울철 뿌리가 얼면 시들어 버리므로 햇볕이 잘 드는 남향의 처마 밑 등에 화분을 옮기고 월동을 시킨다 찬바람이 닿는 경우에는 워디언케이스 등을 이용해도 좋다. 북쪽지방에서는 실내에 들여 놓는다. 화분은 지면에 직접 놓지 않도록 한다.

> 초심자를 위한 분재기르기 강좌교실

Step 17 소품분재
물주기

　물주기의 타이밍은 분의 흙이 마르면 포기밑동에 물을 듬뿍 주는 것이 기본.

　연밥구멍과 같은 입구가 달린 조로로 화분바닥에서 물이 흘러나올 때까지 준다. 봄과 가을은 1일 1회, 여름에는 조석 2회, 겨울에는 2~3일에 1회가 목표이지만, 화분흙이 말라 있지 않으면 뿌리부패의 원인이 되므로 물주기를 삼간다. 수돗물은 1일 받아 두었다가 사용하면 좋다. 빗물을 저장해 두었다가 이용하면 절수가 된다.

　물주기는 화분흙이 마르면 포기밑동에 물을 듬뿍. 꽃과 잎에는 물이 뿌려지지 않도록 한다.

저녁때의 엽수로 산뜻하게
기온이 30℃를 초과하게 되면, 저녁때의 물주기를 할 때에 잎에도 물을 뿌린다. 잎의 온도가 내려가, 보온효과가 있다. 엽수를 하면 가을의 단풍이 아름다워 진다.

물기를 뺀 포기의 회복
만에 하나 물기를 빼버린 경우에는 뿌리가 상해 있으므로 화분을 비스듬하게 하여, 화분 안에 물이 고이지 않도록 해서 물을 듬뿍 준다. 포기가 회복하기 까지 화분은 비스듬하게 관리한다.

2중 분으로 물기 건조 방지
바빠서 간혹 물주기를 할 수 없는 사람에게는 2중 분의 권장. 바닥에 구멍이 있는 큼직한 용기에 모래 등을 깔고, 분재를 늘어놓는다. 물을 줄 때에는 주위의 모래에도 듬뿍 물을 뿌리면 모래의 습도로 건조가 억제된다.

Step 18 소품분재
여행 중의 물주기

분재는 분이 작으므로 흙이 마르기 쉽고 거름도 많이 필요하다.
분재를 놓는 장소, 물주기, 거름의 3가지 기본적인 관리요령을 알아두자!

2박 3일정도는 OK
여행이나 출장 등으로 집을 비우는 경우에는 젖은 키친크로스 등으로 화분을 감고, 비닐봉지로 싸두면 2~3일 동안은 물을 주지 않아도 이상 없다.

1. 젖인 키친크로스나 타월 등으로 화분과 표면의 흙을 감는다.

2. 비닐봉지에 넣고 단단히 입구를 묶어 그늘에 둔다.

이끼공의 물주기

물을 모아서 담그다
이끼공은 조로로 물주기를 해도 속에 까지 물이 침투하지 않으므로 표면의 이끼가 하얗게 말라 가면 물을 채운 양동이나 싱크 등에 잠시 담그면 된다. 속에까지 물이 침투하면 꺼내어 물기를 빼고 쟁반 등으로 옮긴다.

| 초심자를 위한 분재기르기 강좌교실

Step 19 소품분재
비료주기

성장기인 봄과 겨울을 향하여 힘을 비축하는 가을에, 차분하게 오래 효과가 있는 깻묵 등의 고체형의 유기질비료를 화분 흙 위에 놓는다. 이것을 치비 라고 한다. 고체형 비료의 대신으로 액체비료를 주어도 좋지만, 진한 비료를 주면 시들어 버리는 일이 있으므로 반드시 패키지에 씌어 있는 규정량을 지켜야 한다.

고체형인 깻묵. 종묘상 등에서 구입할 수 있다. 너무 큰 경우에는 쪼개서 사용한다.

1. 비료가 닿으면 이끼가 마르기 때문에 핀셋으로 화분가장자리의 이끼의 일부를 벗긴다.

2. 이끼를 벗긴 부분에 깻묵을 놓는다. 너무 큰 경우에는 반절로 쪼개도 좋다. 10cm4방으로 엄지손톱의 크기 1개가 목표.

3. 약 1개월이 지나면 제거하고 새 깻묵으로 교환한다.

로즈마리 Rosemary 꿀풀과
학 명 : Rosmarinus offiecnalis
별 명 : 미질향
과 목 : 상록 소저목 다년초
원산지 : 지중해 연안
나무 키 : 약 30~200 cm

이 식 : 4~5월
수 학 : 5~다음해 11월7894

기 르 기 전에

햇빛과 통풍이 잘 되는 토양에서 잘 자란다.
가급적 비옥한 토양을 좋아한

초심자를 위한 분재기르기강좌교실

분재로 길러진 로즈마리

향기의 분재盆栽 기르기로 생활의 활력을!!!

　머리를 맑게하는 향기의 로즈마리는, 젊음을 되찾는 향초로 잘 알려진 로즈마리Rosemary는 기억력을 높이고 피부와 모발 개선에도 유용하고 지친 피부를 활력을 찾게 해준다.
　또한 우울한 상태에 빠져 있을 때 생기를 불어 넣어주는 이 향초는 말린 것은 차나 육류 요리에 이용하고 특히 양고기나 돼지 고기를 삶고나 구울 때에 많이 스인다.
　즈 밖에 생선과 감자 등의 요리나 삶을 때 이용하면 특유의 은은한 향이 비릿한 냄새를 줄여준다 서양에서는 악마를 내 쫓는 지킴이리로 활용되고 리스와 크라프트로 많이 이용된다.
　특히 바람이 부는 창가에 놔두면 향기가 발하여 머리가 상쾌해져 머리를 쓰는 사람이나 수험생에게는 매우 유용하다.

재배 포인트

　종묘의 이식은 봄과 가을에 하며 수확은 1년 내내 가능하다. 클리핑 로즈마리는다른 품종에 비해 추위에 약하므로 남부 지방을 제외 하고는 월동 즉 방한이 필요하다.

　로즈마리의 효능~강장 건위 수렴 두뇌 명석화 혈행촉진 담즙분비 촉진과 모발 성장을 도와준다.

토스키나 불루~직립성 타입의 로즈마리로 20~20m로 엷은 보라색의 꽃을 피운다. 반 내한성

슈퍼 에메랄드~포복성 타입으로 키는 30~70cm 정도, 옆으로 퍼지거나 부드럽게 가지를 아래로 늘어 진다. 꽃은 아름다운 담청색.

마졸카 핑크~밝은 녹색의 잎과 핑크색의 꽃을 피운다. 나무는 직립성 타입으로 높이 10~1,2m정도 큰다. 다소 가지가 흐트러진다.

로즈마리 분(盆)에 기르기

~시중에서 2~3천원에 종묘를 구입해서 분에 옮겨 심어, 향기의 로즈마리를 기르기로 여가를 즐겨 보자!

1. 배수가 잘 되는 흙과 통기성이 좋은 유약을 바르지 않는 초벌구이 분을 준비한다.

2. 1분은 5호분 이상인 것부터 시작한다. 그리고 포트를 꺼꾸로 해서 종묘를 꺼낸다.

3. 묘를 분 안에 넣고 균형을 본다. 그리고 배수가 잘 되도록 뿌리 밑동을 약간 높게 해준다.

4. 분과 종묘 사이에 흙을 넣고 묘를 안정 시킨다.

5. 뿌리의 밑동을 조금 높게하고 흙을 보탠다.

6. 심은 다음 분 밑 구멍에서 물이 흘러 나올 정도로 주고 2~3일간 그늘에 둔다.

7. 줄기와 가지에서 잎이 자라면 수확하고 아랫쪽의 잎을 남겨두면 다시 새 잎이 난다.

8. 점점 자라면서 목질화 되고 포기가 커져가면 7~8호 분에 이식을 해준다. 그리고 수확하지 않고 방치해 두면 가지가 너무 자라서 모양이 흐트러 버린다.
이때 가지의 윗쪽을 정리 해주면 옆에서 다시 가지가 나와 힘이 있는 나무가 된다.

3~4월이나 9~10월에 새순을 잘라 상토에 삽목을 하면 잘 자란다. 필히 삽목은 그해의 새순이어야 한다.

옮겨 심기에 주의할 점

~옮겨 심을 때는 굵어진 뿌리가 상하지 않도록 조심해서 큰 분에 옮겨 심는다. 이유는 뿌리가 상하면 말라 죽을 수가 있기 때문이다.

옮겨 심을 때는 뿌리에 있는 흙을 2/1정도 털어내고 큰 분에 심고 흙을 보태서 심는다. 그러면 심은지 2년 째 부터는 잎을 수확해서 차나 요리에 이용이 가능하다. 양이 많으면 수확해 통풍이 잘 되는 곳에서 말려 차로 즐긴다.

초심자를 위한 분재기르기 강좌교실

(사진) 본인 자가 옥상에서 단풍분재를 손질하는 제주분재협회 강창운 전 지부장

옥상을 이용하여 분재기르기

　현대사회에서 많은 사람들이 여가선용으로 여러가지들을 각자 취미에 따라 하고 있다. 아울러 분재기르기의 회원들이 많이 생겨나고 있음은 분재가 갖고있는 무언가 커다란 매력이 있기 때문일 것이다. 그것은 어쩌면 "살아있는 소재"를 이용하여 분재라는 예술을 창작하는데서 연유하지 않을까 싶다.
　그런데 오늘날 많은 사람들이 분재기르기를 하려해도 마땅한 공간이 없다는 말들을 많이 한다. 물론 그렇다. 하지만 2009년도 서울시 통계에 따르면 옥상면적이 166km로 서울시 면적의665km의 27.4%에 이른다 한다. 어디 옥상이 서울 뿐이겠는가? 전국에 있는 옥상들을 이용하여 분재기르기를 하면 매우 바람직 스러운 일이 아닐까 한다.
　아울러 옥상을 이용하면, 생활공간을 푸르게 하여 삶의 질도 높이고 도시미관이 아름다워질 뿐만 아니라 도심 열섬화 현상을 완화 시켜주고 기르는 사람의 여가선용에 옥상공간이 매우 유익하리라 생각한다.

초심자를 위한 분재기르기 강좌교실

야생초野生草분재 기르기와 감상鑑賞
야생초野生草 분재의 풍취風趣

춘원 분재원에서 초목草木 분재들의 모양을 손질하는 춘원 이춘희 작가.

오랜 세월을 작은 분盆에서 키워진 야생초는 차츰 왜소화 되어, 분과 조화를 이루어 그 형태가 좋아져 표현키 어려운 풍취를 자아내게 된다. 이것을 분재계에서는 〈지입〉이 오래된 야생초라고 평가들 한다.

과거에는 분재수盆栽樹의 첨가添加로 많이 사용 되어 왔으나 근래엔 독립된 야생초 식물의 분재로서 완전히 정착되어 이것만을 즐겨서 기르기하는 취미인들이 적지않게 늘어나는 것이 지금의 현실이다. 감제풀이나 홍띠, 풍지초 등 많은 야생초들을 이용하여 경치와 계절감을 연출키 위해 곁들여진 야생초분재는 4계절을 통하여 즐길 수 있는 장점이 있다.

춘원 이춘희선생은 문용택 작가에게 분재를 배워, 1999년에 한국 최초로 야생초를 주제로 한 〈분재인생〉이라는 작품집 발간으로 이 분야에 신선한 충격과 좋은 반향을 불러 일으켰다. 지금은 노익장을 과시하며 본인의 옥상에 춘원분재원을 만들어 작품 활동과 후진 가르치기에 진력하고 있다. 이춘희 작가는 "인생은 유통기간이 있지만 식물은 유통기간에 관계없이 꽃을 피워 준다고 한다." 참으로 한국분재계에 초목분재에 있어 한 획을 그었음은 자타가 인정 하는바이다.

작가는 58년을 같이 한 남편과 사별하고 평생 길러온 초목분재들을 본인 옥상에 심어 관리 하면서 노년의 인생관리를 하고 있다. 앞으로의 많은 연구와 활동을 계속 기대하는 바이다.〈편저자〉

모란, 한국명 —목단 Paeonia suffruticosa Andr.

미나리아제과로 원산지는 중국, 티베트로 줄기는 높이가 50~180cm정도 자라는 낙엽성 관목으로 가지는 굵게 자라고 여러대가 뿌리에서 총생하여 나오며 털은 없다. 잎은 엽병이 있고 2회 3~5출 복엽으로 갈라지고 개화기는 5월로 꽃은크고 줄기끝에 한 송이씩 피며 직경 15~24cm 정도 크고 흰색, 황색, 홍색, 자홍색 등 여러가지 색이 있다. 화탁은 주머니처럼 되어 자방을 둘러싼다. 수술도 많고 암술은 2~3개로서 털이 있으며 열매는 2~5개로 혁질이며 짧은털이 밀생한다. 열매는 9월에 익으며 종자는 둥글고 흑색이나며 많은 재배종이 있다. 약용, 절화용, 관상용으로 재배된다. 화기는 홀꽃 2~3일 겹꽃은 7~10일간 개화한다.

꽃중의 여왕으로 칭해지며 꽃이 극히 아름답고 품격이 높은 꽃이다.

도라지 초롱꽃과 / Platycodon grandiflorum (Jacq.)A. DC.

• **도라지의 특성**

한국, 일본, 중국이 원산지인 숙근성 다년초 관화 식물이다. 높이는 60~80cm정도 자란다. 줄기나 잎을 자르면 흰 유액이 나오며 잎은 호생한다. 개화기는 7~8월이며 꽃은 통꽃이다. 열매는 삭과이고 난형이다.

• **기르기 포인트**

충분한 햇빛이 있으면 잘 자란다. 심기는 배수가 잘 되는 사양토에 심는다. 용기에 심을 때에는 밭흙, 부엽토, 모래를 5:3;2의 비율로 혼합하여 심는다. 번식은 실생으로 한다.

목화 아욱과 / Gossypium indicum Lam.

　지난날 우리조상들은 어린아이를 낳으면 외로 꼰 새끼줄에, 솔가지와 고추 그리고 목화에서 얻은 솜을 꼬자 삼칠일을 사립문에 걸어 사악한 악귀의 범접을 막아 어린아이의 무병장수를 빌었었다. 그 식물의 하나인 목화솜이 바로 이것이다. 아무튼 작가 이춘희선생은 작품의 소재가 향토적이여서 어린시절을 시골에서 자란사람들에게는 금방이라도 잊었던 고향에의 추억이 우리 곁에 다가온다 할 것이다.

　가날픈 줄기에서 가지를 내거 연분홍빛과 흰 꽃이 피는것을 푸른 잎들이 받쳐주고 액센트를 이루었다.

분재의 성목成木 기르기

분재의 성목이란 일단 완성된 나무를 말한다. 실생으로 묘목을 번식 하거나 구입해서 몇 십년에 걸쳐 자신이 원하는 수형과 품위 그리고 수격樹格을 만든 분재수라고 해야 될 것이다. 수종에 의한 차이와 대소의 차이 그리고 환경에 의한 차이 또는 실시한 작업과 관리에 의한 차이는 있어도 그 나무에 일정한 수령樹齡과 자신이 추구한 수격이 있으면, 그것을 성목이라고 할 수 있다. 이것을 분재계에서는 흔히 양성목이라고 하는데, 이 양성목의 다음 시대를 "성목시대" 라고 한다.

분재수盆栽樹의 형태 및 특성과 관상 강좌

검양 옻나무
옻나무과 / Rhus succedanea L.

• **형태**

한국, 일본 중국 등에 자생하는 낙엽성 교목으로 나무 껍질은 어두운 갈색이다. 우상복엽이 가지끝에 집합하여 착생하며 작은 가지는 거의 뻗지 않는다. 5~6월에 원추화서를 나타내어 황록색의 꽃을 다수 피우고 열매는 10월경에 성숙한다. 이 열매에서 밀납을 채취한다. 가을에는 아름다운 단풍으로 물든다. 옻나무과 식물이므로 알레기성 체질을 가진 사람은 옻이 올라 고통을 받지 않도록 주의 하여야 한다.

• **특성**

양지바르고 기름진 땅에 자생 하는데, 습기가 많은 곳이나 건조한 곳에서도 잘 자란다. 검양 옻나무는 그대로 성장 시키면 거의 동체 부분에서는 싹이 나지않고 정상부에서만 잎이 달려서 마치 장대를 세워 놓은것 같은 수형이 되어 버리므로, 모아 심기가 아니면 분재로서 가치가 없으므로, 모양목으로 기르기 위해서는 동체에서 싹을 없엘 필요가 있으므로 줄기 끝의 눈을 따 버리고 철사를 걸어서 끝 부분을 아래쪽으로 구부려 성장을 억제 시킨다. 이렇게 하면 위쪽의 성장이 억제 되므로 줄기의 각 부분에서 싹이 돋아나고 가지가 뻗게 된다. 그리고 가지가 생기면 윗 부분을 잘라 버린다. 가지가 위로만 향하게 방치하면 결과는 위로만 뻗어서 부정아가 나오지 않고 뻗기만 하므로 철사를 걸어서 아래쪽으로 향하여 교정 하여야 한다. 또 강한 세력으로 크는 싹은 5~6월경에 1~2개의 싹만 남기고 눈을 따 버려야 원하는 수형을 만들 수 있다. 번식은 씨 뿌림에 의한다. 성장이 매우 바른 수종이므로 씨 파종한다음 2년후 4월에 줄기에 철사를 걸어 원형으로 구부려서 끝 부분을 아래쪽으로 향하게 하여 동체에서 싹이 트도록 유도하면, 3~4년째부터는 모양목의 소품 분재로 감상 할 수 있게 된다.

• **관상**

검양 옻나무의 볼만한 점은 잡목류 중에서 단연 홍엽의 아름다움이 첫째라고 할 만큼 선명하다. 가을이 되면 단풍나무류에 앞서 다소 빠르게 물들게 되므로 분재로 하나쯤 기르기 할 만한 수종이다. 수형으로는 모아 심기와 모양목이 일반적이다.

초심자를 위한 분재기르기 강좌교실

남 오미자
목련과 / Kadsura Japonica Dunal

- **형태**

　우리나라 남쪽섬에 자생하는 암수가 다른 수종이며 나무 껍질은 코르크질로서 부드러우며, 줄기가 굵은것은 직경이 3~4cm가 된다. 잎은 육질로서 두껍고 표면은 광택이 있으며 뒷면은 보라색을 띨때도 있다. 7월경 엷은 황백색의 작은 꽃을 피운다. 열매는 직경이 5mm 내외의 구형이며 두상의 화포위에 다수 착생하며 홍색으로 성숙한다. 열매는 이듬해 2월경까지 관상할 수가 있다. 잎에 반점이 있는것, 열매가 백색으로 변질 될것도 볼 수 있다.

- **특성**

　자생지에서는 기름지고 물 빠짐이 좋은 땅에서 잘 자란다. 성장지로 보아 알 수 있듯이 원지성 식물이기 때문에 추운 지방에서는 방한을 해주어야 한다.

　12~2월의 엄한기의 전정은 피해야 한다. 비료성분과 수분이 부족하면 잎의 색깔이 퇴색하므로 넉넉하게 주어야 한다. 꽃눈은 엽액에 분화하여 그해 중 꽃이 피게 되므로 휴면 기간의 전정은 어떤 위치의 가지를 잘라도 다음 개화를 저해하는 일은 없다. 성장 기간중의 전정은 지나치게 성장하는 덩굴을 알맞게 자르고 줄여서 수형의 흐트러짐을 방지하고, 본격적인 전정은 꽃이 진 뒤 또는 휴면 기간중에 하는것이 개화와 결실을 충실하게 한다는 점에서 권할만 하다 하겠다.

- **관상**

　남오미자는 가지의 피하皮下에 포함 되어있는 점액粘液을 채취하여 두발頭髮을 다듬는데 사용한 까닭에 붙여진 이름이라고 한다. 본래는 덩굴성이나 튼튼하여 길들이기 쉽고 분양盆養을 계속하면 나무처럼 변질된다. 분재로서는 주로 열매를 관상의 대상으로 삼는다.

　소구형小球形을 둥글게 한데 엮어 놓은 것 같은 모양으로 가을에 진홍색眞紅色으로 성숙된다. 기과奇果에 속하나 매우 아름다워 관상 가치가 높다.

노박덩굴

화살나무과 / Celastrus orbiculatus Thub.

- **형태**

우리나라와 일본 등 지의 산야에 널리분포되어 자생하는 덩굴성의 암수가 다른 낙엽덩굴성 식물이다. 덩굴은 나무등을 왼쪽으로 감아 올라가면서 성장한다. 5월경에 황록색의 작은 꽃들이 피는데 열매는 직경이 7~8cm이며 10월경에 노란색으로 결실한다. 열매가 갈라지면서 주황색의 아름다운 종자가 들어난다. 줄기의 굵기는 일반적으로 15cm정도가 되나 나이가 많은 것은 10~20cm 정도 되는 것도 있다. 그러므로 분재로 길러질 경우 도저히 덩굴식물이라고 할 수 없을 정도의 수형이 된다.

- **특성**

척박한 땅에서도 잘 자라며 덩굴의 성장이 눈부신 수종이다. 줄기의 크기를 촉진 시키려고 할 때는 새로 자란 덩굴을 너무 짧게 자르지 안아야 하며 동화양분의 증대를 꾀하여 휴면기간중의 전정으로 잘라서 줄이는 관리를 반복한다

꽃눈은 새로운 가지끝의 엽맥에 분화되어 이듬해 봄에 싹기 트고 이어서 새로운 덩굴을 뻗어서 그 엽맥에 꽃을 피우고 열매를 맺는다. 따라서 휴면기간중의 전정은 가지를 비교적 짧게 잘라도 이듬해의 개화및 결실에는 지장이없는 수종이다. 그러나 암수가 다른 수종이므로 암수나무를 같이 기르지 않으면 수분과 수정이 이루어 지지 않으므로 결실을 않는다.

번식은 씨뿌리기, 삽목, 취목 등의 방법으로 한다. 뿌리 내림이 왕성하므로 삽목, 취목 등 모두 가능하다. 줄기모양의 재미있는 종자나무를 얻으려면 뿌리꽂이를 하는 것이 유리하다. 산야에 자생하고 있는 것에서 뿌리를 채취하거나 분갈이 할 때 긴 뿌리를 자르고 위쪽의 잔 뿌리를 제거한 다음 삽목을 한다. 이때에 약간 깊은 화분에 조금 노출 될 정도로 묻고 땅 위에 나온 끝 부분에는 융합촉진제를 발라서 건조를 예방한다. 이 부근에서 많은 부정아가 발생하므로 가지의 조작이 용이하다.그리고 영양체羚養體 번식을 할 때는 미리 원 그루의 취웅 여하를 확인하여 두지 않으면 안 된다.

- **관상**

원래는 덩굴성 식물인데 분양盆養하여 가는 동안에 나무로 변하게 된다. 잎은 낙상홍을 닮았고 줄기는 덩굴이기 때문에 이렇한 이름이 붙여젓을 것이다. 분재로서는 낙상홍과 같이 실물분재로 사랑을 받고 있다. 또한 그 멋에는 상당한 차이가 있는 것이 사실이다. 옅매가 익으면 엷은 황갈색의 작은 종자가 노출 된다. 실물분재로써는 참빗살나무와 거의 비슷하며 가을의 풍정을 한 껏 느끼게 하여준다.

밤나무
참나무과 / Castanea crenata S. et Z.

- **형태**

  우리나라에 많이 자생하는 낙엽교목으로 수피는 흑갈색을 띤다. 수령이 오래되면 수피에 결목이 생기며 가지는 굵고 별로 분지하지 않는다. 6월경에 새 가지 윗쪽에는 숫 꽃술이 위를 향해 착생하고 암꽃술은 이 긴 숫꽃술의 기부 가까이에 개화한다.

- **특성**

  심근성으로 잔 뿌리가 적어 분에 옮겨 심기에 어려움이 많다. 또 싹트는 힘이 약하므로 전정이 지나치면 견뎌내지 못한다. 또한 비료분을 너무 많이주면 원래 굵은 가지가 더 굵어져서 수형 만들기가 어려워지므로 주의 해야한다.

  번식은 씨뿌리기, 접붙이기로 한다. 씨뿌리기에 의해서도 4년정도 되면 결실이 가능하고 또 묘목때부터 구상한데로 배양할 수 있으며 잔 뿌리의 발생도 촉진 시킬 수 있다.

- **관상**

  밤나무는 실물 분재로서 다른 분재에 비해 이색적인 맛이 있다.

곰솔 黑松 반간 蟠幹樹

모양목 • 높이 : 56cm • 나이 : 약 150년

• 형태

해안에 가까운 지대에 많이 분포하는 상록교목으로 수피는 흙탄색이며 수령이 많아지면 구갑상으로 터서 두꺼운 비늘상으로 된다. 침상엽은 굳고(적송은 연함) 겨울눈은 하얗고 적송은 적갈색이기 때문에 구별된다.

곰솔은 침엽이 노란색의 금송, 왜성矮性으로는 수가 많은 겹 곰솔등이 변한 것이 있다. 그러나 이것들은 바람이 세찬곳이나 메마른 땅에서 자란다든가 하는 환경 조건에 좌우되어 외관상의 형태가 분재에 적합 하기 때문에 특별히 붙여진 이름이다. 따라서 유전적인 변화가 생긴것은 아니므로 어느것이나 같은 곰솔이다. 그러므로 심는 장소를 바꾼다거나 관리의 방법을 바꾸면 외견상의 형질에 변화가 생겨 잎이 길어 진다든가 한다. 그러므로 산지에 지나치게 구애 된다는 것은 생각 해 볼 문제이다.

• 특성

햇빛이 잘 닿는곳의 건조한 땅에서 잘 자란다. 그러므로 분재로 기르기 할 때에도 햇빛이 닿지 않는다던가 배수성이 좋지않는 용토를 사용하면 양호한 기르기를 기대 할 수 없다. 또한 기세있게 성장 하므로 그대로 방치 해 두면 가지가 길게 뻗어 사이 뻗음이 되고만다. 느티나무 따위 등의 활엽수와 달리 오래된 가지에서는 부정아가 생기지 않으므로 한년 사이 뻗음을 한 것을 자른다는 것은 어렵기 때문에 가지가 사이 뻗음이 되지 않도록, 또 잔가지를 많이 분지시키기 위해 순 따기의 작업을 하여야 한다. 즉 6~7월경부터 곁가지 밑둥부터 잘라내어 그 기부에서 두번째 눈이 나오게 한다. 이 두번째 눈은 작은 가지가 된다. 10월경이 되면 돋아나는 두 번째 눈이 잔가지로 성장하므로 한 군데에 두 개만 남기고 다른것은 잘라버려 정지한다. 이 눈 자르기는 단엽법 이라고도 한다. 수세가 약해 곁가지가 뻗을 힘이 약한 것에 눈자르기를 하면 두 번째 눈이 생기지 않을 수도 있으므로 주의해야 한다.

번식은 씨 뿌리기, 삽목, 취목, 접붙이기에 의한다. 씨뿌리기를 했을 때에는 잎이 나왔을 때에 직근을 잘라 삽목해서 묘를 기른다. 이렇게 하면 키를 낮게, 또 뿌리뻗음이 좋은 묘를 만들 수 있다.

• 관상

곰솔은 남성적인 박력이 넘쳐 있는 소나무이다. 수성이 매우 강건하여 잎은 강직한 침상으로 짙은 녹색, 간피는 고목이 되면 흑갈색을 띠고 거칠게 벗겨진다. 곰솔의 이름은 이 간범에서 불려지게 된듯 하다. 대부분이 해변에 자생하고 있으며 강한 바다 바람과 싸워서 그 자태가 강인 해 보인다. 일년내내 관상 할 수 있으나 가장 좋은 시기는 두 번째 눈이 아름답게 돋고 고엽 따기가 끝난 11월 상순부터 겨울이다.

매화나무

장미과 / Prunus Mume S, et Z,

에서는 대체로 2~3월 초순경이다. 꽃눈의 분화기는 7~8월경 이므로 이 시기에 가지가 너무 자란다고 해서 전정 하면 꽃눈의 분화를 저해하여 다음해는 꽃이 피지 않는다. 그러므로 가지가 길게 뻗어 수형을 문란하게 하는 가지는 꽃눈이 완전히 형성 되는 9월상순 이후에 자르도록 한다. 매화나무는 자생지가 다소의 모래가 석인 배수성이 좋은 양지를 좋아 한다. 그러므로 분에 올려 기르기할 경우에 분토에 배수성이 나쁜 용토를 사용하면 양호한 생육을 못한다. 또 뿌리의 발육이 왕성 하므로 2~3년에 한 번씩 옮겨 심기를 안하면 뿌리 성장이 막혀 고갈 되든지 쇠약 해 지는 원인이 되므로 주의 하여야 한다.

번식은 삽목, 접 붙이기, 씨뿌리가 일반적이나, 과수나 정원수로서 밭이나 집 주변에 잘 식재되어 있으므로 부정아가 많이 나오는 성질을 이용해서 이것들을 잘라 분재로 기르기 하는 경우가 많이 행해지고 있다.

접목의 대목에는 들매화계의 접목묘, 혹은 실생묘가 가장 적합하다. 바라는곳에 가지를 만들고 싶을경우, 혹은 종목을 만들 경우에도 아접눈도 가능 하므로 이 방법을 이용하는 것도 좋다. 또 굵은 가지나 줄기를 취목 한다든가 삽목할 경우에도 취목, 뿌리접 삽목을 하면 성공율이 훨신 높아진다.

• 형태

매화나무의 기본종은 꽃색으로 크게 나누면 백매와 홍매이며 열매를 맺느냐 못 맺느냐로 나누면 실매와 화매로 구별된다. 또한 여러가지의 유사한 교잡종이 있다.

• 특성

매화나무의 개화기는 품종에 따라서 다소 차이가 있지만 우리나라

• 관상

매화나무의 매력은 눈이 내리는 추위에도 굴하지 않고 청초한 꽃을 피워 향기를 풍기는데 있다. 또 고색을 띤 간피도 풍치가 있으며 사리 간의 모습은 일품이며 문인목의 모습으로 키워도 풍치가 있다. 관상 시기는 말 할것도 없이 꽃 필때나 1~2송이 피기 시작할 때의 모습을 빼 놓을 수 없다.

자목련

목련과 / Magnolia salicifolia

중국원산의 낙엽성 교목으로 포기 나누기로 성장하며 굵은 가지가 드물게 생긴다. 4월 새 눈이 싹트기 전에 가지끝에 어두운 보라색의 대형 꽃이 핀다. 비슷한 종류로 흰 꽃이피는 백목련이 있다. 이른봄에 꽃피는 보라색 꽃을 즐기려고 분재 기르기를 한다. 가지가 굵어서 별로 분기하지 않으므로 많이 닮은 종류의(주목)쪽이 가꾸기 쉽다고 할 수 있다. 꽃눈은 새 가지끝에 분화하여 이듬해 봄에 그자리에서 꽃핀다. 따라서 봄부터 자라는 가지는 위세좋게 자라는 가지 외에는 가지치기를 하지않고 휴면기간중에 꽃눈을 붙인 짧은 가지를 남기고 솎음질 하듯 가지치기를 한다. 번식은 씨뿌리기 또는 포기나누기로 한다.

벗나무 장미과 / Prunus Serrulata Var. Spontanea (MAX) Wils

• 형태

벗나무란 분류상으로는 장미가 벗나무속 벗나무아속에 포함되는 많은 종류를 총칭한 이름이다. 우리나라에도 각종 벗나무가 자생되거나 재배되고 있다. 분재로 가장 많이 배양되고 있는 것은 작은 가지가 잘 분기한 잎 그리고 꽃과 더불어 소형인 후지 벗나무이다. 기타 산 벗나무와 시월 벗나무 등도 비교적 많이 기르기 하고 있다.

• 특성

수분을 비교적 많이 요구하는 수종으로 하기에 수분이 부족하면 잎이 타버리는 피해가 생겨 흑색으로 변하는 수가 있다. 맹아력은 있으나 나무가 부패하기 쉬우므로 줄기나 굵은 가지를 전정 하였을 때 벤자리에 반드시 응합촉진제를 도포 하여 주어야 한다. 꽃눈은 짧은 새 가지의 엽맥에 분화하고 다음해 봄 그 위치에서 개화한다. 따라서 휴면기간중의 전정으로는 긴 가지를 잘라 정지한다. 번식은 씨뿌리기, 삽목, 접붙이기, 눈 붙이로 한다. 후지벗나무와 산 벗나무는 삽목이 잘 된다.

• 관상

벗나무는 봄의 낭만을 아름답게 채색하는 주역이다. 그 모습은 화려하며 또한 청초하기 까지한다. 아울러 분재기르기에 적합 한 것은 산 벗나무와 개 벗나무가 어울린다. 꽃이나 잎이 비교적 소형으로 분재 그르기 쉽다. 또한 벗나무는 난지暖地에서는 3월에서 4월에 피고 보통은 4월 하순이 화기의 절정기 이다. 아울러 벗나무는 꽃이 피는 시기가 관상 가치가 높고 그 후는 배양기 이다. 고목이 되면 줄기 사이에 풍취가 생긴다.

산사나무 장미과 / Crataegus cuneata S.et Z.

- **형태**

  중국원산의 낙엽관목으로 가지는 잘 분기하고 작은 가지는 가시상이다. 잎은 얕게 3~5군데 갈라진다. 4~5월에 새 가지끝에 산방화서를 내고 흰색의 꽃이 4~7송이 핀다. 구형으로 생긴 과실은 10월경에 붉은색 또는 노란색으로 익는다.

- **특성**

  성장이 빠르고 가지는 비교적 잘 분기한다. 비료나 수분이 많아지면 가지가 볼품없이 자란다든가 잎이 커지므로 주의 하여야 한다. 꽃눈은 짧은 가지의 정아頂芽에 분화하여 다음 해 봄 이 꽃눈이 맹아萌芽해서 새로운 가지를 성장 시키고 그 끝에 개화 결실한다. 따라서 휴면기간중의 전정은 짧은 가지를 남기고 긴 가지만 자른다. 번식은 삽목, 씨뿌리기, 뿌리꽂이, 취목에 의한다.

- **관상**

  산사나무는 빨간꽃과 흰 꽃이 피는데 빨간꽃은 유럽이 원산지 이다. 5월경 소륜小倫의 붉은색 겹꽃이 핀다. 후자는 중국원산으로 가을에는 소구형小球形의 빨간 열매를 맺는다. 어느종이나 이국적인 아름다움을 지니고 있어 기르기를 즐길 수 있다.

졸 참나무
장미과 / Quercus serrata Thunb.

• 형태
산지에 자생하는 자웅동수의 낙엽교목으로 우리나라의 잡목림의 대표적인 수종의 하나이다. 수피는 탄백색으로 수령이 많아지면 얕은 열목이 생긴다. 가지는 비교적 잘 분지하며 잎은 가을이 되면 붉은 색 또는 황갈색이 되어 비교적 늦게 낙엽이 진다. 같은속의 상수리 나무나 떡갈나무의 잎은 말라도 가지에 달린체로 겨울을 넘긴다. 5월경 긴 웅화수가 작아서 눈에 잘 띠지않는 취화수가 피고 견과 즉 도토리는 개화한 10월을 지나 성숙한다.

• 특성
심근성으로 잔 뿌리가 적어 분에 옮겨 심기에 어려움이 많고 햇빛이 잘 들고 비옥한 땅에서 잘 자라며 굵은 뿌리가 땅속 깊이 신장하는 소위 심근성의 수종이다. 가지는 곧게 뻗어 사이뻗기 쉬운 경향이므로 눈 따기는 일찍 해주고 두 번째 눈을 나게하여 가지끝을 직세하게 만드는것이 중요하다. 분토는 비옥하게 하여 세근의 발생을 촉진 하려면 부엽토를 약간 섞어 주는것이 좋다. 번식은 씨뿌리기, 취목으로 한다.

• 관상
인간과 친하기 쉬운 소박한 나무이다. 수형의 자세를 변화하게 만들 수는 없으나 튼튼하므로 기르기 쉬운 수종이다. 관상 시기로는 떡잎이 나올때가 가장 좋고 이어서 도토리가 열려 떨어지는 가을이다.

떡깔나무
참나무과 / Quercus dentata Thunb.

온대지방에서 자생하는 낙엽성 큰 키 나무로 나무껍질은 코르크질이 잘 발달되어 요철이 심하다. 가지는 굵어서 별로 분기하지 않는다. 잎은 끝이 잘린 것 같이 평평하게 되어있고 잎 둘레에는 파도 모양의 큰 톱니가 있다. 가을이 오면 잎이 갈색으로 변하고 가지에 붙어 월동을 한다. 잎이 크고 가지는 별로 분기하지 않으며 싹틈도 약하므로 분재로 기르기는 알맞는 수종이 아니다. 그러나 잎의 모양이 다양하고 탐스러워 그것을 즐기려고 분재기르기를 한다. 이와 유사한 다른 종류들도 많이 있다. 번식은 씨뿌리기로 하지만 취목도 가능하다.

참빗살나무 화살나무과 / Euonymus Sieboldiana Blume

• **형태**

산지 개울가 근처에 자생하는 낙엽성 소 교목이며 지엽은 대생하고 가지에는 흰 줄기가 생긴다. 양생화가 함께 피는 나무와 수꽃만 피는 나무가 있다. 5월경 엷은 녹색꽃이 다수 괴고 열매는 10월경에 성숙하여 찢어지면서 홍색 가종피를 뒤집어 쓴 아름다운 종자를 드러낸다. 그리고 잎은 아름다운 홍엽으로 바뀐다. 화살나무나 참 빗살나무는 화살나무과 식물로 비슷하다.

• **관상**

참 빗살나무는 노박덩굴과 같아 화살 나무과의 식물이며 그 열매 모양도 비슷하다. 즉 4각상의 찢겨진 열매로 성숙하면 엷은 홍색으로 변하여 4쪽으로 갈라진다.

• **특성**

습기가 많고 기름진 땅에서 잘 자라는데 가지 뻗음이 매우 강하며 성장 또한 빠른 수종이므로 분재 기르기는 물과 비료를 과다하게 주면 수형이 흐트러져서 균형을 잃게 되므로 주의 해야 한다. 싹트는 힘이 강하고 가지도 강한 세력으로 뻗어나므로 수형을 만들기 시작할 때는 2~3눈만 남기고 눈따기를 하고 가지의 도장을 방지하고 작은 가지의 분지를 촉구한다.

꽃눈은 새 가지의 끝의 정아와 이것에 가까운 맥아에 분화하여 이듬해 봄 이 꽃눈이 싹터서 새 가지를 뻗고 그 엽맥에 개화하여 결실한다. 따라서 성장 기간중의 전정을 할때에는 꽃봉오리를 확인할 때까지는 새 가지를 자르지 않는것이 중요하다. 휴면 기간중의 전정은 충실한 짧은 가지를 남기고 길게 자란 가지를 솎음질 하듯 전정한다. 가지를 똑같이 잘라버리면 정아와 그 버금가는 맥아 즉 꽃눈을 잘라 버리는 것이어서 이듬해의 개화와 결실에 지장을 주게된다.

지엽이 대생하므로 수형의 뼈대가 되는 중요한 가지는 와생이 되도록 전정한다 그러나 작은 가지는 반드시 와생으로 만들 필요가 없고 대생하고 있어도 별로 지장은 없다. 가지를 와생의 형식으로 만들려면 전정에 의하거나 대생하고 있는 한쪽 싹을 따내어 다른 한쪽만 자라게 하면 된다. 뿌리의 발육은 매우 왕성 하므로 분갈이는 매년 해준다. 분갈이를 2~3년 방치하면 잔 뿌리가 분 전체에 꽉 차 물 빠짐이 나빠 뿌리가 썩는다. 번식은 씨뿌리기, 삽목, 뿌리꽂이, 취목 등으로 한다.

들장미 찔레나무 / Rosa multiflora Thunb.

우리나라 전 산야에 널리 자생하는 작은 키 나무이다. 장미계통의 원예품종은 옛날부터 오늘날까지 수없이 만들어져서 이루 해아릴 수 없을 정도의 종류가 많이 있다. 분재에서는 이같은 원예품종이 아니고 들장미, 대리 들장미, 샨쇼오장미, 하마나스장미, 모로코오장미 등의 원종이 기르기 되고 있다.

이들 중에서 특히 분재로 많이 기르기 되고 있는 것이 들장미와 모로코오 장미 이다. 들잠미는 흰 꽃이 피고 가을에는 빨간 열매가 성숙 한다. 모로오코 장미는 중국원산의 상록수이며 가시가 없고 꽃잎은 흰색 또는 담황색의 8겹으로 핀다. 아름다운 꽃과 열매를 관상 하려고 분재 기르기를 한다. 휴면기간중 가지를 짧게 잘라서 모양을 잡아 나간다.

번식은 씨뿌리기, 삽목, 취목에 의한다.

애기 사과나무
장미과 / Malusgu

- **형태**

애기사과나무는 식용사과와 북해도 등 산지에 자생하는 아그배나무와의 교배종이라고 알려지고 있다.

낙엽성소교목으로 가지는 잘 분기되고 4~5월경에 흰 꽃을 피우며 가을에는 지름 2cm내외의 열매가 붉게 성숙한다.

- **특성**

봄에 발생한 짧은 가지끝에 꽃눈이 분화하고 이 꽃 눈이 이듬해 봄 일부가 싹이 터서 개화결실을 한다. 성장 기간중에 세차게 뻗어나가는 새 가지끝을 전정하여 성장을 억제하고 휴면기간중의 전정으로 짧은 가지를 남기도록 가지를 짧게 잘라준다. 자가불화합성 이므로 사과등의 화분을 발라주지 않으면 거의 결실을 하지 않는다. 번식은 접붙이기, 취목, 뿌리꽃이등의 방법으로 한다.

- **관상**

애기사과나무는 사과의 왜성종矮性種으로 분재수종으로는 튼튼하고 성장이 빨라서 불과 몇해 안가서 어엿한 나무자세를 형성하므로 많은 분재애호가들이 기르기를 하고 있다. 꽃은 4월중순경 가련한 담홍색 5승화를 꽃 피운다. 그리고 완전히 개화하면 흰색으로 변한다.

꽃도 관상가치가 있지만, 최대의 관상 가치는 결실의 아름다움이다. 열매 맺음이 왕성하여 가지 끝마다 대롱대롱 열매가 맺는다. 가을로 접어들면 암홍색으로 성숙되면서 표피가 납질로 둘러싸여 더 한층 아름다움이 배가된다.

심산해당화

장미과 / Euony Rosa Rugosa Thunb

• **형태**

　꽃 해당화는 중국원산으로 낙엽교목으로 줄기는 매끈한 탄색이고 가지는 자색을 띠고 있다. 잔가지는 가시상이 되는 성질을 갖고 있다. 떡잎은 붉은색이나 성엽이되면 암녹색으로 변한다. 그리고 잎 가장자리에는 섬세한 톱니가 있다.

　4월경 붉은색의 꽃이 4~5cm나 되는 긴 화병끝에 밑으로 늘어지듯이 개화하기 때문에 꽃 해당화라고도 부른다. 꽃은 별반 결실하지는 않지만 가끔 직경 7mm내외의 황색 또는 암홍갈색의 열매를 맺는 일도 드물게 있다.

　종류로서는 꽃 해당화와 같이 꽃이 밑으로 드리운채 개화하지 않고 위를 향하여 개화하는 열매해당화가 있으며 꽃 해당화와 마찬가지로 중국이 원산인 토끼 해당화도 있다. 이 토끼 해당화는 잘 결실하고 견과는 15mm내외이다. 꽃 해당화 열매 해당화 모두 분재기르기에 적합한 품종이다.

• **특성**

　꽃눈은 짧은 가지끝에 7~8월경 분화하고 이듬 해 봄 그 꽃눈이 약간 신장하여 개화한다. 봄에 꽃눈이 맺힌 새 가지는 5~6월경에 걸쳐 힘차게 뻗는 것이 있어 그대로 방치해 두면 수형을 문란케할 염려가 있으므로 너무 뻗어나온 새 가지는 그 끝 부분만 따주어 길게 뻗는 것을 억제 한다. 꽃눈은 길게뻗는 가지에는 분화하지 않고 아주 짧은 가지에만 분화하기 때문에 동면기간중의 전정은 이 짧은 가지를 남기고 길게 뻗은 가지를 잘라 수형을 만들도록 한다.

　특히 해당화는 습윤한 토지를 좋아 하므로 너무 건조하지 않도록 관리하는 것이 중요하다. 그러므로 개화기간중의 가뭄은 낙화의 원인이 되기도 한다. 번식은 삽목, 접붙이기, 높이떼기, 뿌리꽃이에 의한다. 그러나 삽목은 별로 활착률이 좋지 않으므로 접붙임을 할 경우에는 태목台木에는 중국원산으로 삽목이 용이하게 되는 둥근 잎 해당화를 이용하는 것이 일반적이다. 이때에 둥근 잎 해당화의 태목을 입수 할 수 없을 경우에는 식용 사과의 종자를 뿌린 실생묘를 이용 하여도 무방하다.

　해당화는 오래되면 지간이 굳어져서 교정 하기가 어려우므로 어린 나무일 때에 기본 수형을 완벽하게 만들어 두는 것이 중요하다. 접붙이기 할 종목을 만들면 개화결실을 단축시킬 수 있지만, 뻗어오름이 좋지 못하므로 소품분재 기르기에 좋은 종목을 얻으려면 취목 혹은 뿌리꽃이로 하는 것이 유리하다.

• **관상**

　해당화는 꽃 해당화와 열매해당화를 앞에서 설명 하였다. 전자는 신장한 화경 끝에 늘어저 꽃이피고 후자는 위로 향하여 핀다. 어느것이나 겹꽃으로 담홍색이나 그 풍정은 각기 다르다. 즉 꽃 해당화는 풍려하고 열매 해당화는 청순 가련하다. 특히 꽃 해당화의 비에젖은 모습은 옛날부터 미녀가 생각에 잠겨 있는 모습에 비유할 만큼.요염하다.꽃피는 시기는 두종류 모두 4월중순경 피고 이시기가 관상의 전성기 이며 꽃이 없는 기간은 별로 보잘 것이 없다.

윤노리나무 장미과 / Pourthiaea villosa Decne.

온대지방 산야에 자생하는 낙엽성 작은키 나무로 작은 가지가 잘 분기分技 하며 길게자라는 습성이 있다. 이 가지는 강하면서도 유연하고 질기어 잘 부러지지 않아 연장자루 만드는데 이용되어, "겸병鎌柄-낫자루"의 별명이 붙었다 한다.

4~5월경 새 가지끝에 산방화서散房花序를 내고 흰꽃이 다수 피고 광택이 있는 홍색의 열매가 10월경에 성숙한다. 홍색의 아름다운 열매와 가을의 단풍을 즐기려고 분재로 기른다. 가시는 가늘고 비교적 잘 분기하므로 수형을 만들기 쉬운 수종이다.

반 그늘진 곳에 많이 자생하므로 햇빛이 강한 여름철은 대발 등으로 보호 하여 주어야 한다. 휴면 기간 중의 가지치기는 솎음질 가지 치기를 주로 한다.

번식은 씨 뿌리기로 한다.(나무가지가 단단하고 유연하여 윷을 만들기에 적합하다 하여 윤노리나무라는 이름이 지어졌다 한다.)

초심자를 위한 분재기르기 강좌교실

으름덩굴
으름덩굴과 / Akebia quinata Decne.

• **형태**

우리나라 산야에서 자라는 낙엽성 덩굴 식물로 5m정도로 길게 자란다. 가지는 털이 없으며 갈색이 난다. 잎은 새 가지에서 호생하고 늙은 가지에서는 총생하며 장상 복엽으로 작은잎이 5장이나 또는 6장도 있다. 홍자색의 숫꽃은 보통 화서의 앞끝 부근에 다수 착생하고 숫꽃보다 큰 암꽃은 긴 자루가 있고 한 화서안에 1~2 송이박에 달리지 않는다.

• **특성**

으름나무, 삼엽으름나무, 오엽으름나무는 모두 분재로 키울 수가 있다. 수령이 오래 된것은 덩굴이라고 할 수 없을만큼 줄기가 굵어지고 경화되지만 어린 줄기는 연약하여 원하는 수형으로 교정할 수가 있다. 꽃눈은 충실한 새 가지의 엽맥, 또는 짧은 가지 위에 분화하고 다음해에 긴 싹을 내어 꽃이 피는데 자가불화합성 이므로 다른것의 꽃으로 인공 수분하면 잘 결실한다. 으름덩굴은 수분과 비료분을 많이 필요하므로 물주기 비료주기에 배려가 있어야 한다. 번식은 씨뿌리기, 삽목, 취목으로 한다.

• **관상**

4월경에 피는 엷은 자색의 꽃은 눈에 띠지 않을 정도로 왜소하다. 으름나무의 관상 가치는 역시 가을의 열매의 모습에 있다. 다육질 자색의 긴 타원형 열매가 벌어져 흰 과육을 드러내고 방향을 풍기는 모습은 감탄을 자아내기에 충분한 과물로서 맛이 최고다.

피리칸샤 장미과 / Pyracanntha angustifolia Schneid,

• **형터**

피리칸샤는 상록의 낮은 키나무인데, 가지가 가늘게 분지되어 있다. 그리고 작은 가지는 가시모양으로 변한다. 5~6월달에 산방화서를 나타내어 흰꽃을 다수 피우고 열매는 10월경 황색으로 성숙된다. 상록꽃 산사나무는 지중해 연안지방에 상록의 낮은 키 나무로서 5~6월경 산방화서를 나타내어 흰꽃을 피우고 열매는 농적색으로 성숙한다. 피리칸샤는 잎의 폭이 좁고 뒷면에 면모가 밀생하는데 반해 상록꽃 산사나무는 잎의 폭이 넓고 잎의 뒷면에 털이 나지 않으므로 구별하기 쉽다.

• **특성**

봄에자란 단지끝에 꽃눈이 분화하여 이듬해 봄 이 꽃눈이 일부 싹터서 개화 결실한다. 따라서 성장 기간중의 전정은 너무 길게 자란 가지끝만을 전정하여 성장을 억제하고 본격적인 전정은 휴면 기간중에 단지를 남기고 한다. 번식은 씨뿌리기, 삽목, 취목으로 한다.

• **관상**

피리칸샤는 이름 그대로 수입 식물이지만, 튼튼하여 기르기 쉽고 몇 해 안 가서 의젓한 수형을 이루므로 대중성을 지닌 분목으로서 인기가 있다. 피리칸샤는 불같은 빨간 열매를 맺고 가지에는 가시가 있는 나무라는 뜻을 지닌 두 낱말의 복합어 이다. 그러나 실제로는 열매의 색에 선홍색으로 성숙되는 것과, 등황색인 것이 있으나, 이 두 종류중 전자를 많이 선택하여 기르기를 하고 있다. 어떻든간에 열매 맺음이 너무나 탐스러워 가을의 실물 분재로서 사랑 받기에 모자람이 없다 하겠다.

초심자를 위한 분재기르기 강좌교실

꽃식물의 분재

변해 가는 계절의 화려함을 연출한다.

잡목분재 중에서 꽃의 감상 가치가 있는 것을 꽃 식물 분재라고 한다. 아름다운 꽃을 피게하는 분재는 애호가들 뿐 아니라 많은 사람들을 매료 시킨다.

분재 기르기의 베테랑과 초보자에 이르기 까지 즐길 수 있는 분야 이다. 철쭉, 등나무, 매화, 벚꽃 등의 수종은, 꽃을 관상 하기에 제일이다. 이 밖에도 모과, 동백, 진달래, 황매화…

식물은 제 각각 모두 결실을 하기 위하여 꽃을 피우므로, 꽃 분재의 종류는 실로 다양 하다 하겠다. 이 분재 소장자는 매화 기르기를 제일 좋아 한다고 한다. 자기가 태어난 고향 마을이 매화의 명산지여서 그에 대한 어린시절의 많은 추억들이 서려 있기 때문이라고 한다.

매화의 특성은 뿌리가 얕게 묻히는 수종이여서 공기를 매우 좋아 한다. 또한 재배의 포인트는 통기성, 배수성, 보비성의 토양이 최적지 이다.

홍매화 문인목
나무높이-70cm 나무나이-약 75년

당 단풍

단풍나무과 / Acer Buergerrianum Mig.

• **형태**

　분재에서 말하는 단풍나무는 오로지 당단풍나무를 가르킨다. 중국 원산인 암수 다른나무의 낙엽 교목으로 우리나라에 전래 되었다. 수피는 회갈색으로 매끄러우나 수령이 많아지면 혹같은 기복이 생긴다. 지엽은 대생하고 잎은 상 반분이 삼열하는것이 보통이다. 간혹 얕게 삼열하는것 또는 거의 갈라지지 않은것도 더러 볼 수 있다.

　당 단풍나무의 변종으로 대만 원산인 귀인 단풍나무와 단풍나무 모두 분재로 많이 배양되고 있다. 귀인 단풍나무는 잎의 상 반분이 얕게 삼열되고 열편은 둥글고 당단풍나무보다도 잎은 소형이다. 그리고 당단풍 나무를 포함한 단풍나무속의 수목은 우리나라에 수 십종이 자생하고 있다.

• **특성**

　지간은 아주 부러지기 쉬우므로 완성된 분재에서 철사걸이는 혼란한 새 가지나 잔가지에 하는 정도로 하고 굵은 가지에는 하지 않는다. 굵은 가지를 교정하는 경우에는 끈으로 유인하는 것이 좋은 방법이다. 당당풍 나무는 맹아력이 강하여 전정에 대한 저항력이 있고 스서도 강하기 때문에 기르기 쉬운 수종이며 또한 뿌리의 발육이 왕성하여 돌 붙임 분재에도 잘 어울린다. 번식은 씨뿌리기 삽목, 접붙이기, 취목등으로 한다.

• **관상**

　원래는 덩굴성 식물인데 분양盆養하여 가는 동안에 나무로 변하게 된다. 잎은 낙상홍을 닮았고 줄기는 덩굴이기 때문에 이릏한 이름이 붙여 있을 것이다. 분재로서는 낙상홍과 같이 실물분재로 사랑을 받고 있다. 또한 그 멋에는 상당한 차이가 있는 것이 사실이다. 열매가 익으면 엷은 황갈색의 작은 종자가 노출 된다. 실물분재로써는 참빗살나무와 거의 비슷하며 가을의 풍정을 한 껏 느끼게 하여 주는 수종이다.

담쟁이 덩굴 포도과 / Parthenocissus tricuspidata Planch.

• 형태

우리나라 전역에 자생하는 낙엽성 식물로 흡반을 지녀 감는 수염이 있는 잎과 대생하여 나고 바위나 나무 그리고 담벼락에 흡착 하면서 성장한다. 잎은 3종류의 모양이 다른것이 있으나 한 그루 나무에 혼생한다. 성장이 왕성할 때의 어린잎은 심장형으로 성엽이 되면 2~3군데로 갈라지던가 3개의 작은 잎으로 나뉘어 지는 수도 있다. 가을이 되면 아름다운 붉은 잎이된다. 분재로는 용신 담쟁이 덩굴이 많이 만들어지고 있다.

• 특성

강한 수종으로서 여름에 분토를 건조 시키면, 관상의 포인트인 잎이 햇빛에 타 가을의 아름다운 홍엽이 보기에 흉하게 되는 일이 없도록 주의해야 한다. 덩굴의 비대 생장은 늦은 수종이므로 덩굴을 빨리 비대케 하고 싶을 때에는 새로 뻗은 덩굴을 짧게 자르지 않고 길게 뻗게하여 탄소동화작용에 의해 생기는 동화양분을 증대 시켜준다. 그러나 덩굴은 9월경까지 점차 뻗어 나오므로 완성된 것에서는 그때마다 잘라주어 수형이 흩어지지 않도록 한다. 또한 비료를 많이 주면 잎이 대형이 되므로 비료 과다가 되지 않도록 한다.

번식은 씨뿌리기, 취목, 삽목으로 한다. 발근력이 왕성 하므로 큰 줄기를 삽목해도 잘 활착한다.

• 관상

담쟁이 덩굴은 강한 식물이므로 분양 하는데 따라서 목성화 한다. 튼튼하여 분에 기르기 쉬우며 오래되면 줄기는 굵게 굴곡하여 피부에 고탁한 취가 생긴다. 수형으로서는 반 현애상이 가장 잘 어울린다. 담쟁이 덩굴의 분재 기르기의 매력은 여름의 푸른잎과 가을의 홍엽이다. 광택이 나는 잎이 녹색으로 변하는 모습은 생명의 찬가를 연상케 하며 가을에 타는듯한 붉은잎은 한폭의 수채화를 보는듯 하다. 덩굴 분재는 장식 관상용으로 적합하다.

은행나무

은행나무과 / Ginkgo biloba L.

• 형태
자웅이주의 낙엽교목으로 우리나라에서는 옛부터 절의 경내 등에 많이 심어져 있다. 약 2억년전에 번무한 1속1종의 나자식물로 식물학적으로 매우 귀중한 식물이다. 수피는 회색으로 두툼하고 수령이 오래되면 종으로 결렬이 생긴다. 가지는 매년 길게 신장하는 장지와 1년에 조금씩 밖에 자라는 단지의 구별이 있다. 자웅이주의 수종이나 그 꽃가루는 멀리까지 바람에 날려 가기 때문에 가까운 거리에 웅목이 없다고 해서 열매가 결실하지는 않는다. 변종으로서 잎 위에 결실하는 잎에 달린은행, 품종으로써는 굵은 가지나 줄기에서 기근상의 혹이 늘어지는 젖 은행 등이 있다.

• 특성
열매은행 즉 결실 분재로도 만들 수 있다. 나무가 연하여 부패하기 쉬운 성질이 있으므로 굵은 가지를 전정한 다음 반드시 유합촉진제 등을 도포 해 주어야 한다.

• 관상
은행나무는 노목이 되지 않으면 분재수로써 별 재미가 없다. 피부는 풍취에 어울리고 가을의 노란 잎은 아름다움의 극치. 또한 열매를 맺는 은행인 경우는 황금색의 열매가 관상 가치가 높다.

황매화 물푸레나무과
Jasminum undiflorum Lindl.

• 형태

중국 원산의 낙엽관목으로 가지는 밑으로 길게 늘어진듯이 신장한다. 지엽은 대생하고 3월경 싹이 나기전 노란색의 꽃이 가지의 각 마디에 대생하며 핀다. 황매화나무와 비슷한 종은 인도 원산의 상록관목인 자스민과 아열대~열대지방 원산인 상록관목인 황자스민이 있으나 이 두 종은 일반적인 분재용 나무라고는 할 수 없다.

• 특성

싹트는 힘과 발근력이 지극히 강해 가지를 처도 여러곳에서 싹이 잘 트고 습기가 많은 장마철에는 가지의 각 마디에서 공중으로 뿌리를 낼 정도이다. 전정은 꽃이 진 뒤에 지나치게 뻗어나온 가지의 기부에 1~3마디 남기고 잘라 새 가지를 낸다. 발생한 새 가지중에 긴 것은 5월에 다시 1~3마디 남기고 전정하여 수형의 혼란을 방지하고 2번아에 꽃눈을 달리게 한다. 황매화나무는 부정아가 가지의 각 마디에서 발생하기 쉽고 또 단명하여 줄기가 부패하기 쉬운 결점이 있으나 부정아가 쉽게 생기므로 기르기 좋은 수종이라고 할 수 있다. 번식은 삽목이 아주 용이하다.

• 관상

이른 봄 아직 주위에 꽃이 적을 때 윤기가 있고 싱싱한 황금색 꽃이 핀다. 꽃 모양은 단정한 6승화이다. 봄을 맞는 꽃이라는 별취에 어울리는 이른 봄의 꽃나무로서 단품 혹은 장식용으로 이용된다.

노아시감

감나무과 / Diospyros Kaki Thunb.

- **형태**

  감나무는 감나무과, 감나무속으로 분류되는 우리나라 각지에서 자생하고 있다. 분재기르기로서는 산감과 중국 원산의 낙엽교목으로 과수로 재배되는 감나무의 태목대로 된다든가 혹은 떫은 맛을 채취할 목적으로 재배되고 있는 과실이 직경 1.5~2cm정도의 작은 고염이 배양되고 있다.

- **특성**

  지간이 부러지기 쉬운 수종이므로 기본의 수형은 어린나무 일 때 만들어 두어야 한다. 또한 철사 걸이를 할 때 세심한 주의가 필요하다. 꽃눈은 새 가지의 정아와 그것에 잇는 2~3개의 측아로 분화하여 다음해 그 꽃눈이 생장해서 가지를 만들고 그 엽맥에 개화 결실한다. 따라서 가지를 자르면 결실하지 못하게 되므로, 기본적으로 솎아내는 전정이 주체가 된다. 번식은 씨 뿌리기, 접 붙이기로 한다.

- **관상**

  감나무 분재의 매력은 가을에 열리는 열매의 풍정일 것이다. 감나무의 수형은 변화가 많은것은 만들 수 없으나 사간, 쌍간등이 어울린다.

석류나무

석류나무과 / Punica Granutum L.

• 형태

석류나무는 이란, 파키스탄 원산으로 낙엽교목성 식물이며 줄기는 보통 비틀린 듯이 생장하고 작은 가지끝은 몽땅하게 생겼다. 기본종은 주홍색의 홑 꽃이나, 원예품종으로 만들어진 겹 꽃인것 그리고 꽃색이 흰색인 것도 있다.

또한 왜성으로 씨뿌리기 2년째부터 개화하는 석류를 분재의 소재로 많이 이용하고 있다. 또한 분재계에서는 꽃이 결실하는 것을 총칭하여 열매석류, 꽃이 겹꽃으로 피어 결실하지 않는것을 꽃석류라고 구별하고 열매분재 꽃물 분재로서 관상한다. 꽃은 6월경부터 개화하는데 숫꽃과 암꽃의 구별이 있다.

• 특성

원산지가 서쪽 아시아로 원지성의 수종이다. 그러므로 분재로 기르기할 때 방한에 주의 해야한다. 꽃눈은 짧은 가지끝에 분화하여 다음해 봄 이 꽃눈이 싹이 터 그 끝에 개화 결실한다. 따라서 휴면기간중의 전정은 길게 뻗은 가지를 솎아내듯이 전정하고 봄부터 뻗는 가지는 수형을 문란케 하는것 외에는 전정을 하지 않는다.

베어낸 그루터기에서 싹이 나기 쉬운 수종이므로 돋아난 싹은 일지감치 제거 하는것이 중요하다. 번식은 씨뿌리기, 삽목, 뿌리꽃이 취목등으로 한다. *석류나무는 스스로 줄기를 비틀며 성자하는 특성이 있다.

• 관상

석류나무의 관상은 여름의 꽃과 겨울의 열매 두가지로 나뉘어 진다. 전자는 겹꽃으로 〈꽃석류〉라고 부르며 거의 열매는 맺지 않는다. 후자는 주로 홑겹꽃으로 볼만한 열매를 맺어 〈열매석류〉라고 칭한다. 어느 것도 품종이 좋은데 꽃석류의 매력은 꽉 들어찬 녹색의 잎 그늘에 눈이 부실만큼 새빨간 꽃을 피우는 아름다움이 있다. 열매도 독특한 모양과 취趣를 갖고 있으며 또 석류는 잎도 아름다우며 줄기나 가지도 그냥 지나칠 수 없는 매력이 있다.

눈향나무〈眞柏〉 모양목 나무별명-천룡 天龍 / 나무높이 71cm 나무나이 약 420년 / Juniperus chinensis L. var.

• 형태

원줄기가 비스듬히 기울어지거나 바위에서 밑으로 쳐지면서 자라는 고산성 상록수 이다. 잎은 처음에는 날카로운 침형이지만 섬 향나무처럼 찌르지 않고 표면에는 중근보다 넓은 2줄의 백선이 있으며 뒷면은 녹색이고 길이3~5mm, 인엽은 릉형菱形이며 짙은 녹색이고 길이1mm로서 거의 중앙에 지점脂点이 있다. 수꽃은 란형으로서 길이 2mm이며 인편은 황록색이지만 가장자리가 황색이다. 열매는 과경果梗이 5mm로서 속구형屬球形이고 길이5mm, 나비8mm이다. 종자는 두 세개씩 들어 있으며 난형이고 길이 5mm로서 약간 평평하며 짙은 갈색이 돌고 윤기가 있으며 포는연한 갈색이다. 분재로서 가장 잘 배양되는 것은 눈향나무이나 가끔 줄기가 땅을 기듯이 생육하고 잎이 거의가 침엽針葉인 눈향나무도 배양되고 있다

• 특성

햇빛이 잘 닿는 단애斷崖나 암장岩場에 많이 자생하고 있으므로 분토가 항상 습해 있는 상태로 좋지 않다. 또한 석회암질의 토질에 자생하는 수종이므로 용토가 강한 산성이 되면 생육에 좋지 않다. 따라서 1년에 한번 비율로 석회나 초목재를 약간 주어 용토의 산성화를 방지하여야 한다. 새싹은 8~9월경까지 차례로 돋아 나오는 성질이 있으므로 그때 보아서 적당히 눈 자르기를 한다.

눈자르기는 노송나무나 삼나무 등과 마찬가지로 엄지 손가락과 둘째 손가락으로 새싹을 짚고 비틀듯이 잘라낸다. 가위를 사용하여 잘라내면 인편엽까지 자르게 되어 그 자리부분이 말라서 보기 흉하게 된다.

눈향나무는 때로 인편엽과 침엽을 혼생하는데 왜 침엽이 나오는지는 아직 해명이 없다. 그러나 일반적으로 수세가 쇄약해 있을 때 혹은 강한 전정을 하여 많은 지엽을 잘라 냇을 때 침엽이 나오는 경향이 있다. 따라서 극단적인 수분 단절이나 비료단절을 주어 수세가 약하게 하지말것이며 한번에 많은 지엽을 자르지 않는 것도 중요하다.

침엽이 나오면 잘라내지 않고 그대로 놔두면 인편엽이 나오게 된다. 침엽이 발생 하였다고 해서 곧바로 잘라내면 또 침엽이 생기기 쉬우니 주의를 해야한다. 눈향나무는 줄기가 굴곡되어 비틀린 것 처럼 생장하므로 직간으로 배양은 좋지않고 모양목이나 현애 그리고 사간 등으로 배양이 좋다. 침엽수중 목질부가 잘 부패하지 않고 사리舍利가 아름다운 수종이므로 분재로 배양하는데는 사리나 신枾을 충분히 만드는 것이 대책이다. 줄기가 비틀려서 생장하므로 사리를 만들 경우에도 그 비틀림에 맞추어 만들지 않으면 부자연 스럽게 된다.

넓은 면적의 사리를 만들 경우에는 한 번에 목적하는 넓이의 수피를 벗기면 수세가 약해지므로 2~3개월의 간격을 두고 수회로 나누어서 사리를 벗겨 넓히도록 한다. 사리의 부패를 방지하고 아름답게 유지하기 위해서는 1년에 1~2회 치솔 등으로 닦아 때를 벗겨주고 석회유황합제의 원액을 도포해 준다. 번식은 삽목 또는 취목으로 한다.

• 관상

눈향나무는 심산深山의 고목으로 나무중 왕자의 품위를 갖고 있다. 즉 굵은 줄기의 굴곡, 비틀려서 약간의 급수를 하였을 뿐으로 대부분은 사리간이 되고 혹은 그와같은 가지가 되며, 강인하게 살아가려는 모습이 관상가치가 있다. 그것은 호장豪壯하고 신비스러움을 느끼게 한다.

따라서 수형으로는 모양목의 사간이 가장 잘 어울린다. 1년을 통하여 관상이 가능하나 겨울철이 그 진가를 발한다.

진달래 진달래과 / Rhododendron douricum L.

우리나라 전역의 산야에 자생하는 반 낙엽성 작은 키 나무로 지역에 따라서 땅으로 기는 형의 것과 곧게 자라는 종류가 있다. 아름다운 연분홍색의 꽃이 가지끝에 수개씩 모여서 핀다. 꽃의 형태와 착색 방법으로 보면 석남과 비슷한 점이 있다. 봄에 일찍 개화하는 연분홍색 꽃을 즐기려고 분재 기르기를 한다. 자연 상태대로 방치하면 가지가 곧고 길게 자라므로 꽃이 진 뒤 가지치기에 의한 수형의 재 조정 또는 봄부터 초여름에 걸쳐 눈 따기에 의한 가지관리등이 중요하다.

번식은 씨뿌리기 삽목 또는 취목으로 한다.

자귀나무 콩과 / Albizzia Julibrissin Durazz.

우리나라 황해도 이남에서 자라는 낙엽성 큰 키 나무로서 양지바르고 습기가 알맞은 땅에 주로 생육한다. 가지는 분기하는데 큰 가지는 잘 죽는 성질이 있다. 잎은 2개의 깃모양 겹잎으로 자극을 주면 작은잎이 닫혀진다. 또 야간이나 흐린날과 무더운날도 닫혀진다. 원예품종은 씨를 뿌려 얻은 것으로 1~2년 개화하며 꽃이 배홍색인 히네무가 있는데 이것은 멕시코 원산의 낮은 키 나무로 내한성이 약한 종류이다. 꽃눈은 새 가지에 분화하여 그 해 6월경에서 여름에 걸쳐 담홍색의 꽃이 차례로 핀다. 따라서 휴면 기간 중에는 어떤곳이나 가지를 잘라도 개화에는 영향이 없다.

번식은 씨뿌리기, 삽목, 뿌리꽂이, 높이떼기로 한다.

치자 나무

꼭두서니과 / Gardenia Jasminoides Ellis

• 형태

　치자나무는 수형과 아름다운 하얀 꽃을 관상할 수 있을뿐만 아니라 진한 향기를 즐기는 분재용수로는 매우 귀중한 존재다. 그리고 겹꽃이 아닌 것은 결실하므로 〈열매치자나무〉로도 관상할 수 있다. 자생지가 남부지방 이므로 내한성에 약하여 방한을 안하면 발육을 할 수 없다. 그러므로 겨울철은 필히 추위에 신경을 쓰지 않으면 고갈하는 장해가 생긴다. 꽃눈은 새 가지끝에 7~9월에 걸쳐 분화하므로 너무 뻗은 가지는 꽃이피고 난 뒤 곧 자르면 그 뒤에 자른 두 번째 싹에서도 꽃눈이 분화한다. 다른나무와는 달리 개화 하는데 온도 조건은 관계없이 오랜 햇빛에 의해 꽃이핀다. 9월경부터 전등불 아래 놓아두면 12월경까지 꽃 구경이 가능하다. 비료나 수분은 비교적 많이 요구 하므로 물과 비료분이 부족하지 않도록 한다.

　번식은 삽목, 취목〈높이떼기〉에 의한 것이 일반적인데, 특히 삽목〈꺾꽃이〉이 용이하다. 6~7월의 장마철에 새 가지를 잘라 삽목하면 거의 100%에 가까운 활착율을 보인다.

• 특성

　우리나라 남부지방에 많이 자생하는 상록관목으로 대부분 포기 자람으로 가지가 다수 분지된 수형으로 자란다. 가지와 잎은 대생하고 초여름 가지끝에 피는 하얀꽃에는 진한 향기가 있으며 열매는 10월경에 익고 노란색의 염료로 사용한다. 치자나무는 열매도 관상 가치가 있기 때문에 분재계에서는 열매치자라고 불린다. 비슷한 종류로 치자나무보다 대형으로 겹꽃이 피는 만첩 치자나무와 잎이나 꽃등 나무 전체가 작은 천엽치자나무가 있다. 또 잎에 반점이 있는 품종도 있으나 분재기르기는 천엽치자나무처럼 야성미가 있는것이 어울린다.

• 관상

　치자나무는 꽃과 열매 두 가자지를 즐길 수 있다. 꽃은 6~7월경 순백색의 두꺼운 꽃잎의 6승화를 벌리며 그 청초함이 멋을 뽑내며 진한 향이 있어 매우 즐거운 것이다.

　열매는 가을의 깊어감과 더불어 익어 간다. 열매의 모양은 양 끝이 뾰쪽하며 끝쪽은 잘룩하여 벌어지지 않는다. 옛사람들은 입을 벌리지 않는다고 해서 무구無口라고 부르기도 하였다. 열매가 익으면 황갈색을 띤다. 치자의 매력은 누가 뭐라해도 진한 향기에 있다고 본다.

느릅나무 느릅나무과 / Ulmus parvifolia Jacq

• 형태

한국 일본등에서 자생하는 낙엽성 교목이며 나무껍질은 탄갈색이며 수령이 오래되면 작은 조각으로 되여 벗겨진다. 싹틈의 세력이 강하고 작은 가지가 다수 나뉘어 자란다. 8~9월경에 엽액에 엷은 노란색 꽃이 무리를 지어 피고 10월경에는 종자를 성숙 시킨다.

느릅나무는 황피느릅나무, 은느릅, 황금느릅, 참느릅나무 등의 다양한 품종이 있는데 그중에 분재기르기로 인기있는 품종이 황피느릅나무 이다.

• 특성

습기가 있는땅에 많이 자생 하지만, 건조한 땅에도 잘 견디며 성장한다. 느티나무 등에 비하면 내 음성은 약하지만, 분재 기르기를 할 경우 가지의 지나친 성장을 억제 하기 위하여 양지바른 장소에 분을 놓도록 한다. 싹틈의 세력이 극히 강하여 가지를 줄여서 절단 하여도 도처에서 부정아가 발생한다. 잎이 작아 분재의 소재로는 좋은 수종이다. 새싹은 8~9월경까지 힘차게 뻗어난다. 그때마다 손끝으로 따 주면서 수형이 흘으지지 않도록 한다. 성장이 왕성한 수종이므로 굵은 가지를 절단 하여도 그 상처는 곧 융합한다. 충분한 관수를 하면서 관리하면 잎이 마를 염려는 없으나 햇빛이 강한 여름은 갈대발등으로 보호하는것도 좋은 방법이다.

• 관상

느릅나무는 느티나무와 유사한 점이 많으나 느티나무 보다는 강직한 느낌을 풍기는 나무이다. 부드러운 느낌은 없지만, 줄기의 껍질이 빨리 거칠어지기 시작 하므로 흔히 수령이 오래된 인상을 받게 된다. 수형으로는 직간, 쌍간, 또는 사간등이 좋은 호감을 준다.

황피느릅나무 느릅나무과/포기자람 / Ulmus davidiana var.

분재수형은 직간, 모양목, 쌍간, 취류, 삼간, 사간, 문인목 등 다양하다. 그리고 포기자람과 뿌리이음 그리고 모아심기 등이 있다. 이처럼 수형이 많듯이 기법 또한 매우 다양하다. 삽목, 취목, 접목, 휘묻이 등이 있다. 처음 분재기르기 강좌를 편찬하려할 때 쉽게 생각 하였는데 막상 시작하고 보니, 내용이 방대하고 다양하여 매우 흥미로운 작업이였다. 이유는 각기 초목들이 갖고있는 형태와 특성들이 달라서 거기에 맞는 자료들을 수집하고 전국 이곳저곳을 찾아다니며 사진을 찍고 하여 여러전문가의 자문을 받아 글을 쓰고하여 2년여 세월을 뒤로하고 분재기르기강좌가 세상에 빛을 보게됨은 실로 감개무량한 일이라고 생각한다.

우리 민족에게 소나무는 으뜸 나무다. 소나무를 잎따기와 가지치기를 하여 수형을 바로 잡고 있다(분재박물관 이길자 대표).

등나무
콩과 / Wistaria floribunda Dc.

등나무 분재로는 보기 어려운 명품 분재이다.

• 형태

나무는 야생인것도 있으나 민가 근처에서 흔히 자라는 낙엽성덩굴식물이다. 넓은 의미로는 콩과의 등나무속과 여름등나무속으로 분류되어 있는 수목을 총칭한 이름이다. 등나무속에 포함되어 있는데 중요한 것은 노다등나무와 산등나가 있다. 노다등나무는 덩굴을 다른 물질을 왼쪽으로 감아 올라가면서 성장하여, 30~60cm정도의 긴 총상화서를 늘어 뜨리고 보라색의 꽃을 다수 피운다. 산등나무 역시 낙엽덩굴 식물이다. 이것역시 다른 물질을 왼쪽으로 감아 오르면서 성장하여 노다등나무보다 짧은 20cm내외의 총상화서를 늘어 뜨리고 보라색 꽃을 다수 피운다. 산등나무나 노다등나무로는, 꽃의 색갈과 화서의 길이가 다른 다수의 원예품종이 만들어지고 있으며 또한 야쓰부다등나무와 산등나무와 같은 왜성의 것도 있다. 분류학적으로 노다등나무와 산등나무는 별개의 것이며 여름등나무로 분류되어 있는것은 보라색 여름등나무가 있다. 보라색 여름등나무는 오끼나와, 대만 등 더운 곳에 자생하는 상록, 반상록의 덩굴식물이며 7~8월에 총상화서를 늘어 뜨리고 농자색의 꽃을 다수 피운다. 보라색 여름 등나무에는 화수가 적은 대만 보라색 여름등나무와 화수가 많은 사쓰바 보라색 여름등나두의 두 계통이 있다. 여름등나무는 7월경 20cm내외의 총상화서를 늘어 뜨리고 흰꽃이 다수 피기때문에 도요 등나무라고도 불리운다. 이 등나무는 다른 물질의 오른쪽을 감아 오르면서 성장한다.

• 특성

등나무속, 여름 등나무속 모두 기름지고 습기가있는 곳에 자생하므로 분재로 기르기할 때에는 비료와 수분을 넉넉히 주도록 한다. 특히 여름철은 물 주기를 잊지 않도록 하여야 한다. 분갈이할 때 잔 뿌리는 자르지말고 둘둘 말아서 묻어두면 꽃눈의 분화를 촉진 하게된다. 그리고 너무 자주 분갈이를 하면 꽃이 덜 피므로 주의해야 한다. 꽃눈은 등나무속에서는 새 가지끝의 줄기부분 2~3눈에 분화하여 이듬해 봄이 꽃눈의 일부가 싹터서 개화한다. 새 가지는 꽃눈이 완전히 분화된 9~10월이 되기까지는 자르지 않도록 한다. 여름 등나무속에서는 새 가지끝에 꽃눈이 분화되어 그해중 개화 하므로 휴면기간중 전정은 어떤 위치에서 가지를 잘라도 다음 개화에 영향을 주지 않는다. 그리고 보라색 여름등나무는 난지성의 수종이므로 겨울철 방한에 유의해야 한다. 번식은 접붙이기, 높이떼기, 방법으로 한다. 접붙이기는 가지 접붙이기를 하는 것이 좋다.

• 관상

등나무는 봄 등나무와 여름 등나무가 있다. 모두 화목분재로 각광을 받고 있다. 봄 등나무는 4월하순경 보라색의 첩형화를 다수 연결하여 늘어뜨린다. 그 모습은 참으로 우아하고 색다른 풍취를 느끼게 한다. 여름 등나무의 대표적 품종은 사쓰마 보라색 여름 등나무이다. 왜성 소엽이며 줄기의 굵어짐이 늦은 것이 결점이긴 하지만 그 고대자색의 꽃을 입방상으로 꽃피우는 모습은 독특한 아름다움을 자아낸다. 어느종류나 다 고목이 되면 분수로써 의연한 자태가 된다.

단풍나무   석부/단풍나무과 / Acer palmatum Thunb. var. dissectum Maxim.

• **형태**

　단풍나무는 단풍나무과 단풍속으로 분류되어 있는 식물의 총칭명이며 분재계나 원예계에서는 일반적으로 산단풍나무나 이로하 단풍나무같이 잎의 들쑥 날쑥이 많고 또 그것이 깊은쪽을 모미지 단풍나무, 들쑥날쑥이 적고 얕은쪽을 가에다 단풍이라 한다. 일본에 자생하는 가에도속의 식물로서 모미지 단풍나무로 불리는 것에는 이하로 단풍나무, 오오단풍 나무 등이 있다. 또한 이하로 단풍나무에서 파생된 원예품종으로는 천염千染,적지금赤地錦, 치상置霜 등. 그리고 산단풍나무에서 파생된 원예품종으로는 청희淸姬,사자두獅子頭 등이 있으며 오오단풍 나무에서 파생된 것은 야림, 대맹 등이 있다.

　이로하 단풍나무는 일본 한국 산야에 자생하는 낙엽성 교목으로 나무 껍질은 암갈색이며 매끈매끈하다. 가지는 가늘게 잘 분기하고 잎은 작은 당상當狀이며 5~7가닥으로 찢겨져 있고 가장자리에는 조그만한 톱니가 있다. 산단풍나무는 우리나라동해의 연안에 많이 분포하는 낙엽성 교목으로 가지는 가늘고 잘 분기한다. 잎은 7~8가닥으로 분열하고 잎이 이로하 단풍나무 보다 넓은 것이 특징이며 가장자리에 날카로운 겹 톱니가 있다.그리고 오오 단풍나무는 낙엽성교목으로 잎이 이로하 단풍나무와 산 단풍 나무보다 대형이며 지름은 6~12cm정도이며 7~8가닥으로 갈라져 있다.

　단풍나무의 홍엽은 고래로 가을에 붉게 물드는 초목을 총칭한 명칭이라고 알려져 있다. 그러나 가을에 아름다운 홍엽현상을 나타내는 단풍나무만을 지칭하여 단풍나무라고 지금까지 부르고 있다

• **특성**

　단풍나무는 습기가 있는 반 그늘에서 많이 자생하기 때문에 한 여름의 직사광선으로 잎이건조하여 타는 일이 있다.그러므로 7~8월 상순까지는 대발등으로 보호하고 물 주기를 잘 하여야 한다. 봄부터 자라는 새 싹은 그대로 놔 두면 가지가 위 세좋게 뻗어서 마디 사이가 길어지고 만다. 그러므로 단풍나무류의 눈 따기는 시기를 놓치는 일이 없도록 주의 하여야 한다. 싹이 트기 시작할 무렵에 핀셋트 등으로 눈 끝을 집어서 따 주거나 중심의 싹이 약간 자랐을 때 기부에 1절만 남기고 따준다.

　수세가 왕성하여 가지가 도장하거나 잎이 대형화 하는 것은 5~6월경에 잎 자투의 일부를 남기고 잎 따기를 해주어 작은 가지의 분기를 촉구한다. 단풍나무류는 가지가 극히 꺾어지기 쉬우므로 철사걸이를 할 때에는 가지가 부러지지 않도록 주의 하여야 한다. 특히 완성 된 분재에서는 작은 가지에 감는 것으로 하여야 한다. 또 가지가 대생하므로 수형의 뼈대를 이루는 중요한 가지는 의생이 되도록 가지치기를 한다.그러나 작은 가지에 대해서는 대생을 고려하지 않아도 된다.

　번식은 씨뿌리기,삽목, 취목, 접붙이기에 의한다. 종자는 증이봉지 등에 넣어서 보존하며 파종은 이듬해 봄 3월에 한다. 삽목은 충실한 새 가지를 이용하여 6~7월의 장마철에 행하면 비교적 활착률이 높다.성장이 늦은 품종과 삽목이 어려운 것은 산 단풍나무에 접 붙이기를 하여 빨리 성장 시켜서 그것이 자란 후에 취목하는 것이 좋은 방법이다.

• **관상**

　단풍나무는 잎 모양이 온화하고 아름다운 잡목 분재이다. 봄의 싹틈의 여름의 푸른 잎 그리고 가을의 붉은 잎의 변화를 즐기기에 좋은 수종이다. 또한 분재로서 나무가세를 관상의 매력이 있다.

　뿌리 뻗음이 좋고 줄기는 곧고 가지끝은 가늘게 뻗는다. 잡목 분재의 전형적인 수형으로 가꾸어저 명목으로도 기르기에 부족함이 없는 수종이다. 아울러 나무의 질도 튼튼하고 수령이 더 할 수록 품격이 갖추어 진다. 관상시기는 전기 외에도 잎이 떨어진 겨울의 낙목한천도 일품이다.

도사층층나무

풍년화과 / Conylopsis spicata S, et Z,

• **형태**

일본에 자생하는 낙엽성 소교목으로 대게 뿌리 부근에서 줄기가 분리되여 각각 성장한다. 가지는 비교적 굵으며 별로 잘게 나누어지지 않는다. 3~4월 싹 트기전 수상화서穗狀花序를 내어 축 늘어저서 5~6개의 노랑꽃을 피운다. 열매는 9월경에 성숙되며 그속에 광택이 있는 검은 씨앗을 간직한다. 도사층층나무보다 전체적으로 소형인 휴우가층층나무가 있다. 가지가 가늘게 잘 나뉘어져 있고 이것역시 뿌리부분에서 여러개의 줄기가 분립分立하여 성장한다. 3~4월 싹트기 전 도사층층나무보다 작은 총상화서를 내고 1~2개의 노란꽃을 피운다.

• **특성**

자생지는 석회암질의 토지임이 밝혀졌으나 일단 식재植栽로 길들여진 것은 토질 여하를 가리지 않고 잘 자란다.

가지는 그리 많이 뻗지 않으며 부정아不定牙의 발생도 적은 수종이므로 강한 전정은 피하는 것이 좋다. 한편 휴우층층나무는 싹트는 힘이 왕성하므로 강한 전정에도 잘 견디는 성질이 있다.

번식은 씨뿌리기, 삽목, 높이떼기에 의한다.

• **관상**

도사층층나무는 당당한 수형으로 다듬기는 어려우나 계절적인 꽃나무로써 사랑을 받기에는 부족함이 없다. 즉 이른봄 낡은 가지의 엽맥에서 옅은 노란색 총상화서를 길게늘어 뜨려 꽃이 핀 모습은 보기에 매우싱싱하여 마치 오는 봄을 예찬 하는 듯 하다 해도 과언이 아닐 정도로 아름답다. 그리고 어쩐지 이른봄의 전령사들인, 봄의 꽃은 도사층층나무, 풍년화, 개나리 등은 선명한 노랑색이 주축을 이룬다 하겠다.

장수매화
Chaenomeles speciosa Nakai C. V.

• 형태
장수매화는 일본에 자생하는 자웅동수의 낙엽관목으로 가지는 옆으로 퍼지듯이 세장細長하며 성장하고 잘 분기한다. 짧은가지는 가시상으로 되었고 잎에는 난형의 탁엽이 있다. 4월경 흰색 또는 붉은색의 꽃이 피는데 4계절 피는 성질을 갖고있다. 길이 3~5cm정도로 구상의 과실이 10월경 황록색으로 성숙한다. 과실속에는 자흑색의 종자가 다수 들어 있다. 나무전체가 왜화矮化한 것이다. 눈 수가 많고 가지가 잘 분기하고 좀처럼 수형이 문란해지지 않으므로 분재로서 많이 기르기 하고있다. 장수매화는 모과의 교잡종으로 파생되었다고 한다.

• 특성
반 일음성으로 보편적으로 적윤한 토양을 좋아하며 생육하므로 분재로 기르기할 때는 물이 부족하지 않도록 하고 햇빛이 심한 여름에는 갈대발 밑에 보호하여 잎 타는 것을 예방한다. 장수매화는 근두암종병에 걸리기 쉽다. 근두암종의 병원균은 따뜻한 봄이면 활동이 활발해서 분갈이시 잘린 뿌리의 뗀자리 등에 침입하여 병을 발생 시킨다. 아울러 병에 걸리지 않도록 주의해야 한다. 병에 걸리면 흙을 전부 털어내고 병든곳에 히토마이싱을 도포한다. 그리고 병에걸린 분재를 심었던 화분 및 분토는 다시 사용하지 않고 새로운 것을 사용한다. 수형만들기는 철사걸이는 작은 가지정도로 하고 전정으로 만들기를 한다 번식은 씨뿌리기, 삽목, 취목, 포기나눔에 의하며 그 어느것도 용이하다.

• 관상
4~5월경 꽃피는 것이 일반적인 소품분재에 적합한 꽃물 분재의 수종이다. 그리고 꽃이 4계절 피며 꽃과, 열매와 녹색잎이 분안에 가득 조화를 이루고 있는 모습은 언제 보아도 풍취가 있다. 수형 가꾸기로는 이 나무의 특성을 살려 포기세움이 어울린다. 또한 왜성의 수종으로 어느정도 수형이 잡히면 다음은 좀처럼 수형이 흐트러지지 않는 장점이 있다. 응접실 등에 놓는 것으로는 빼 놓을 수 없는 소품분재의 정수이다.

명자나무

장미과 / Chaenomeles speciosa Nakai

• 형태

중국원산의 자웅동수의 낙엽성 낮은 키 나무이며 가지는 잘 분기分岐하며 주립상株立狀으로 생육生育한다. 짧은 가지의 선단은 가시형이며 잎에는 계란형의 탁엽이 발생한다. 기본종은 한겹의 홍화가 주이지만, 흰꽃, 홍백색꽃 등 많은 품종이 만들어 지고 있다. 그리고 봄에 꽃 피는 것을 봄 명자나무, 연말에서 초봄에 꽃피는 것을 겨울 명자나무라고 부르며 구별하고 있다.

열매는 거의가 정원형을 한 5~7cm 정도의 황록색 열매가 달린다. 겨울명자나무는 동천홍, 구중금, 홍사, 흑광, 등이고 봄명자나무는 동양금, 경사, 금사자 등이다.

• 특성

반 나절의 그늘과 배수성및 습기가 알맞은 땅에 주로 생육한다. 분재로 기르기 할 때는 수분을 많이 요구하므로 물이 부족하지 않도록 한다. 그리고 햇빛이 강한 여름철은 잎이 타지 않도록 7~9월상순까지는 대발 등으로 보호 하여야 한다. 명자나무는 근두병에 걸리기 쉬운 수종이다. 근두병의 원인은 봄이되어 따뜻해지면 활동이 활발해서 분갈이 할 때 자른 상처에 침입한다. 그러므로 분갈이는 병원균이 활동을 중지하고 있는 가을에 하는 것이 병을 예방할 수 있다. 이미 병에걸렸으면 흙을 털어내고 절담면에 히트마이신을 발라둔다. 명자나무는 주립상으로 기르는 것이 일반적이며 자연적인 수형을 즐기는 수종이므로 전정에 의해 수형을 가다듬고 철사감기는 작은 가지에 이용하는 정도로 한다. 왜냐하면 가지가 단단하여 꺾어지기 쉬우므로 철사의 사용은 많은 주의가 필요하다. 전정은 6월경에 지나치게 뻗어나는 새 가지끝을 절단하고 본격적인 전정은 휴면기간중에 꽃눈을 확인 해가며 가면서 하도록 한다.

번식은 씨뿌리기, 삽목, 높이떼기, 포기나누기로 한다. 삽목은 봄 꽃이와 장마철 꽃이 등 모두 활착율이 좋다. 또한 명자나무는 정원수로 많이 심으니 취목을 이용하면 이상적인 분재수를 얻을 수 있다.

• 관상

명자나무는 겨울철에 꽃피는 종류도 있지만, 주로 이른 봄의 꽃나무로 사랑을 받고 있다. 꽃은 야취가 밝고 화려하며 친근한 멋스러움이 명자나무의 특색이다.

분재로 원예품종중 동양금이 대표적이다. 나무의 성질상 좋은 수형으로 만들기 어려운 결점이 있으나 없어서는 않되는 꽃나무이다.

주목

주목과 / Taxus cuspidata Sieb et.

• 형태

높은 산에서 자라는 상록교목常綠喬木으로 수피樹皮는 적갈색이며 수령이 많아도 아랫가지는 좀처럼 마르지 않는 성질을 갖고 있다. 가지는 강인해서 잘 꺾어지지 않으며 잔가지에서는 침엽이 양쪽으로 2열로 서서 착생한다.

꽃은 4월경에 피고 열매는 9~10월경에 빨갛게 익으며 사람이 먹을 수 있다. 주목의 변종인 가라목은 주목은 교목인반면 가라목은 관목으로 지엽은 비교적 밀생한다. 잎은 주목브다도 약간 두껍고 주목처럼 잔 가지에 2열로 규칙적으로 줄저 있지않고 불규칙적으로 약간 밀생하는 것으로 구별이 가능하다.

• 특성

침엽수 중에서는 신기할 만큼 내음성耐陰性이 강한 수종이므로 흙송, 적송, 등의 양수陽樹를 우선적으로 햇빛이 잘 닿는곳에 놓고 주목이 가라목은 이들 분재의 그늘이 되는 위치에 놓아도 생육하는데 지장은 없다. 고산의 한지寒地에 자생하므로 내음성이 아주 강한 성질을 갖고 있으나 여름의 강한 일사日射에는 약한 경향이 있으므로 7~8월 사이는 가능하면 갈대발 밑에서 관리를 하여야 한다. 또한 비교적 잔근성으로 자생지에서는 유기질이 많고 약간 습윤한 땅을 좋아 하므로 분재로 기르기할 경우도 비료분을 적게하여 주지 말고 분토도 건조시키지 않도록 주의 하여야 한다.

주목, 가다목 모두 성장이 아주 더디고 가지의 1년간 생장합도 적은 수종이므로 한번 수형을 갖춘 것은 잘 변형되지 않는 성질을 갖고 있다. 생장이 늦다고는 하지만 싹트는 힘이 강하고 부정아도 잘 생긴다. 아울러 이식력은 별반 강하지 않으므로 분갈아 할 때는 필요 이상으로 뿌리를 자르지 않는 것이 중요하다.

번식은 씨뿌리기, 삽목, 높이떼기로 한다. 씨뿌리기를 할 때에는 열매를 채취 후 물에 씻은 뒤 씨를받고 씨가 건조해지지 않도록 흙속에 파묻어 보존한다. 경실硬實이기 때문에 발아까지는 느년이 걸리는 경우도 있다.

• 관상

주목은 어디를 보아도 심산의 고목같은 아취를 풍기는 나무이다. 수피는 적갈색을 띠고 고목이되면 얇게 종열縱裂하여 정취를 느끼게 한다. 잎은 세장細長하며 다닥다닥 붙고 짙은 녹색으로 된 잎이 독특한 것이라 할 수 있다. 4계절을 통하여 관상이 가능하다. 싹 트는 모습도 아름답고 여름의 깊은 선綠도 보기에 좋다. 그리고 주목이 그다운 풍취를 나타내는 것은 늦가을에서 겨울에 걸쳐서 이다. 특히 사리간의 고목은 겨울의 관상목으로 정취가 손색이 없는 수종이다.

모과나무

장미과 / Pseudocydonia Sinensis Schneid

· 형태

중국 원산의 낙엽교목으로 수피는 대록갈색帶綠褐色으로 수령이 많아지면 수피가 운문상雲紋狀으로 변하여 광택을내어 아름다운 모양으로 된다. 꽃은 담홍색으로 아름답게 피고 4월경 새 잎이 핌과 동시에 꽃이 핀다. 과실은 직경10cm 길이 15cm내외로 10월경에 노란색으로 물들고 방향성이 있다. 과실 가운데는 흑갈색의 종자가 많이 들어 있다.

· 특성

모과나무는 지간이 아주 단단하고 수령이 오래 된 것은 철사걸이에 의한 교정은 어렵다. 그러므로 기본의 나무모양은 어린 나무일 때에 만들어 놓지 않으면 안 된다.

꽃눈은 짧은 가지의 정아에 분화하고 이 꽃눈이 이듬해 봄 약간 신장하여 개화하고 결실한다. 따라서 휴면기간중 전정을 할 때에는 짧은 가지는 남기고 꽃눈이 생기지 않고 길게 뻗은 가지를 잘라 수형을 정비한다.

비교적 수분을 많이 요구하는 수종으로 분토를 건조시키면 작은 가지가 마르던지 잎이 타는 경우가 있으니 주의 하여야 한다. 또한 결실기에 갈증을 일으키면 낙과의 원인이 되기도 한다. 모과나무는 열매분재 중에서도 대형의 과실이 열리는 수종이므로 결실 하였을 때는 그만큼 수체내의 영양이 많이 소비됨을 알아야 한다. 그러므로 결실 시키는 수가 많지 않도록 조절을 하여야 한다. 9~10월에 시비를 하여야 하는데 질소분을 주체로 즉 깻묵따위 등을 약간 많이 줄 것을 잊어서는 안 된다.

번식은 씨뿌리기, 높이떼기, 삽목, 접붙이기로 한다. 종자는 습기가 있는 모래등에 묻어 보존한다. 삽목을 하면 4~5년으로 꽃이피고 결실 하게된다. 대목은 모과나무의 실생묘를 이용한다.

· 관상

모과나무는 튼튼하고 줄기도 잘 굵어져 수형을 다듬는데 비교적 단기간에 이루어 진다. 대개 사간, 모양목 등이 수형으로 잘 어울린다. 모과나무의 볼 만한 것은 누가 뭐라 하여도 첫째가 열매가 노랗게 익어 열려있는 모습이다.

누운듯한 계란형으로 길이 10cm내외가 열매가 탐스러움 그 자체다. 또한 가을이 깊어가면 거기에 답해서 방향을 진하게 풍기며 소한 대한 추위를 이고 이듬해 봄까지 관상할 수 있는 나무이다. 더우기 봄 새 잎과 더불어 담홍색의 5승화가 피는데 이것 역시 아름답다 하겠다.

분재수로써 모과나무는 인기가 대단하다. 기르기 4~5년이 지나면 몸이면 풋풋한 새 잎과 함께 담홍색의 아름다운 5승화의 꽃이피 고 여름이면 그 싱싱함을 자랑하다 가을이 되면 노랗게 익은 열매가 경이롭기까지 한다. 그리고 그 열매는 소한 대한 그 추위속에서도 달려 있다가 또 봄이면, 후진에게 자리를 내어주고 제 갈길을 간다 하겠다.

· 모과 – 쌍간 나무높이〈38cm〉 · 수령 – 취목 후 305년 풍성한 열매를 결실하였다.

상수리 나무

참나무과 / Quercus acutissima carruth.

성하盛夏의 계절에 대표적인 잡목림이 푸르름을 뽐내고 있다.

상수리 나무 잎이 노랗게 물 들어, 정든 가지를 떠나려 한다

분재 기르기의 가르침과 배움은 나무로부터 배운다. 축소된 자연을 작은 분안에 재현하는 것을 모토로 삼는 분재는, 산이나 들에 산재해 있는 모든 나무들이나 야생초는 살아 있는 교사이다. 그러므로 여행할 때에 자연의 이곳 저곳을 관찰하는 것도 분재 기르기의 안목을 넓히는데 한 방법이다.

성하의 계절에 그 푸르렀던 모습은 간곳없고 세월의 흐름에 아니 계절의 변화에 어쩔 수 없이 말 할 수 없이 아름다운 단풍이 들어 정든 가지를 떠나려 하고 있다. 그런데 관엽수 중 유난히 참나무는 가지와의 이별을 싫어해 이듬해 봄까지 있다가 새싹에게 자리를 내주고 흙으로 돌아간다.

분재는 실패하지 않는 것과 숙달은 다르다. 실패를 두려워 해서는 그만큼 숙달도 늦어진다. 아울러 어떠한 실패이든 그것은 분재 기르기의 귀중한 체험이다.

마삭줄 협죽도과 / Tracheloespermum asiaticum Nakai c.v.

• 형태

우리나라 및 일본의 산야에 자생하는 상록덩굴 식물로써 덩굴에서 부착근을 내서 나무나 바위등에 부착하여 신장한다. 지엽은 대생하고 농녹색으로 광택이 난다. 백색의 꽃이 5월경에 피는데 꽃물분재로서가 아니라 잡목분재로 취급하는 것이 일반적이다. 마삭줄의 원예품종으로써는 잎에 반이 들어 있는 것 혹은 덩굴이 별로 뻗지않고 잎이 소형인 것도 있다. 분재로서는 마삭줄 보다는 백화등을 즐겨 배양하고 있다. 또한 마삭줄은 이전부터 재배되어 많은 사랑을 받았다 한다.

• 특성

마삭줄은 잡목분재로 배양되는 수종중에서는 수가적은 상록수의 이다. 분재로 만드는 수종중에서 줄기가 비대성장이 늦으며 태간으로 기르기는 오랜 세월을 요한다. 자연의 상태로 마삭줄은 덩굴의 직경이 5cm내외가 되는 것도 있으나 대부분은 덩굴이 10cm정도나 뻗어서 비대생장이 늦다. 그러므로 소품분재로 기르기가 적합한 수종이라고 말 할 수 있다. 그리고 발근력이 왕성하기 때문에 돌붙임 분재의 첨목에添木에 많이 이용된다. 줄기의 비대생장을 촉진키 위해서는 비료를 많이주고 수분이 부족하지 않도록 관리한다. 분은 큰 것을 사용하여 새 가지는 1년간 신장하도록 그대로 놔두고 휴면기간중 잘라내는 관리를 반복하는게 좋다. 즉 생장 기간중은 잎의 수를 잎의 수를 많게 하여 동화양분을 증대 시키고 휴면기간중에 전정으로 수형 만들기를 하는 것이 일반적이다. 번식은 삽목, 뿌리꽂이, 취목으로 한다. 뿌리꽂이는 갈아심기 할 때에 잘라낸 뿌리를 이용하여 할 수 있다.

• 관상

조선때부터 즐겨 기르던 식물이다. 잎은 여름이 되면 대갈황색帶葛黃色을 띠고 가을이 되면 잎이 붉어진다. 잎의 일부분씩 물들어가는 점이 특색이 잇고 초 여름에 피어나는 백색오승화白色五升花에는 감미로운 향기가 있다. 좀 백화 등에는 가지가 지극히 밀생하여 아주 작은 잎이 된다. 그리고 표면에 축면상縮緬狀으로 되어 있다. 록엽종 이외 아름다운 반班을 나타니는 것도 있다. 꽃은 분별없이 피는 것이 아니어서 관엽분재觀葉盆栽라고는 할 수 없다.

삼나무
낙우송과 / Cryptomeria japonica D. Don.

• **특성**

　삼나무는 일본의 북쪽과 남쪽에 걸쳐 자생하고 있다. 그러므로 내한성, 내서성 모두 강한 수종이다. 북쪽에 자생하는 나무는 겨울철에 수관이 눈에 덮혀서 건풍으로부터 보호 되고 있다. 따라서 분재로 배양할 경우 내한성이 강하다고 해서 겨울의 건풍을 맞으면 잎이나 작은 가지가 삭정이가 되기 쉬우므로 건풍이 닿지 않도록 관리 하여야 한다. 송백류중에서 노송과 화백나무와 더불어 수분과 양분을 비교적 많이 요구하는 수종이므로 비료성분이 부족하면 가끔에 수세가 쇠약 해지기 쉬우니 주의한다. 새싹은 8~9월경까지 순차적으로 신장하므로 그때마다 눈 자르기를 해준다. 이때에 새 싹의 기브를 약간 남기도록 엄지와 둘째손가락으로 새 싹을 잡고 잡아 빼듯이 눈따기를 해준다.

• **형태**

　일본특산의 상록교목으로서 높이40cm지름 1~2m에 달하며 일본 남부지방에서 많이 심고 자란다. 수피樹皮는 적갈색이고 서로 갈라지며 가지가 많이 나오고 위로 또는 수평으로 퍼진다.

　잎은 침형針形이며 3~4모가지며 애첨두銳尖頭로 길이 12~25mm이지만 윗부분의 것은 짧으며 수지구樹脂溝가 중앙 가까이에 1개가 있다. 꽃은 1가화로서 웅화수는 プ-지끝에 짧은 수상화서처럼 달리고 타원형으로서 길이 10mm이며 포苞에 4~5개의 꽃밥이 달린다 자화수雌花穗는 구형으로서 끝에 1개씩 달리고 뾰쪽한 자록색 포가 있다. 삭과는 둥글며 적갈색으로 지름 16~30mm이고 숙존성宿存性의 실편은 두꺼우며 끝에 몇개의 치아상齒芽狀 돌기突起가 있고 뒷면에도 젖혀진 돌기가 있다.

　포는 밑부분에 붙어 있으며 뾰쪽하고 종자는 각 실편에 3~6개씩 들어 있는데 긴 타원형이고 길이 8mm 지름 2.5~3mm로 둘레에 좁은 날개가 있으며 지엽은 3개이다. 꽃은 3월에 피고 열매는 10월에 익는다.

• **관상**

　하늘을 찌를듯 높이솟아 직립한 모습은 삼나무의 매력이다. 지엽도 잘 번성하여 엄숙한 자태를 나타낸다. 고목이 되면 수피가 갈라져 한층 더 풍취를 나타낸다. 그리고 여름의 푸르다 못해 청초함, 겨울의 고요가 우리 인간의 정서를 순화 해주는 나무이다.

흑낙상홍

감탕나무과 / Rhamnus japonica Maxim.

곰버들이나 대추나무 등과 같이 감탕나뭇과의 식물이며 낙엽이 진후의 열매 모양이 낙상홍을 닮았고 더구나 색이 검기 때문에 이같은 이름이 붙여졌다. 산야에 자생하는 암수가 다른 나무의 낙엽관목으로 나무껍질은 평평하고 매끄러우며 유난히 빛이 난다. 잎모양과 수세가 고르지 못한 경우가 많으며 계란형 또는 타원형의 잎이 거의가 다 대생한다.

5~6월에 엽맥부분에서 작은 꽃이 다발로 다닥다닥 붙는다. 작은가지는 다수 분기하며 심한 가지치기도 견뎌내므로 추운 지방에서 산 나무 울타리로 이용 되기도 한다. 번식은 씨뿌리기, 삽목, 취목으로 한다.

낙상홍은 뿌리벋음이 좋아 잔뿌리가 밀생하여 뻗기 때문에 매년 묵은 흙은 거의 털어내고 뿌리도 3/2정도 자르고 갈아심기를 하여야 한다. 용토는 마사토8 적토1 부엽토1 또는 마사토8과 적토2의 배합으로 한다. 여름의 잎이 시드는 원인은 물부족으로 생긴다. 그러므로 표토가 마르지 않도록 듬뿍 준다.

비료는 갈아심기 한 것은 1개월 지나서 깻묵 액비를 준다. 9~10월에 깻묵에 골분 30%섞어 약간 넉넉하게 주면 좋다.

때죽나무

때죽나무과 / Styrax japonica S. et Z.

우리나라 산야에 자생하는 낙엽성 큰 키나무로 나무 껍질은 암갈색이며 평평하고 매끄럽다. 가지는 가늘고 비교적 잘 분기한다. 6월경에 새 가지끝에 총상화서를 내어 짧은 꽃 자루를 가진 흰색꽃이 다수핀다. 열매에는 샤포닌이 포함되어 있으므로 이 열매를 갈아서 강물에 풀어 고기를 잡기도 한다. 아울러 잡목분재의 대표적 수종이다. 희고 길게 처지는 아름다운 꽃이므로 곱고 매끄러운 나무 껍질과 함께 즐기기 위하여 분재로 기르기 한다. 가지가 가늘고 비교적 잘 분기 하므로 시원하고 말쑥한 수형으로 가꿀 수 있다.

번식은 씨뿌리기, 취목으로 한다.

소사나무

자작나무과 / Carpinus turczaninowii Honce.

• 형태

우리나라 남부지방에 자생하는 자작나뭇과의 낙엽활엽 교목으로 키는 5m에 달하며 작은 가지에 밀모密毛가 있고 탁엽托葉은 선형線形이며 겨울철에도 달려 있다. 잎은 난상卵狀 타원형, 또는 넓은 난형이고 첨두尖頭이며 원저圓底, 예저銳底 또는 넓은 아심장저亞心臟底이고 길이 3~5cm로서 복거치複鋸齒가 있으며 측맥側脈은 10~20쌍이고 뒷면은 털이 많이 있다. 그러나 뒷면 맥 위에는 잔털이 있으며 맥액脈腋에 밀모가 있고 엽병葉柄은 길이 5~8mm로서 털이 있다.

과수果穗는 길이 3~5cm이며 과경果梗은 길이 15~20cm로서 털이 있고 포苞는 8~16개이며 반난형半卵形이고 첨두尖頭 또는 둔두鈍頭이다. 그리고 그리고 한쪽에 이지러진 상의 톱니가 있으며 다른쪽에는 윗부분에 1~3개의 톱니가 있다. 소견과小堅果는 길이가 4mm정도로서 선점이 있는 것도 있다. 꽃은 5월에 피며 열매는 10월에 익는다. 잎이 서어나무의 잎과 같고 과수는 길이15~30mm이며 견과는 길이10mm정도로서 털이 있고 포苞는 난형이며 길이 1cm정도로서 첨두이고 전록前綠에 1~2개, 후록後綠에 3~5개의 톱니가 있으며 열매의 길이가 4mm정도 것을 좀산 서어나무라고 하며 금강산 및 함남지방에서 자란다.

• 특성

가지가 섬세한 것은 소사나무, 개서어나무, 산서어나무로 곰서어는 다른것들과 비하여 가지가 약간 조잡하고 굵은 성질이 있다. 맹아력萌芽力에 있어서는 산서어나무가 가장 강하여 심한 눈 따기나 전정에도 잘 견디며 생장生長이 빠르고 잎이 소형小形이므로 분재로서는 가장 배양培養하기 쉬운 수종이라 할 수 있다. 새싹은 8~9월경까지 순차적으로 나는데 그때에 맞추어 눈따주기를 해준다. 소사나무류는 어느 것이나 햇빛이 잘 드는 적윤지適潤地에서는 잘 자란다.

번식은 씨뿌리기, 삽목, 취목으로 한다.

• 관상

소사나무는 우리 주변에 가까이 있어서 인간과 친하기 쉬운 나무이다. 나무가 눈에 탁 띄이는 특색은 없으나 부드러워 보이는 간모양幹模樣, 가느다란 가지 끝, 탄흙색炭黑色으로 갈라진 줄기사이 등 현인玄人이 즐기는 수형을 갖추고 있다. 특히 모아심기, 포기심기, 모양목 등으로 수형을 가꾸면 특색이 있는 분수盆樹가 되기에 부족함이 없을 것이다.

관상 시기는 1년중이라고 해도 좋을만큼, 즉 봄의 눈 트는모습, 여름의 록엽綠葉, 가을의 황홍엽黃紅葉, 겨울의 한수寒樹의 모습이 관상이 되기에 부족함이 없는 훌륭한 분재 수종이다.

섬잣나무 五葉松

뿌리이음 • 높이 : 76cm • 나이 : 약 50년

섬잣나무의 뿌리이음으로 수형이 주간 두 그루의 옆을 애워싸고 한 가족처럼 보인다. 또한 나무들이 병풍처럼 둘러 있어 보는 사람으로 하여금 오감을 자극 하여 감흥을 불러 일으키기에 충분하다 하겠다. 흔히 자연수는 정면이 없지만 분재에는 정면이 있다. 자연수는 그 나무의 상태뿐만이 아니라 입지立地하고 있는 자연환경, 그 주변에 있는 나무들의 상태 등이 배경을 이루면서 그 나무의 모습이 주변 분위기에 어울린다. 하지만 분재는 스스로의 모습을 단 하나로 국한 시키면서 최소한으로 간략화 한 표현이기 때문에, 가장 아름답게 감상하는 시점視点이 필요하고 그것이 곧 정면이 되기 때문에 분재를 하는 사람이라면 먼저 정면을 정할 줄 알아야 한다.

섬잣나무 - 三幹

• 높이 : 87cm • 나이 : 약 48년

섬잣나무로 삼간 수형으로 매우 보기드문 수형이다. 마치 원줄기에서 자손들을 분가시켜 함께 사는 것처럼 보인다. 이것이 분재 기르기의 묘미라고 하면 다소 무리일까? 분재기르기에 있어 전반적으로 겹가지, 서로 엇갈린 가지, 수레바퀴 줄기와 가지車枝, 그리고 아래로 처진가지河向枝, 선가立枝지 등을 제거 해 주어야 한다고 한다.

하지만 이 나무의 경우는 그렇지 않다는 것을 잘 말해주고 있다. 즉 수레바퀴 줄기와 선 줄기 셋을 잘 살려 매우 이상적인 삼간 수형을 만들었음 볼 수 있다.

그러므로 분재 기르기에 있어 원론적인 이론을 꼭 따라야 한다는 법은 없다고 생각한다. 그것은 바둑의 정석을 적당히 변형하여 두듯이 말이다.

다시 말하면, 추운 겨울에 집안 뜰에 흰 눈이 나렸는데, 그것이 햇빛을 받아 녹는 것을 본 어린아이가 엄마 마당에 눈이 벗겨진다는 소리를 듣고 애야 눈이 녹는다고 하여야지 벗겨 진다고 하면 안 되는거야! 하듯이 분재에 대해서 자기의 잣대로 남의 작품을 보고 어디가 어떻느니 하는 것은 마치 어린아이의 창의력 있는 말을 트집 잡듯이 말이다. 예술의 다양성을 생각해야 한다.

초심자를 위한 분재기르기 강좌교실

섬잣나무 모양목
• 높이 : 좌우 120cm • 나이 : 약 170년

• **섬잣나무五葉松 수형만들기와 관상점**

섬잣나무는 말할 것도 없이 분재계를 대표하는 수종이다. 환경에 대한 적응력이 우수하여 거의 초심자나 숙달 된 전문분재 기르기 하는 사람도 널리 배양들을 하고 있는 것이 현실이다. 섬잣나무는 매우 튼튼하여 수형 만들기가 쉬우며, 아울러 별 무리無理가 없기 때문에 더떻한 수형을 말들건 부자연스러운 느낌을 주지 않는다는 장점이 많은 수종이다. 그리고 초심자들에게도 친밀감을 주며 수형 만들기도 쉬울 뿐 아니라 시간이 가도 실증이 나지 않은가 하면 심오한 맛을 보게 되기도 한다. 그러므로 이 나무가 갖고 있는 여러가지 정취가 있어 매우 흥미가 있는 분재수盆栽樹라

고 생각한다. 섬잣나무의 수형만들기에 있어서는, 자생지에서의 모습을 염두에 두어야 한다. "오엽백태五葉百態"라는 말이 있듯이 자연속에는 분재수에서는 볼 수 없는 여러가지의 모습들의 수형들을 볼 수가 있다. 작금에 있어서 섬잣나무는 매우 평범한 분재 소재로써 구입 할 수 있지만, 원래는 생육환경이 험준한 고산지대에서 자생하는 나무라는 것을 자칫 간과하기 쉽다. 문제는 높은산의 자연환경의 냉엄함과 가열苛烈함을 견디면서 살아가는 섬잣나무의 자태를 생각 하면서 수형 만들기를 하는 것이 정석이다.

• **실생實生소재에 자연의 풍취를**

지난날에는 소재를 산캐기 한 것을 가지고 기르기 할 때는 어느정도 자연에서의 풍취의 표현이 가능 하였다. 그것은 소재가 갖고 있는 개성을 살려서 줄기 모양에 가지를 이용한 수형을 만들면 되었다. 그러나 과거에는 산캐기가 가능 하였지만, 지금은 녹화사업과 자연보호로 법의 저촉을 받기 때문에 산캐기는 어려우니 실생으로 양성 된 소재에 의존할 수 밖에 없다.

실생 소재는 자연수에서 배우는 것 이상으로 만드는 사람의 기술이 따라야 한다. 그만큼 창작의 범위가 넓고 어렵기도 하지만, 한편으로는 자연의 풍취를 만든다는 것이 쉽지 않다. 초심자들은 성급히 완성목으로 만들려고 어린나무를 강제로 굵게 만든다거나 지나치게 유행을 따르는 수형을 만들거나 하면 반드시 어딘가 부자연스러움이 있게 마련이다. 실생소재를 배양 하는데는 노지에 심던지 분에 심던지의 두 가지 방법밖에 없다.

섬잣나무 모양목

나무별명 : 관음觀音 • 높이 : 72cm • 나이 : 약 190년

분재의 완성목표 즉 최종적인 나무의 크기에 따라서 서로 다르므로 어느것이 정도正道라고 딱히 말할 수는 없지만, 조건이 너무 좋아도 나무에 풍미가 없는 경향이 있다. 노지에 심는 것이 오로지 나무를 굵게 만들기 위하여 행해진다면 자연의 정취를 나타낼 수 있는가는 의문이다. 아울러 분에 심어 몇 해동안 나무를 힘들게 하여 수형을 만들어 다시 땅에 심는다는 식으로, 나무를 굵게 할 뿐만 아니라 그 나무가 가진 운치를 나타내게 하는 연구와 노력이 절대적으로 필요한 일이다.

어찌되었건 앞으로 우리나라에서는 산캐기로 수백년의 소재를 입수 할 수가 없으므로 꾸준히 공들이고 연구노력하여 5년 아니 10여년의 목표를 세우고 한 걸음씩 분재수의 자태姿態를 만들어 나가지 않으면 안된다. 현재와 미래의 즐거움을 나무 기르기에 맡기는 것도 여가선용에 도움이 될 것이다.

아울러 섬잣나무의 수형 만들기는 너무 서둘러서는 안된다. 이 나무의 매력은 짧고 촘촘한 잎의 섬세함과 우아한 모습에 있으며 다소 거친듯한 줄기의 껍질과 잘 조화되어 독특한 아취를 자아 내는데 있다. 또한 어떻한 수형으로 만들건 자연미가 있다는 것이다. 말하자면 섬잣나무의 모습에는 "천변만화千變萬化"의 정취가 있다. 여기서 중요한 것은 수형만들기를 결코 서둘러서는 안된다는 것이다. 빨리 광상할 수 있는 나무를 만들고 싶은 것은 이해가 가나 인간의 경우도 조숙형, 만성형이 있듯이 나무의 개성이 나타나지 않을 때 억지로 수형을 만드는 것은 옳지않다. 그러나 일단 수형만들기를 시작하였으면 어중간 하게 만들어서는 안된다.

수형만들기의 계획이 확립되면 이것 저것 망설임 없이 솜씨를 발휘하여 긴 안목으로 분재수의 성장을 지켜보는 것도 즐거움이다.

나무의 별명에서 보듯 세월을 뒤로 하면서 온갖 풍상을 격었는지 나무등걸 안은 텅 비어있고 겉만 남아있다.

인간이 살면서 몸에 병이 들듯이, 나무역시 세월의 흐름을 어찌 하지 못해 몸의 일부가 병이 들었는지 노쇄의 결과인지는 모르지만, 아무튼 보는 마음은 조금은 애잔함이 든다 하겠다. 현재 이 분재는 일본 제일의 명목분재로 평가를 받고 있다 한다.

나무의 별명이 왜 관음일까? 관음이란, 관세움보살이다. 아미타불 즉 부처님 왼편에서 보살이 교화를 돕는 것을 말함인데,중생들이 괴로울 때 대자대비하신 부처의이름을 외우면 곧 구제를 받는다 한다. 아마 작가는 이렇게 힘들어도 신께 열심히 기도하여 내일의 희망을 갖고 살아가라는 뜻으로 관음이라 하였을까? 그것은 독자들이 생각하고 판단할 몫이라 생각한다.

소나무 〈적송〉 모양목

뿌리이음 • 높이 : 90cm • 나이 : 약 100년

 이 나무는 30여년전 산채하여 기르는 나무를 소장자가 700여만원에 구입하여 지금까지 기르기 하고 있다 한다. 참으로 보면 볼 수록 희귀한 명목중의 명목이라고 하여도 이의는 없겠다 하겠다 또한 이것이 분재예술의 극치라고 말해도 누가 토를 달겠는가? 이 세상에 하나뿐인 분재수盆栽樹를…

초심자를 위한 분재기르기 강좌교실

소나무 소나무과 / Pinus densiflora sieb. et Zucc.

소나무의 형태상의 특징은 높이 20~30m정도 자라는 상록 침엽 교목으로 온대기후 지역에서 자생한다. 줄기의 수피는 적갈색으로 오래된 줄기는 두꺼운 껍질을 가지고 있으며 상층부는 적색으로 매끄럽다. 소나무는 백목百木의 왕이라고 불리는 것처럼 상록으로 다른 나무에서 볼 수 없는 수형에 품격이 있고 가지모양이나 잎달림이 섬세하고 아름답다. 소나무는 식물학상의 종류에 의한 분별과 생장단계 즉 형태에 의한 분류로 말한다. 식물학상의 종류에는 암솔이라고 말하는 아름다운 가지 모양의 적송, 힘찬 모양의 흑송, 잎이 잎이 묶여져 모양이 작은 분재용으로 사랑받는 삼광송三光松, 잎에 반점이 들어있는 노랑무늬 곰솔, 외국산으로 잎이 긴 대왕송大王松 등이 있다. 생장단계에 의한 분류방법으로는 주로 어린나무인 약송若松, 어린나무이면서 해안 등에서 비 바람을 맞아 가지가 단단해진 소나무를 뿌리체 뽑은 근인송根引松, 노송老松은 문자 그대로 고목, 그리고 강가 등에서 습기를 받아 이끼가 낀 이끼소나무 등이 있다.

흔히 분재수 기르기에 나무가 자라는데로 도와 주기만 하라고 한다. 그러나 이 나무는 밑 줄기는 말로 형용할 수 없을 정도인데, 가지들이 빈약하여 접 붙이기로 수형의 묘미를 살렸다. 언뜻 보면 모르겠지만, 재 멋대로 구부러진 왼쪽 줄기에 접을 붙여 새봄을 맞아 싱싱한 자태로 순이 나고 있다. 참으로 이 나무의 줄기의 형태가 기기묘묘奇奇妙妙하다. 그리고 이렇한 수형을 발견하고 나무에 접을 붙여 새 생명으로 거듭나게 한 작가의 노력과 안목이 대단하다고 입이 마르도록 칭찬해도 부족함이 없다 하겠다. 그리고 이것이 분재가 갖고 있는 매력 즉 분재예술의 묘미라고 하면 어떨까 싶다.

새소리 바람소리만이 들리는 잔디에 앉아 소나무 분재수 밑둥에 새가 앉기 좋은 곳이있어 행여나 새들이 분재수에 앉는 모습을 촬영할 수 있을까 하고 기다렸지만, 새들은 무정하게 앉지를 안았다. 만일 분재위

에 앉은 새를 촬영 하였으면 횡재 중에 횡재를 하였을 텐데 달이다.

　많은 분재수들을 촬영하면서 대충 기르는 이의 솜씨를 엿 볼 수 있다. 나무의 정면, 높이, 가지의 차례枝順, 가지의 간격, 가지의 방향과 굵기, 깊이 등을 보면 제각기 철학이 있다. 그런데 이 분재수는 도무지 글을 쓸 수 없을 정도로 완벽미가 있다. 첫째 줄기의 곡 그리고 가지의 섬세함과 분의 조화, 그것을 받쳐준 돌 장식대 등 어디하나 흠 잡을 때 없는 균형미의 예술이다. 그리고 분재다. 인정과 사랑이 메마른 도심의 찌든 일상에서 벗어나 비록 짧은 시간이지만, 이것이 나에게는 얼마나 행복에 가까운 것인지 가늠키 어려웠다. 정말 보람이 있는 분재수 촬영이었다.

소나무赤松 〈현애〉
• 높이 : 상, 하 60cm • 나이 약 110년

　적송은 그 엽성과 모습이 우아한 풍정이 있는 모습 때문에 여송이라고도 한다. 우리나라와 일본 전토에 자생하고 있는 수종으로 일본에서 일찍부터 산채를 하여 분재기르기를 하고 있으며 지금까지 사랑을 받아 오고 있는 분재수 이다. 특히 적송이 분재인들에게 인기가 있는 것은 그 우아함 때문에 문인 분재에 있어서 없어서는 안 되는 수종이다. 문인목이란 일반적으로 가는 줄기로써 최소한의 가지 수로 만들어진 수형으로 일본 에도시대 문인들이 소탈하고 고담한 맛을 좋아 하는데서 유래 되었다고 한다. 적송이 현재는 문인목만이 아니고 다양한 수형 표현으로 송백분재로 인기리에 기르기 하고 있다.

야생의 매화나무 〈野梅〉 모양목 별명〈鶴舞〉 • 높이 : 82cm • 나이 : 약 225년 일본 제62회국풍분재전 출품 수상.

일본 분재계에서 매화는 백화의 선구자 라고 부를만큼 유명하다. 소한 대한 그 추운 겨울을 이겨내고 봄이 오는 길초에서 드문 드문 피어나는 매화는 봄 소식을 제일 먼저 알려 준다. 또한 일본에서는 매화꽃을 꾀꼬리 라고도 한다. 일본에서 꽃 놀이라고 하면 벚꽃이라고 생각 하지만, 헤이안 시대 이전에는 꽃이라고 하면 매화꽃을 지칭하는 일이 많을 정도로 사랑을 받아 온 꽃 이다. 매화는 장미과의 낙엽교목으로써 중국 장강 유역이 원산지이고 우리나라와 일본에는 8세기경 전해 젖다고 한다. 매화의 어원은 중국어의 梅(마이 혹은 메이)라고 한다. 그때문인지 겨울이 끝날 무렵부터 초봄에 해당되는 2월 중순부터 3월초 꽃 가루를 매개하는 곤충이 거의 없는데도 신기하게 꽃이 피고 열매가 맺는다.

설날 일본인들은 실내에 분매(분재매화)를 장식 한다 한다. 뭐니 뭐니 해도 설날 장식은 우리나라나 일본에서 인기가 있는 분재는[송죽매]가 가장 인기가 있다고 한다. 그것은 장수하고 번영을 듯 하기 때문이라고 한다. 매화는 세월이 흘러 고목이 되어 쓰러저도 뿌리를 내고 줄기가 일어 서는 모습고 흡사하다 하여 와룡이라고도 한다고 한다. 그렇게 생긴 명독이 일본에는 두 서너개가 있는 것중의 하나가 이분재이다. 고목에 이끼가 끼어 한 송이 두 송이 꽃을 느름하게 피워 그 고곡과의 대비가 말로 형용키 어렵게 아름답다 하겠다. 매화나무는 상록수인 소나무와 대 나무에 필적 한다 한다. 어쩐지 불가사의한 강인한 생명력을 느끼게 허 주는, 분재로써 대단히 인기가 있는 명품이다.

매화나무 배양관리

• **갈아심는 시기와 방법** : 꽃이 진 후 잎이 피기전인 3월중순~하순경이 적기이다. 회수는 어린나무는 매년 반복하고 성목은 격년이여도 무방하다. 파낸 후 묵은 흙은 3/2정도 털어 버리고 뿌리는 2/1정도 자른다. 가을로 접어들면서 잎이떨어지면 흙이 산성화 된 경우이다. 이때 낙엽이 진 후 10월에 묵은 흙은 모두 털어내고 마사토8, 적토2 또는 마사토7, 적토2, 부엽토1의 혼합토를 사용하여 갈아 심는다.

• **물주기와 비료주기** : 수세樹勢가 강하고 생육이 왕성한 나무이기 때문에 물을 약간 많이 준다. 봄, 가을엔 1일 1회 여름에는 2~3회 준다. 겨울은 뿌리가 건조하지 않도록 2~3일에 1회씩 주어야 한다.

비료는 새 순이 충실해지는 4월중순~5월 하순경에는 계속 비료를 주어야 한다. 가을에는 9월상순에서 10월 상순에 즌다. 깻묵8, 골분2의 혼합의 비료가 좋다.

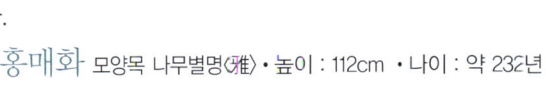

홍매화 모양목 나무별명〈稚〉 • 높이 : 112cm • 나이 : 약 232년

초심자를 위한 분재기르기 강좌교실

동백나무
차나무과 / Camelliaiaponica, L.

• **형태**

　동백나무는 상록소교목으로 기부에서 갈라저 관목상으로 되는 것이 많으며 수피는 회갈색이고 평활하며 작은 가지는 갈색이다. 잎은 와생하고 타원형 또는 긴 타원형으로 점첨두漸尖頭이고 넓은 예저銳底이며 잔톱니가 있다. 표면은 짙은 녹색에 윤기가 잇고 뒷6면은 황록색이며 엽병은 길이 2~15cm로서 털이 없다.

　꽃은 적갈색이고 1개씩 복생 또는 정생하며 반정도 벌어진다. 꽃받침 잎은 5개이며 난형으로 꽃잎은 5~7개가 밑에 합처진다. 과실은 둥굴고 지름 3~4cm로써 3색이며 암갈색 종자가 들어 있다. 꽃잎이 거의 수평으로 퍼지는 것은 뜰동백, 흰꽃이 피는 것은 흰동백, 어린가지와 잎 뒷면및 자방에 털이 있는 것을 애기 동백이라고 한다.

• **특성**

　꽃눈은 새 가지끝에 분화하므로 꽃이 진뒤 싹이트기전에 너무많이 뻗은 가지를 자르지 않으면 안된다. 뿌리는 잘 꺽어지므로 분갈이 할때 조심 하여야 한다. 번식은 씨뿌리기, 삽목, 높이떼기, 접붙이기로 한다.

• **관상**

　동백나무는 국민적 꽃나무의 원예품종이다. 단 분재로써는 목질부가 단단하여 나무의 수형자세를 만들기가 어렵다는 결점이 있다.

초심자를 위한 분재기르기 강좌교실

하루는 피카소가 그림을 그리고 있는데, 어떤이가 선생님이 그리는 그림의 의미는 무엇입니까? 하고 물으니 피카소는 새는 무슨 의미로 울지요 하고 되 묻더라는 것이다. 새가 우는 의미가 있긴 무엇이 있어요 하고 대답하니, 피카소 왈 그러나 새소리를 들으면 즐거웁지요 하며 내 그림도 보고 즐거우면 되는 것입니다 라고 하였다 한다. 사람들은 피카소를 완전 연소燃燒된 사람이라고 한다. 과연 피카소다운 대답이다. 그렇다 많은 사람들이 분재란 무엇이냐구 묻는다. 그 대답을 바로 이것이요 한다면 어떨까 싶다. 우리 인간이 때로는 정서적으로 흔들림이 있을 때가 있다. 그것은 지금까지 격어 왔고 보았던 것들이 상식을 벗어날 때이다. 이분재를 보고 글을 쓰는 필자는 한동안 흔들림을 주었다. 처음 두 줄기가 오르다가 중간에 하나로 되었다가 끝내는 줄기에서 가지가 나오고 꽃이 피고 벙글고 하였다. 이것은 기르는 사람이 나무가 자라는데로 도와만 주고 철사걸이를 하였을 것이다. 밑 둥치의 오른쪽으로 기우는 듯한 분의 불안정성을 검은 흙에 야생초를 심어 바란스를 잡고자 하였다. 참으로 무어라고 말 하리까? 이 분재수의 생김새에 겸허어 말문이 막힌다. 분재수미의 극치다. 그리고 살아 숨쉰다. 이것이 분재 예술이다.

초심자를 위한 분재기르기 강좌교실

심산 유곡의 해당화 봉황 모양목 • 높이 : 72cm • 나이 : 약223년
서기 1984년 2월 제58회 일본 국풍분재 전시회에 출품 국풍상 수상.作

　심산유곡의 해당화는 가지끝의 풍정이 마치 선향 불꽃과 같아 이것을 보노라면 어린시절의 추억이 되 살아나게 하는 우아함과 품위가 있다. 일본 제일의 아니 세계제일의 명목 분재를 1981년 2월에 우에노 그린 클럽에 갔을 때에 향초원의 분재 장식 제일 상단에 있는 봉황에 반하여 스키씨에게 부탁하여 어렵게 양도 받아서 지금껏 기르고 있다. 지금은 고인이 된 존경하는 사이치 옹의 분재를 한 그루라도 더 많이 애장하고 싶다고 항상 염원하고 있었다. 사이치옹의 분재 선반에는 언제나 많은 명목 분재들이 진열 되어 있었다. 일본분재계에서 존경받는 사이치 옹에게 외람되게 분재의 값을 물을 수 도 없고 하여 늘 방문하여 분재에 대한 교시를 받고 배우기를 하면서도 그의 명목 분재들을 구입할 수 가

분재기르기 강좌교실

명목에 표리란 없다는 말이 있다 그 말을 실증하는, 심산유곡의 해당화가 그러하다. 가끔 정면이 바뀌고 있으나, 어느쪽의 분재수의 모습이 우열을 가리기가 어렵다.

명품 분재를 고르는 것도 자신이지만, 나무에게 선택받는 것도 자신인 것이다. 이 심산유곡의 분재는 3년여의 사이치 옹을 찾아다니며 설득한 결과로 구입하여 소장하게 되어 가슴 뿌듯 하다고 한다. 결매식물로 분재의 명목은 누가 뭐라고 하여도 심산 해당화가 첫번째로 손 꼽일 것이다. 이 명품 분재는 대동아전쟁이 한창일 때 아이치 현의 분재 애호가 마토마즈쪼쇼씨가 사이치 옹에게 전화로 명품분재가 전탄으로 소실 되는 것을 안탑게 여겨 의논을 해와, 사이치 옹이 전란의 참화를 피해 지금까지 길러 오게 되었다고 한다. 전쟁의 참화를 사이치 옹의 각고의 노력 끝에 지금까지 이 명품 분재의 품위를 지키고 있다고 한다. 그리고 소장자는 자기 생전에는 누가 아무리 많은 돈을 지불 한다 하여도 이 서계제일의 명품 분재를 양도할 생각이 추호도 없다 한다.

별명 / **상봉** 上峰

　산 캐기하여 4년간 동백나무 뿌리根를 배양培養, 우리나라 자생 동백나무 무늬 종을 접목하여 새로운 수형을 탄생시켰다. 회화는 붓으로 작가의 의중을 더하고 빼고 하지만, 분재는 자연적으로 싹을 내어 한 폭의 수채화를 분에 담아 놓은 듯 하다.

유원동백 冬柏

자생동백의 밑 둥이 특이해 윗부분에, 유려流麗한 유원동백을 접목하여 새로운 수형으로 만들기 했다. 접목이란? 나무의 어떤 부분을 다른 부분에 접붙이는 것, 즉 대목과 접수의 조직의 형성층을 서로 유착시키는 것을 말한다.

소나무 학명 Pinus densiflora Sieb. et Zucc.

   소나무는 백목百木의 왕王이라고 불리는 것처럼, 상록으로 수형樹形에는 품격이 있고 가지 모양이나 잎 달림의 아름다움은 다른 나무의 추종을 불허할 만큼 최고이다. 편자는 전국의 분재수盆栽樹를 촬영하러 다니면서 이 분수盆樹를 보고 신선한 경이로움과 충격을 받았다.

   솔씨가 바람에 날려 척박한 바위틈에 싹을 틔워 눈 비 맞으며 몸 이 곳저곳이 상처투성이로 힘겹게 살면서도 굴하지 않고 삶을 영위하다가, 분재 애호가에게 발견되어 산 캐기하여 분재로 심어져 오늘에 이르고 있다 한다.

   어쩌면 한민족이 외세에 시달리면서도 강하게 버텨온 정신은, 소나무의 강인한 삶의 정서가 아닐까 싶다. 오늘날 삶이 힘들다고 하는 사람들은 이 소나무 두 그루의 강인한 삶에서 인내하며 노력하는 생활의 지혜를 배워야 할 줄로 안다.

지난날 어린 애가 태어나면 외로꼰 새끼줄에 솔가지와 목화솜 그리고 고추를 꽂아 사립문에 금줄을 쳐 삼칠일을 사악한 잡귀의 범접을 막았던 것이다. 그 태어날 때 맺은 인연으로 세상을 떠날 때도 외로꼰 새끼줄에 묶여서 칠성판에 누워 상여를 타고 "이제가면 언제와요" "오실 날자나 일러주오"하며 북망산천으로 갔었던 것이다.

그리고 하고 많은 나무 중에 생활의 운반 수단이었던 지게 드한 소나무로 만들었다. 옛날 그러니까 고려 때 사람이 늙고 병이 들뜬. 고려장 高麗葬을 시킬때도 산 사람을 지게에 지고 산 바위나 큰 돌 밑에 굴을 파고 며칠 먹을 음식을 넣어두고 산을 내려오면, 그 음식이 떨어지면 이러지도 저러지도 곳하고 생을 마감했던 것이다. 한 아버지와 아들이 고려장을 시키고 산을 내려오면서 지게를 놔두고 내려오니, 아들이, 아버지 지게는 왜 놔두고 갑니까?

응 지게는 버리는 거야 하니, 아들은 다음 아버지 고려장 시킬때도 저 지게로 지고 와서 해야 되는데요 하니까. 아버지는 어머니를 다시 집으로 모시고 와서 잘 봉양 했다 한다. 그리고 고려장의 풍습은 사라졌다. 그리고 고려장 시키는 풍습이 사라졌다 한다.

• **분재의 일상관리**

성목의 기르기라고 하여도 일상의 관리와 별 차이가 있는 것은 아니다. 양성목 때와 마찬가지로 수형 다듬기와 가지치기 그리고 갈아심기와 물주기, 거름주기, 소독 등의 일상관리를 되 풀이하면 된다. 이때 양성목 시대와는 달리 뿌리와 가지뻗음이 적어진다.

성목 기르기의 주의할 점 몇가지를 소개한다.
1. 배양토의 알갱이를 다소 가늘게 할 것. 2. 물과 거름주기는 양성목의 80%로 줄일 것. 3. 잎치기나 눈 따기는 수세가 좋고 잎이나 눈이 너무 많은 경우에 한해서 할 것. 4. 대대적인 철사감기는 피하고 잔 가지에 철사감기정도로 한다. 5. 갈아심기는 양성목 때 보다는 약간 기간을 길게 할 것.

"자연은 분재의 길잡이다"

소설이나 연극에 모델이 있듯이 분재도 예외는 아니다. 시간이 허락하면 건강도 챙길겸 산야를 돌아 다니다 보면 여러가지 초목들에서 수형의 다양함을 볼 수 있을 것이다. 자기가 좋아하는 분재기르기 전문가를 모시는 것도 좋지만, 자연보다 더 좋은 스승은 없다는 말도 있다. 그러므로 앞으로 자연을 접하면서 초목들의 여러가지 장점들을 보아두어 분위에 재현할 수 있도록 하여야 한다. 또한 전시회나 다른 분재원이나 개인이 소장하고 있는 작품들을 많이 보아서 좋은점을 모방을 하여야 한다. 이유는 모방은 자기창작의 지름길 이기 때문이다.

단풍나무 굵은 줄기를 삽목으로
일대一大 명수名樹 탄생誕生!
―일본 쌍수원 야마사키 사카에―

의문疑問의 무모한 도전적 시행

소재는 뿌리는 없고 싹만 조금 있다.
과연 결과는 어떨런지?

1981년 4월 2일에 베어진 단풍나무의 밑동을 다소 엉뚱한 생각으로 호기심이 발동해 둘레 23cm인 소재를 삽목해 보기로 했다. 개발을 하면서 베어진 나무를 소재로 극히 일부분의 싹만 있고 뿌리는 완전히 톱질이 되어 있었다. 과연 활착률이 좋은 단풍 나무라 해도 지금 껏 누구도 시도해 보지 않은 해 보고 싶은 생각이 들었다.

주변에서 무모한 행동을 한다고 수근 거릴 때 자신도 과연 이처럼 큰 밑동에서 뿌리가 날까의 반신반의였다. 일단 유약을 바르지 않은 분에 삽목 후 건조를 방지키 위해 분의 흙 표면에 물이기를 덮고 봄이지만, 추위를 피하기 위해 하우스에 넣었다.

삽목할 소재가 굵으면 굵을 수록 분재수 만들기의 기간은 짧아지지만, 과연 결과는 원하는 분재수를 얻을 수 있을런지 궁금증만 쌓여 가는데?...

용토는 마사토 8 산모래 2로 삽목할 줄기의 3/1정도를 파묻고 물 이끼로 흙 표면의 건조를 방지하기 위해 덮는다.

삽목 약 2개월 경과한 시점의 저혈

드디어 발근發根을 확인!
흥분과 감격의 순간

동년 6월 10일 비닐하우스에서 밖으로 옮긴 소재는 아주 작은 흰 뿌리와 싹들이 신기 하게도 나오고 있었다. 그것을 분 밑 구멍을 통해 볼 수 있었다. 삽목한 소재는 몇 개 안된 뿌리로는 살 수가 없으니 발근이라는 것으로 뿌리를 내어 살려는 것이 신기하다.

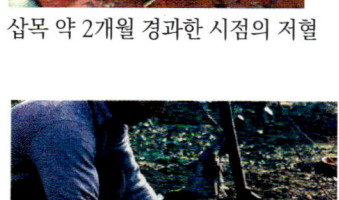

줄기의 작입作入, 그 측면에 뿌리는?

싹이 나오는 기쁨도 잠시, 줄기의 싹이 나오지 않는 쪽에서 검은 작입이 생긴 것이다. 그것은 싹이 자라지 않는 쪽이 살아 있지 않은 암시였다. 여기에 연관되는 뿌리가 어떻게 될 것인가?

1982년 2월 24일, 분에서 빼 내어 보니 예상 한대로 그 측면에는 뿌리가 없었다.그래서 작입한 곳을 불로 태운곳을 씨멘트로 메우고 문제점을 갖인채 밭에 심기로 했다. 불로 태운곳만 괜찮다면 살 수 있을 것이다. 그리고 관찰 결과 새 생명이 탄생됨을 볼 수 있었다.

과연 분재수가 될 것인가의?
의문을 품은 채 밭에 옮겨 심었다
밭에 옮겨 심고 마음을 졸이며, 6년이란 세월歲月이 흐른 뒤...

밭에 이식한 다음 소재가 살아 있는가를 확인했다. 그리고 작입과 편근이 앞으로 어떻게 될까? 과연 원하는 분재수를 얻을 수 있을까? 결과를 확인할 때까지는 여러가지 문제점들이 있기 때문에 어쩌면 기대하는 결과물을 얻는다는 것은 어려운 것이라 생각이 들었다. 1988년 4월 23일 여러 분재 동호인들과 함께 나무를 파 보았다.

파낸 소재는 놀랍게도 뿌리가 팔방으로 뻗어 나가는 것이 아닌가? 그동안 줄기는 1m정도 자라서 가지에 잎도 듬성 듬성 붙어 있었다. 늘 뿌리에 대한 궁금증이 있던 차 소재를 파낸 순간 그동안 갖고 있던 염려와 궁금증은 다 사라지고 동호인들과 기쁨을 나눌 수 있었다.

그리고 불로 태워 들어간 자리도 실 뿌리가 나 있었다. 아무튼 뿌리는 밑동에서 나와 퍼져서 앞으로 팔방근이 될 것이라 예견 되었다. 아! 6년이란 세월을 기다린 결과물인, 분재수를 얻는 기쁨은 말로 표현키 어려웠으며 그동안 주변의 무모한 행동을 한다고 곱지 않던 시선들을 말끔히 씻을 수 있어 좋았다.

1988년 4월 23일 나무 높이 86cm 밑동 주위 53cm, 뿌리는 그리고 작입한 곳의 결과는?

아직 가늘면서도 상처 밑에서도 많은 뿌리가 생기고 있었다. 불로 태운 주위에도 나무 섬유질이 돌려지기 시작했다.

흙을 떨어뜨려 간다. 팔방으로 퍼지는 뿌리들이 신기 하게도 살기를 한다.

나무 아래에서 본 모습.

초심자를 위한 분재기르기 강좌교실

밭에서 파내어 뿌리가 정리된 모습

세심細心한 뿌리의 처리處理로 장래의 명품 분재수루를 기대한다.

나무의 고토를 털어내고 들뜬 뿌리와 그 둘레의 뿌리 등은 일찍 처리해 두지 않으면, 다음 뿌리에 상처들이 날 수 있다. 그리고 가는 뿌리에 힘이 집중 되도록 굵은 뿌리는 정리한다. 뿌리와 가지는 서로 밀접하게 연결되어 있어 관계가 있다. 그러므로 깔끔한 뿌리의 처리없이 균일한 수세의 균형을 기대하기는 어렵다.

불로 태운쪽의 세근에 힘을 보태기 위해 반대쪽의 뿌리는 굵은뿌리, 잔 뿌리 모두 짧게 채워졌다. 이 뿌리에 대한 작업에는 분재수가 아니고는 생각 할 수 없다는 것을 알 수 있다.

정성을 다해 작업을 한 나무는 다시 밭에 옮겨 심어졌다.

1992년 3월 분에 올린 직후 그 때의 감격은 평생 잊을 수 없다. 나무높이 28cm 밑동 폭 29cm

삽목을 시도한 시간은 많이 흘렀다

나무 수형을 만들기 위해 윗 줄기를 과감하게 자른 것을 초심자들은 다소 의아 하겠지만, 삽목의 활착점을 극복하고 이런 모습으로 되었다. 밑동의 폭 35cm앞으로 뿌리 확장의 강렬함을 앞으로 지켜 볼 일이다. 나무裸木에서 불과 1년 반 사이 가지가 이 정도 만들어져 갔다.

두심을 만들기 위해 웃 자람 가지를 정리하면 나무의 아웃트라인은 확실한 형태를 이루고 있다. 앞으로 수형 만들기는 지금까지 과정을 보면 이 분재수 가꾸기 시작은 어찌될 것인가? 만일 이것이 굵은 줄기 삽목이 아닌 보통의 삽목 이식을 했다면 지금까지 10년이란 세월에 어느정도 성과가 있었을 것인가? 처음 무모한 도전 같았지만 성공적이다.

명품 분재수를 만들기 위한 만반의 기초는 이루었다

1991년 봄 나무의 수세 올리기와 굵기를 촉진키 위해 웃 자란 가지는 자르고 수형의 중심이 되는 나간裸幹의 모습으로 분에 심었다. 밑동 폭 29cm 그 위용도 당당한 거간巨幹이 당당하게 서 있다. 뿌리의 확장을 만들기 위해 얕은 분에 심고 봄부터 싹이 트기를 기다렸다. 가지의 자람에 같이 분재수로써 기본도 만들어 진다. 굵은 줄기 삽목이란 다소 무모하게 생각 했던 것을 각고의 노력 끝에 성과를 올림의 뿌듯한 긍지를 느낀다.

1992년 4월 23일 나무 높이 70cm 좌우 110cm 둘레 123cm 입수 후 두 번째 분갈이 하기 전, 한 군데 싹만 나 버려진 나무 밑동을 발견해 삽목을 시도해 지금의 모습을 보는 작가의 심정은 말로 표현키 어렵다.

1993년 9월 12일 나무 높이 40cm 좌우 54cm 밑동 35cm 이 나무는 처음을 망각이라도 한 듯 앞으로 명품 분재수로 비상할 것으로 예견된다. 다음장에서 이 나무의 생장의 10년을 궤적해 본다.

1993년 10월 9일 제18회 일본 분재작품 심사 시 나무 높이 76cm 줄기 직경 60cm 단정을 넣은 애배愛培에 의히 가지 만들기 10년으로, 이처럼 수격樹格이 경이스럽지 만들어졌다.

앞으로 10년 명수名樹 탄생에의 궤적軌跡!

앞 장에서 서술한 최종 모습과 닮은 단계의 소재가 완성 되기까지의 예이다. 위풍을 앉은 굵은 줄기에 알맞게 들어간 것에 착안해서 입수한 것이 1982년, 그리고 나서 10년 후 제 18회 일본 분재작품전에 도전을 했다.

줄기의 굵기에 상응하는 탄력적인 가지 만들기에 필요한 시간이 딱히 10년 정도에 가능할까? 앞으로 줄기와 뿌리 확장이 갖추어지면 명수에의 길은 결코 헛된 것이 아니라는 것을 확신한다.

삽목 1에서 시작해 여기까지 오게된 것은 실로 대단 하다고 내 자신이 생각 한다. 그리고 주변의 냉소적인 것에 답할 수 있어서 다행이고 이것이 분재 기르기의 진면목이 아닐까 싶다.

느릅나무 수령 138년 수고 67cm

호랑이는 죽어서 가죽을 남기고 사람은 죽어서 이름을 남긴다. 그렇다면 분재기르기하는 사람은 무엇을 남길까? 그 물음의 답은 이 느릅나무가 대답한다 하겠다.〈인생은 짧고 예술은 길다.〉

씨앗심기〈實生〉

식물 번식의 원점인 씨앗심기〈實生〉는, 한 알의 씨앗에서 발아한 작은 묘가 제몫의 분재의 소재로 자라는 과정은 무엇과도 바꿀 수 없는 기쁨을 우리인간에게 준다. 씨앗심기는 파종해서 발아와 성장까지 시간이 많이 걸리지만, 실제로 시작하면 그깃은 문제가 되지 않는다.

반드시 종자를 채취한 나무의 성질을 이어받은 종묘를 얻을 수 있다고는 할 수 없지만, 무에서 유를 낳는다고 하는 바와 같이 뿌리뻗기, 줄기의 모양, 가지 순서 등 모두가 자기의 생각대로 기르기가 어느정도 가능하다. 그리고 많은 경비가 들어가는 설비가 필요로 하지않고 원하는 분재의 소재를 얻을 수 있는 장점이 있다.

물론 한마디로 실생이라고 해도 수종에 따라 갖가지 만드느 방법이 있어, 거기에 따른 연구

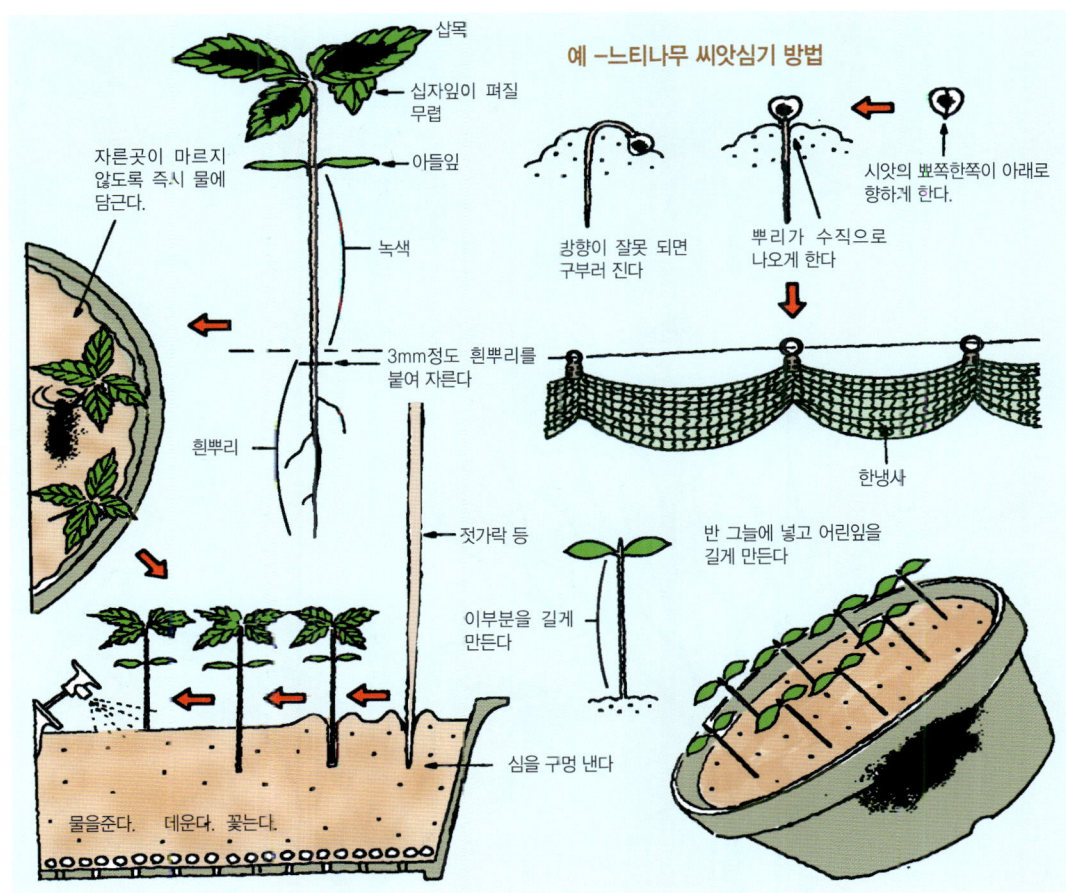

가 필요하다. 이것만으로 우리인간에게 기쁨을 주는것이 아니고, 실생으로 발아한 다채로운 식물들의 모습을 보고 그것을 이용하여 분재 만드는데 있다고 하겠다.

실새은 송백류에서는 흑송과 섬잣나무, 느티나무, 단풍나무 종류들 그리고 너도 밤나무 등이 인기 수종으로 활발이 하고 있다.

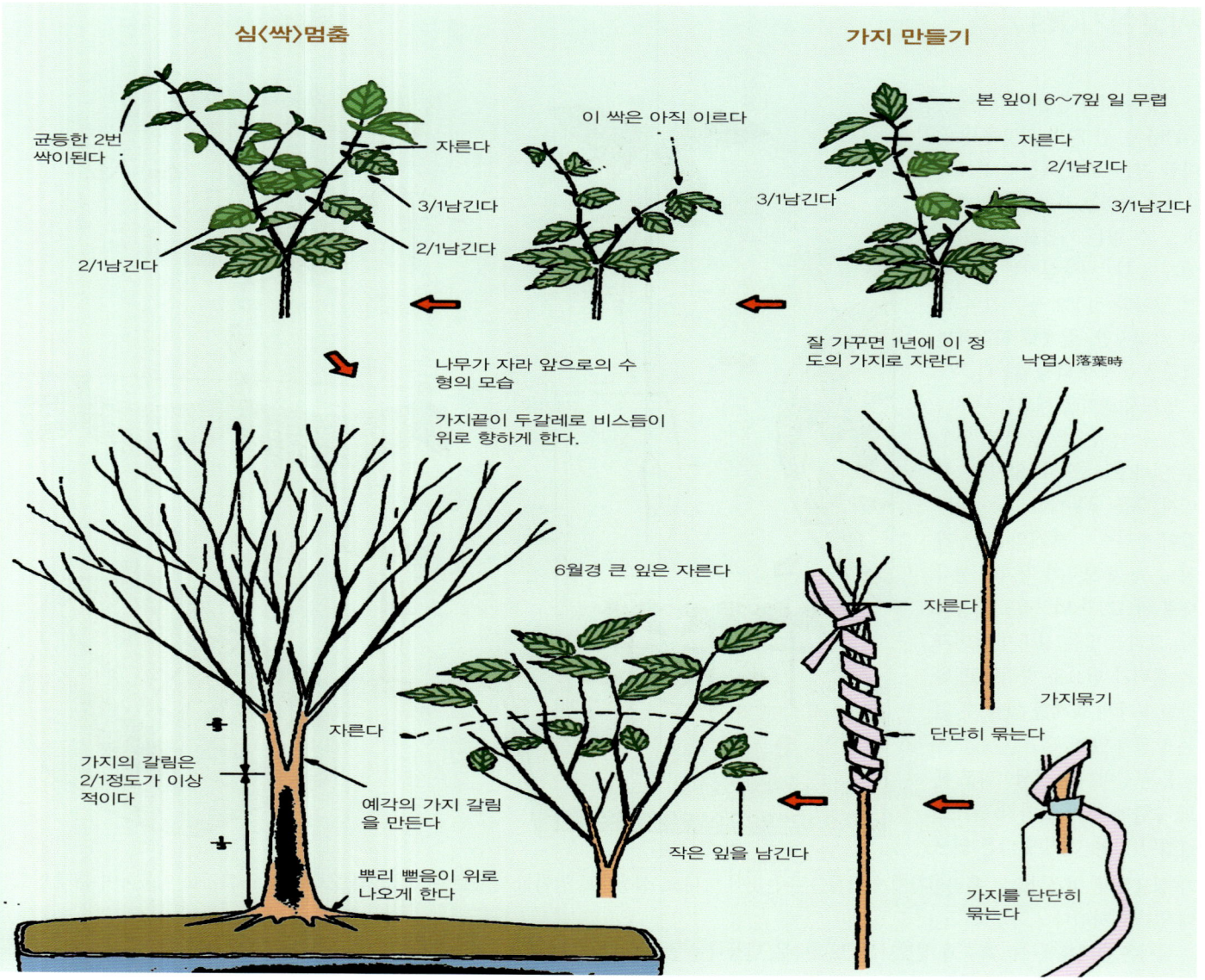

불필요한 가지 자른것을 삽목한다.

삽목은 단순히 한 번의 번식법에 멈추지 않고, 많은 기대와 낭만이 깃들어 있다. 특별히 기술을 요하지 않고 잘라서 버리는 하나의 가지를 이용하여 누구라도 즐길 수 있는것이 삽목법挿木法이다.

생활공간 한켠에 삽목묘판을 두고, 언제라도 불필요한 가지 잘라낸 것을 삽목의 즐거움을 맛보자. 봄 삽목(전년가지) 입매삽목(녹지) 가을 삽목(충실지) 와 잡목분재 거의가 수종은 4계절을 통하여 삽목이을 할 수 있다.

삽목은 실생과 달리 실생實生과 달리 대목의 형질(유전자)을 그대로 이어받은 소재를 얻을 수 있는 장점이 있으므로 귀중한(꽃과 엽성)을 보존 할 수 있고 또한 한 번에 많은 수량을 늘려 진귀한 품종은 다른 분재 애호가들에게 분양이 가능하여 환영 받는 일이 된다.

삽목으로 나무 기르기가 익숙해지면 삽목이식을 취하는 방법을 여러가지로 연구 해 볼만한 일이다. 즉 단간만이 아니고 쌍간雙幹, 3간三幹, 포기자람, 뿌리이음 등 여러가지 수형들을 연구하여 즐길 수 있는것이 삽목의 매력이다.

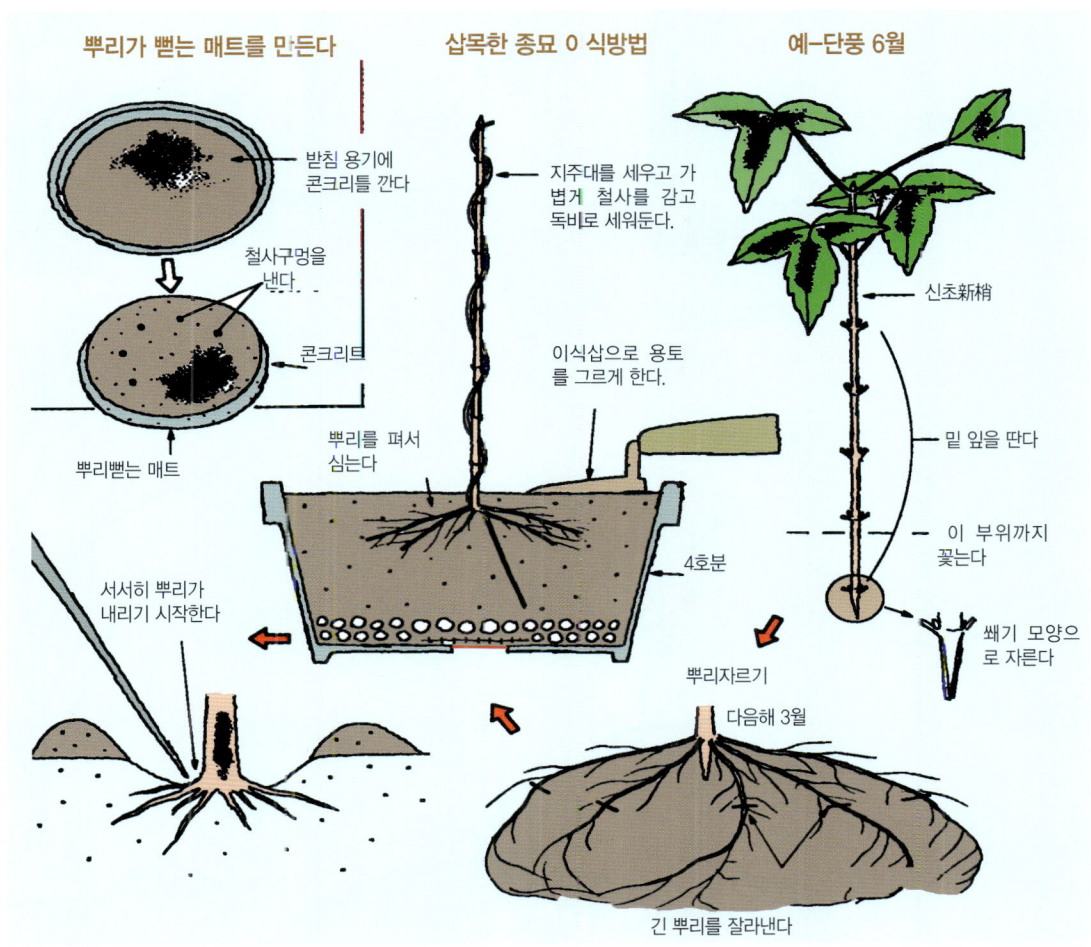

초심자를 위한 분재기르기 강좌교실

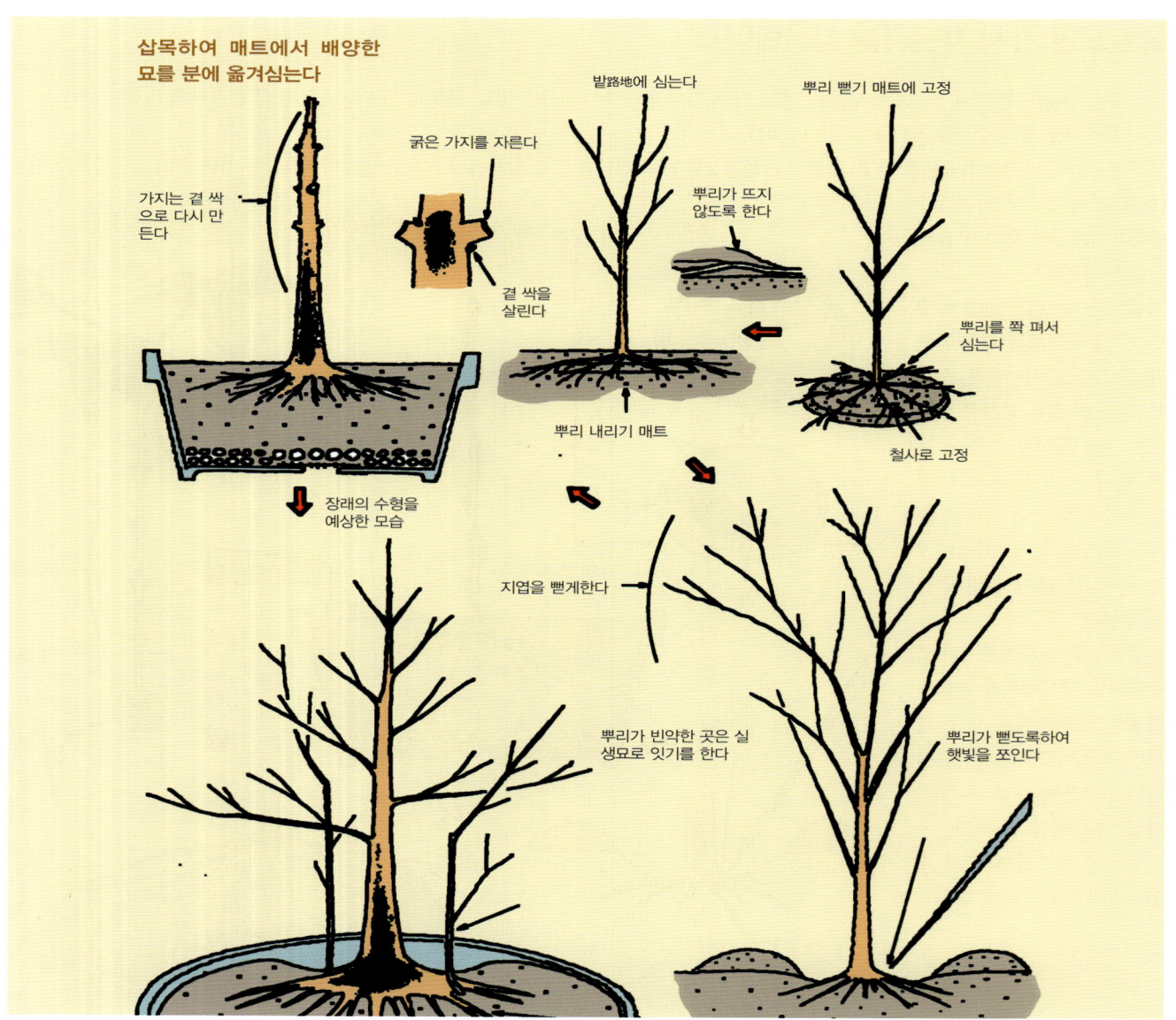

가지를 접목接木한다.

　가지 접목이란, 가지가 빈약 하던지 없던지 한곳에 가지(싹)를 잇는 것으로 곰솔과 섬잣나무, 가문비나무, 향나무 등의 송백분재와 잡목은 단풍나무류 등에 널리 이용되고 있다.

　가지 접목의 시기는 대개 봄의 싹 나오기 전, 입매 전, 초가을의 3가지로 구분할 수 있다. 접목 이삭은 전년의 가지 또는 새 우듬지로 1~2마디(잎)로 잘라서 이용한다.

　바탕을 비스듬하게 자르고 다시 반대쪽을 되잘라넣고 접목할 구멍을 만들고 제1도쪽이 안쪽이 되도록 대목에 접목한다. 이때 형성층끼리 서로 맞도록 접목 이삭을 대목의 한쪽에 붙여서 접목 하는것이 성공의 포인트이다.

　접목한 곳을 테이프로 묶던가 접목용 가위로 고정하고 이어서 주위를 수태를 물에 적셔 감아 붙인다. 그리고 잎마다 비닐 봉지를 씌우고 결속하기도 하고 접목을 종료한다. 기타 가지가 필요한 곳에 미리 뻗은 가지를 돌려서 이어돌린 접목과 소재(실생 또는 삽목종묘)의 가지를 붙여서 이어 맞추는 호접목도 있다.

초심자를 위한 분재기르기 강좌교실

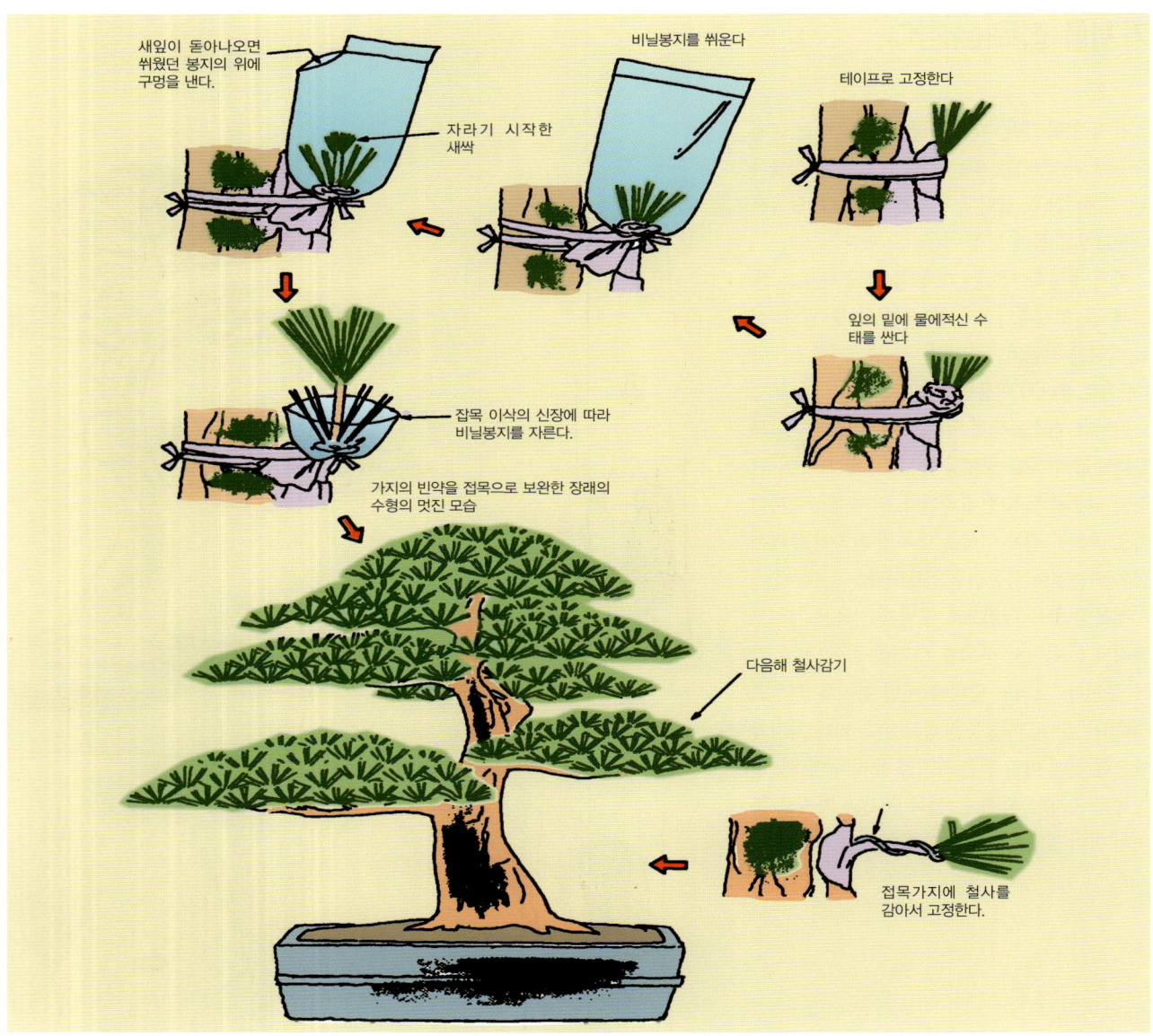

가지를 줄인다.

분재 기르기에 있어서 어느정도 수형의 골격이 정해진 단계에서 수형의 개성에 맞게 가지 줄이기를 할 필요가 있다. 너무 가지수가 많은채 배양하면, 가지의 품안에 있는 잔가지에 햇빛과 통풍이 미치지 못하여 마르기도 하고 약해질 우려가 있다.

그리고 각 가지에 한결같이 수세가 오르고 줄기의 굵기와 균형이 잡혀 온 단계를 끝까지 확인하고 장래의....라고 하는것은 실로 가지 줄이기의 어려움이라고 할 수 있으나 어린 나무이므로 어느정도 줄기도 줄어굵고 가지도 마무리 됨에 따라서 가지 선반의 두께를 더해가는 것을 염두에 두어야 하기 때문이다.

따라서 가지 줄이기는 최초와 최후일 수도 없고 항상 몇 십년의 앞을 내다보면서 가지 줄이기를 하지 않으면 안 된다.

현재의 나무의 모습을 올바로 판단하고 그 판단을 근거로 한층 더 한걸음 나아간 장래를 눈여겨 볼 수 있는지 어떤지 거기에서 가지 줄이기의 승패가 걸려 있다고 본다.

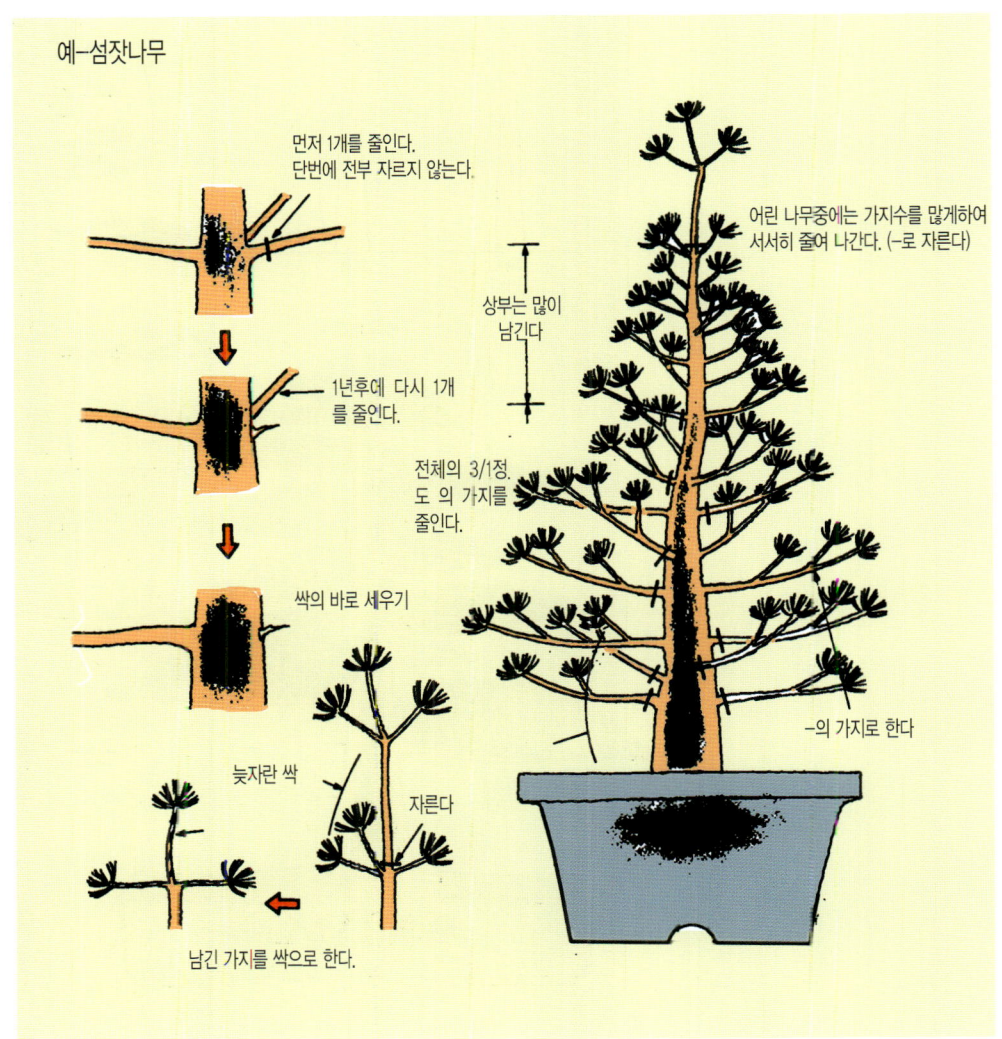

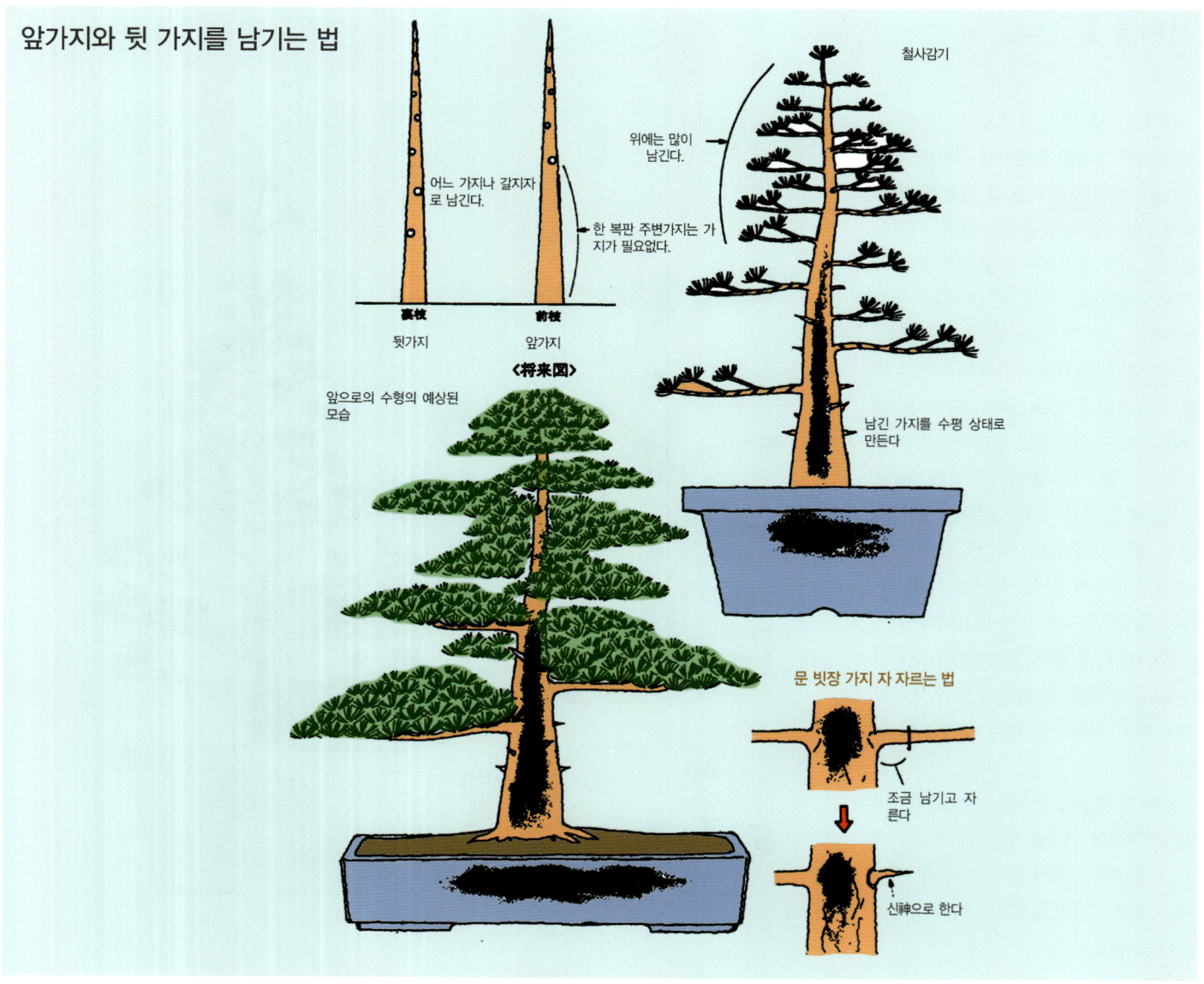

싹을 갈아 세운다.

분재에는 그 나무가 갖는 특성에 맞추어 높이에 제약이 다르다. 너무 자란 싹을 일단락하의 가지(싹)를 자르고 또한 새삭을 갈아 세우는 작업을 게을리 하거나 방치 해서는 안된다.

그리고 실생과 삽목으로 양성하는 경우에는 목표의 나무 높이까지 자라게 하는 작업 과정에서 수년에 한번은 삭을 갈아 세우고 줄기의 모양을 다듬을 필요가 있다. 전문 더러는 분재원에서 기르는 완성수에서 종종 줄기와 가지의 모양이 단조로운 것을 볼 수 있다.

이것은 어디가지나 나무의 양성(養性) 단계에서 싹의 갈아 세움이 불충분한 결과라고 할 수 있 다. 싹의 바꿔 세움을 잘못하면 수형 전체의 바란스를 현저하게 저하시키는 결과를 초래한다. 아래로 부터의 줄기 모양에 대하여 수관의 매듭이 나쁘면 어딘지 중심의 균형이 불만스럽게 보인다. 극단적인 예로는 좌측 흐름의 나무이여야 하는데 수관이 우측으로 흐르는 것도 볼 수 있다. 창작과 개작의 중요한 테마로써 줄기 모양과 수관과의 바란스에 유의 하길 바란다.

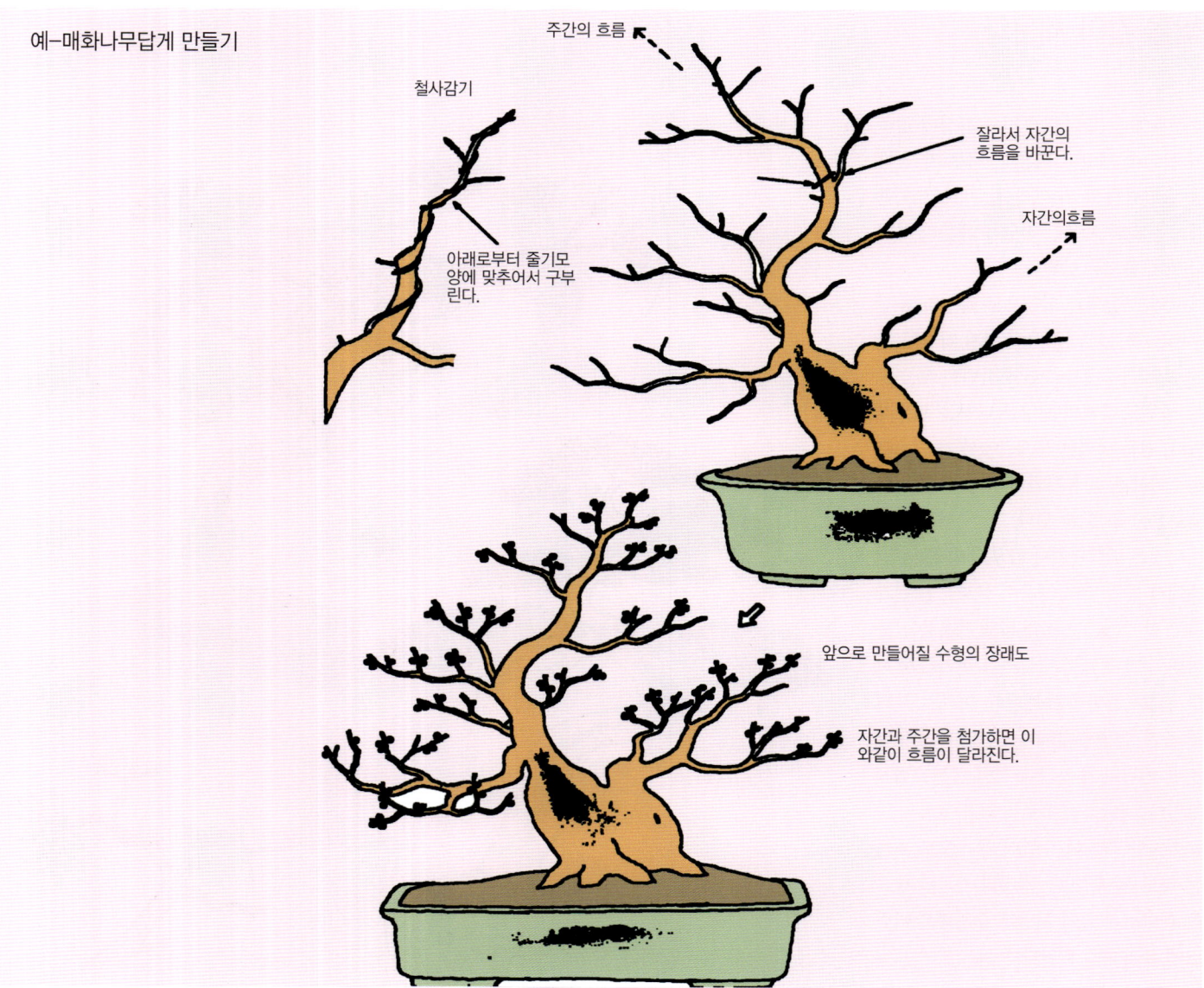

몸통에 돋는 싹을 살려 이용한다.

싹이 돋는 왕성한 잡목 분재의 가지 만들기에 있어서 줄기와 가지 만들기에 몸통에 돋는 싹의 이용이 절대적이라 할 수 있다. 고목과 어린나무는 묻지말라할 정도로 그 이용이 용이하다.

가지의 필요한 위치에 생긴 몸통의 돋은 싹은 참으로 "보물"이고 밭에 심은 소재인 철쭉 드에서는 너무 굵어서 이용할 수 없는 원가지를 모두 자르고 싹을 새롭게 돋게하여 가지를 고쳐 만든다.

그렇다고 몸통에 돋은 싹이라고 모두가 가지 만들기에 유효하게 이용할 수 있는것이 아니고 불필요한 삭은 서둘러 따내지 않으면 도리어 가지의 자세를 거칠게 할 수가 있다. 다라서 적절한 선택을 하여야만 가지 만들기에 도움이 된다.

몸통에 돋은 싹은 먼저 수세를 높이는 것이 선결 문제이기 때문에, 싹을 따지않고 기른다음 그것이 충실한 단계에서 철사로 모양을 굳힌다. 단, 끝은 잘라내지 말고 줄기와 가지의 굵기에 어울리는 단계가 될때까지 기다려야 한다.

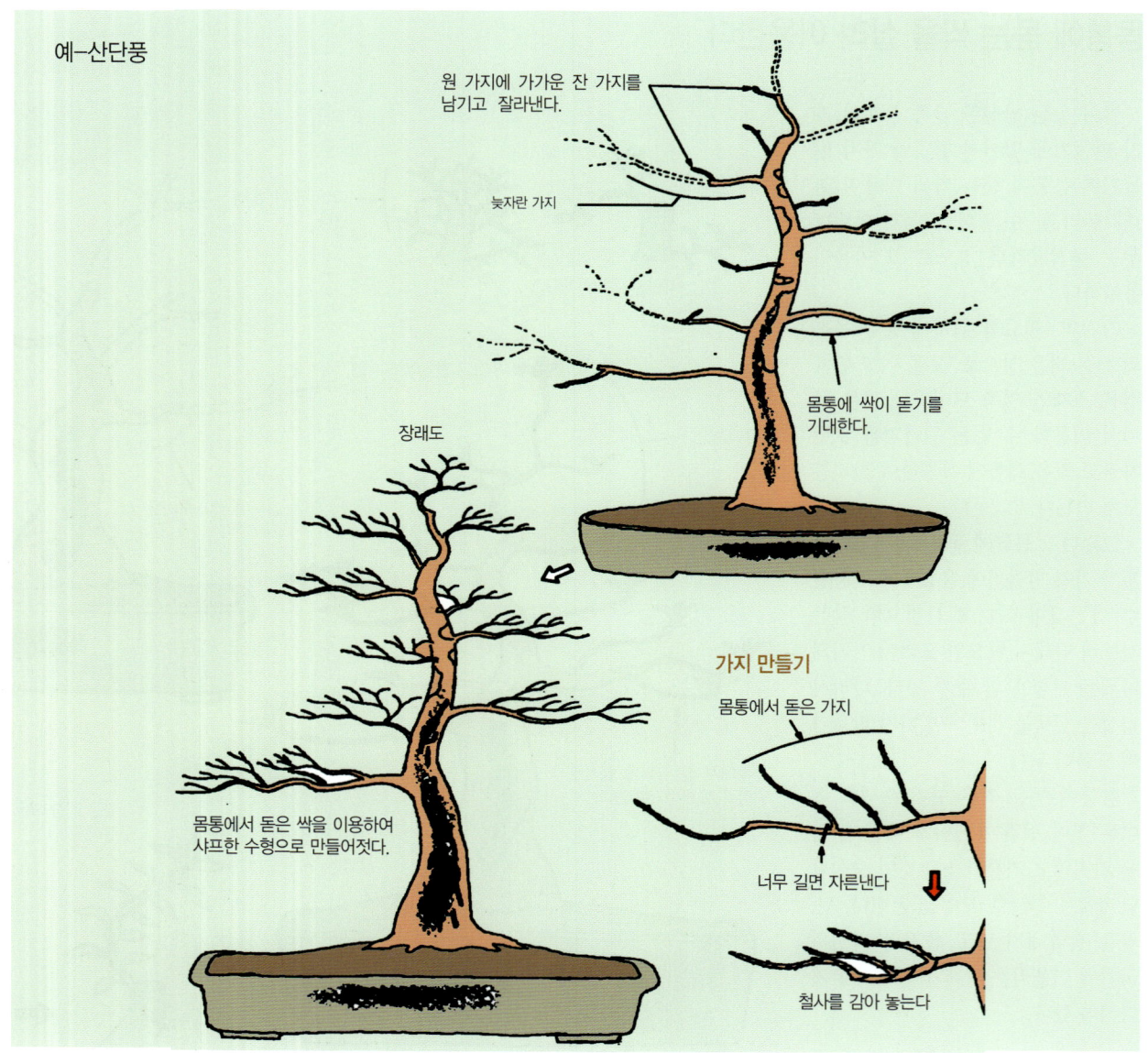

굵은 가지를 움직인다.

분재의 개작은 확실한 설계와 기술로 행하여야 한다. 그리고 기술적으로 그만큼의 어려움을 격지않고 할 수 잇는것도 있으나 때에 따라서는 줄기를 절단하기도 하고 굵은 가지를 이동하는 등의 시술에 대해서는, 먼저 나무를 단단히 고정하는 것이 대 전제가 되어야 한다.

또한 시술하는 도구도 면밀하게 체크해 두지 않으면 안된다. 굵은 가지의 이동은 내려 뜨리기도 하고 구부리기도 하여서 수형이 마음에 들지 않은것을 의도하는데로 개작을 하는 것을 목적으로 한다. 내려 뜨리는 경우에는 가지 바탕에 절단 면을 넣고 아래가지의 진을 이용해서 철사를 걸어서 그곳에 막대기를 넣고 조여서 가지를 내려 뜨리는 방법이 있다. 이대에 자른곳은 반드시 가지 윗쪽에 넣는 것에 주의 하여야 한다.

만일 아랫쪽에 넣으면 물 흡수가 차단되어 작업하고자 하는곳이 말라 죽는다. 또한 구부리기를 할 때에는 교정 하고자 하는 부분에 라피아를 감고 동선을 여러가닥으로 주위를 굳히고 다시 라피아를 감고 나서 철사를 감는다. 라피아는 물에 적셔서 사용 하여야 한다.

예—곰솔〈黑松〉

가지 윗쪽에 절단 면을 넣는다
고무를 댄다
철사로 조인다
막대기
교정 후 수형
좋은 위치에 있는 가지지만, 각도와 균형이 언바란스다.
아래로 늘어 뜨려진 굵은가지 이것으로 수형의 변화기 있음을 알 수 있다
자른 자리에 유합제를 바른다

이식移植으로 각도角度를 바꾼다.

식물의 이식의 목적은 갖가지가 있다는 것은 잘 알려진 일이다. 먼저 이식을 하므로써 뿌리의 신진대사를 원활하게 하고 새로운 용토를 보충함에 따라서 생명을 유지하는 것은 물론이고 배양의 목적에 부응하여 분의 크기와 종류를 바꾸어 주는 것이기도 하다.

나무의 초기 양성養性 단계에서는 분을 조금씩 줄여서 나무를 줄여서 만들어야 한다. 나무는 자꾸 커가는데 왜 분도 같이 큰 것을 사용 않느냐고 초심자들은 의문이 들것이다. 그것은 분이 크면 뿌리의 번성으로 자칫 물이 많아 뿌리가 썩는 결과를 초래할 수 있기 때문이다. 그래서 분이 적고 또한 물이 마를만하면 주는 것을 이해 하여야 한다. 그리고 이식도 개작의 한 수단이라고 하면 초심자들은 조금 의아하게 생각 할 것이다. 하지만 나무를 몇년을 배양培養을 하여도 수세가 오르지 않고 어딘지 부실한것 같으면, 한번쯤 이식각도의 변경을 시도하길 바란다. 나무를 이식을 하여 여러가지 각도에서 관찰하면, 과연 그렇구나 하고 생각하는 각도가 발견될 것이다. 아무튼 이식은 2~3년에 한 번씩 하는 작업이므로 여러가지를 연구검토하여 자기가 원하는 즉 살아 숨쉬며, 멋스러운 분수盆樹가 되도록 하여야 한다.

예—섬잣나무〈五葉松〉

떠 있는 뿌리는 신神이나 끌어 당기는 뿌리로 이용한다

가지로써는 너무 굵다.
〈낭떨어지 가로 이용한다.〉

새로 이식할 위치

점선정도의 각도에서 이식을 하고싶다.

신神으로 이용할 뿌리

교정 후

좌,우로 평범한 나무였으나 이식각도 변회로 이와같이 쌍간의 반현애 수형이 되었다.

조각彫刻을 설비設備한다.

분재수에 조각을 한다고 하니 조금은 의아하게 생각 할 것이다. 그도 그럴것이 조각이란, 조형 미술의 하나로 나무, 돌,금속 따위에 서화를 새기거나 또는 물상 따위를 입체적으로 새기는 것을 말함인데 웬 분재수에 조각이냐구? 여기서는 줄기에 사리간舍利幹 줄기에 신神을 만드는 것을 말함이다.

사리와 신을 만들기에는 송백류중에는 향나무와 노간주나무가 으뜸이고 잡목은 매화나무가 타의 추종을 불허한다 하겠다. 인위적으로 나무에 사리와 신을 조각함으로써 고태감을 표현 있는 장점이 있다. 따라서 단조로운 줄기와 가지에 사리와 신을 조각 하는것도 개작의 한 방법이다. 때에 따라서 가지를 자를때는 먼저 신으로 이용하는 것을 항상 염두에 둘 일이다. 사리와 신은 이미 말라있는 부분에 대해서는 특별히 시기를 선택하지 않고 할 수 있다. 산 나무에 조각 하는 경우는 수종에따라 다소 차이는 있겠지만, 대체로 봄의 싹 나오기 전 또는 입매경이 적당하다. 고온다습한 환경에서는 수세에 영향이 적게 미친다. 초심자중에는 한번의 작업으로 대량으로 박피하는 것은 피하고 몇번인가 나누어서 조금씩 조각을 하고 목표에 근접 하는것이 중요하다.

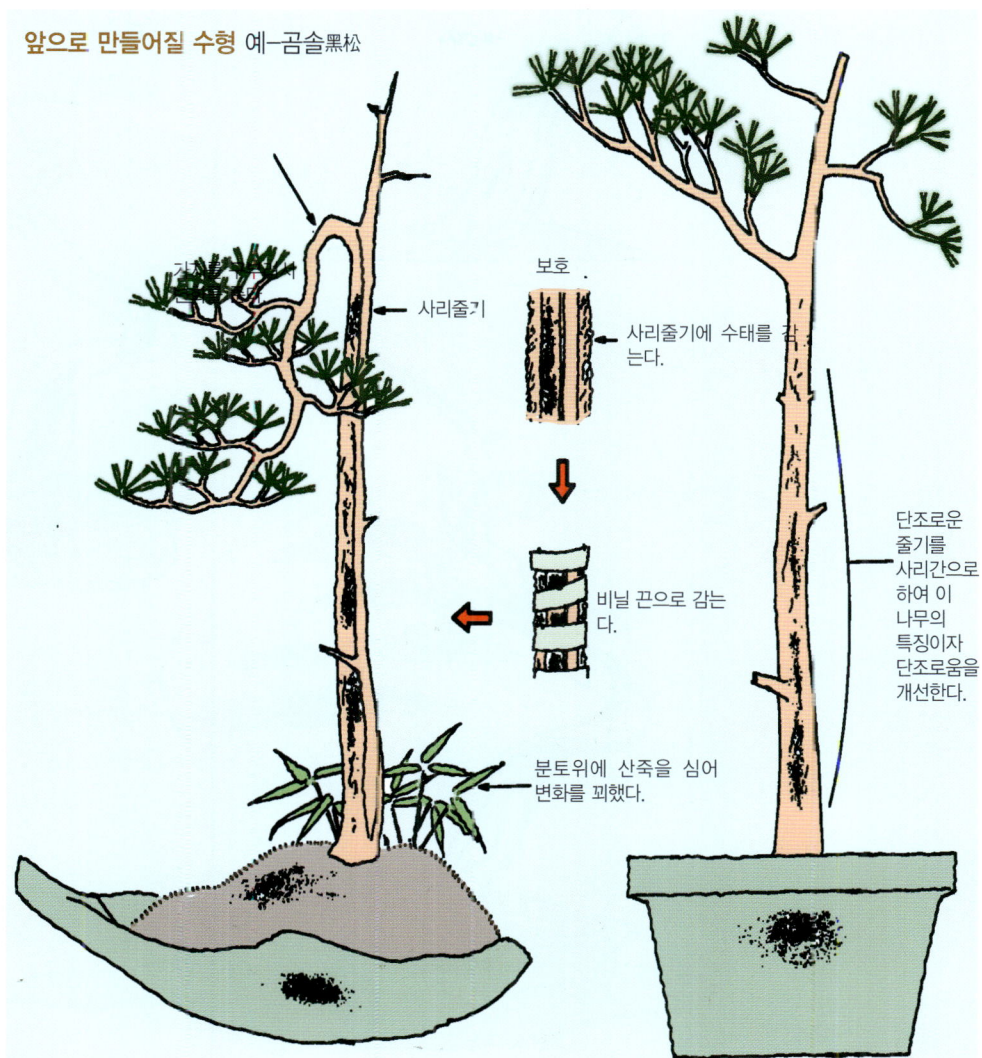

앞으로 만들어질 수형 예-곰솔黑松

초심자를 위한 분재기르기 강좌교실

뿌리를 접목接木한다.

산 캐기한 소재는 줄기의 힘이 강함에 비하여 뿌리 뻗기가 한쪽 뿌리로써 안정감이 없는것이 적지 않다. 이러한 단점 때문에 취목이 활발히 시도되고 있으나 줄기가 굵어지면 그에 따른 위험도 따르기 마련이다.

그래서 보다 안전한 방법이 호접을 응용하여 뿌리이음의 방법이 있다. 이것의 적기는 봄의 싹 트기 전이다. 뿌리뻗기가 나빠서 방치해 둔 나무가 있으면, 그것을 그대로 방치하지 말고 뿌리잇기에 의한 방법으로 새로운 분재수를 만들기에 도전해 볼 일이다.

호접互接은 실생묘와 삽목묘를 대목의 밑동에 첨가 하여 서로 이어 맞추는 것으로, 이삭목의 가지는 활착 후에 잘라내야 한다. 이때 잘라내기를 너무 서두르면 이은곳이 뚝 떨어지는 경우가 있으므로 주의가 필요하다.

호접의 방법은 잡목으로는 대목과 이삭목의 양방을 목질부까지 깎아서 서로 맞추고, 끈으로 결속 하기도 하고 못을 쳐서 두는 것으로 되지만, 송백류는 대목의 표피를 깎아서 이삭목을 꽂아 넣도록 한다.

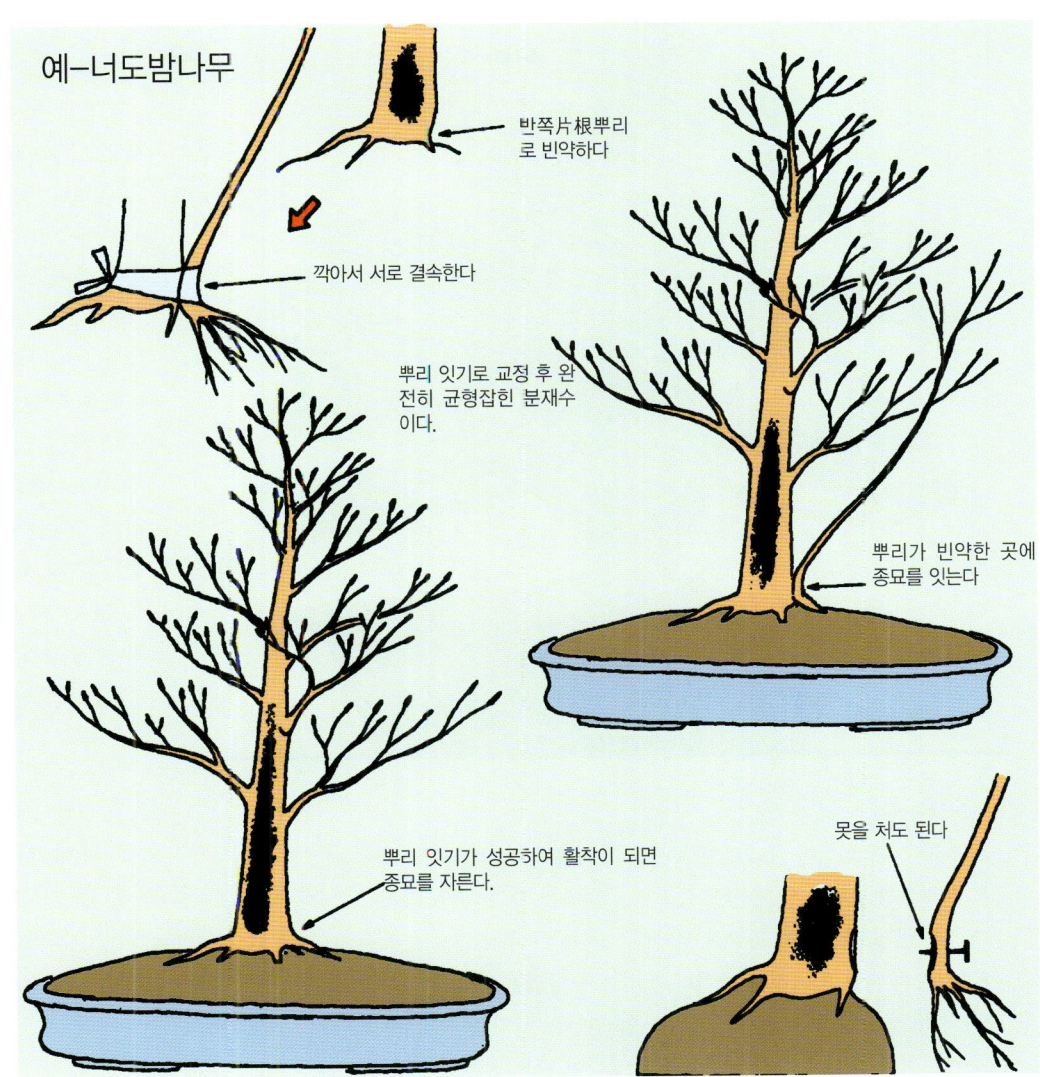

예-너도밤나무

반쪽片根뿌리로 빈약하다

깍아서 서로 결속한다

뿌리 잇기로 교정 후 완전히 균형잡힌 분재수이다.

뿌리가 빈약한 곳에 종묘를 잇는다

뿌리 잇기가 성공하여 활착이 되면 종묘를 자른다.

못을 쳐도 된다

분수盆樹의 가지치기剪定와 그 목적

가지치기란

　넓은 의미로는 눈따기, 잎치기, 잎솎기 이다. 좁은 의미로는 눈자르기, 불필요한 가지 자르기, 웃자란 가지 자르기, 쓸데없는 가지 즉 기지忌枝 자르기 등이다. 여기서 눈자르기만 제외하면 이른바 가지 다듬기整枝 라고 하여도 이의는 없다.

　눈자르기는 가위를 사용해서 한다. 눈을 손으로 따내는 눈따기와는 이점이 다르다. 봄이되면 거의 모든 수종은 새 눈이 자라난다. 이 눈이 새로운 잎이나 가지로 된다. 그래서 눈자르기란 새로 자란 눈을 어느 부분에서 잘라내는 것을 말한다. 불필요한 가지자르기, 도장지자르기, 기지 자르기는 분재계에서는 가지솎기, 기지 자르기라고 한다. 이것은 불필요한 가지나 웃자란 가지 또는 바퀴살 가지車枝, 빗장가지, 겹친가지 등의 가지를 밑동이나 중간부분에서 자르거나 솎아주는 작업을 말한다.

가지치기의 목적

　나무를 작은 분에 심어 그대로 방치하면 가지와 잎이 무성히 자라서 결국은 분재수의 모양을 잃고만다. 그리고 말라죽는 수가 있다. 그러므로 분재수를 매일 관찰하여 적절한 시기에 가지를 처 주지 않으면 안된다. 가지치기의 중요한 목적은 줄기나 가지를 쓸데없이 자라게 하지않고 가지 전체의 바란스를 잡아 조화의 미를 만들어 나가는 것이다. 그리고 눈자르기의 목적은 가지끝의 힘을 억제하여 나무 전체의 힘을 평준화 시키고 잔가지의 수를 늘리고 눈 끝을 고르게 하며 잎을 작게 하는 것이다. 가지자르기나 솎기의 목적은 불필요한 가지를 자르거나 솎아 줌으로써 영양분이 충분이 가지끝까지 올라갈 수 있도록 해주는 동시에 가지 사이로 햇빛이 잘 들도록 하여 통풍이 잘되어 병해충의 발생을 억제 해주는 것이다.

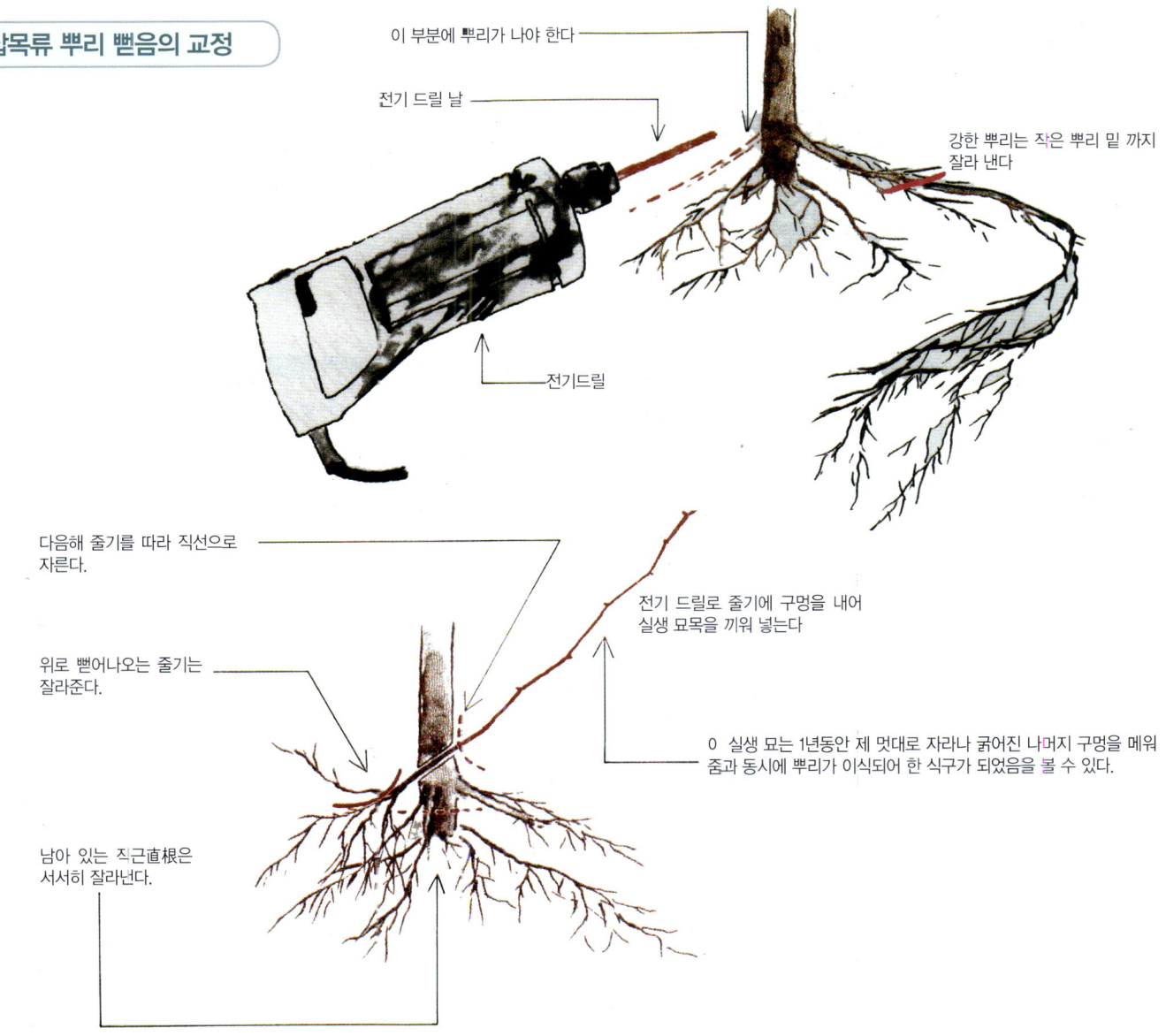

잡목류 비뜰어진 밑동의 교정

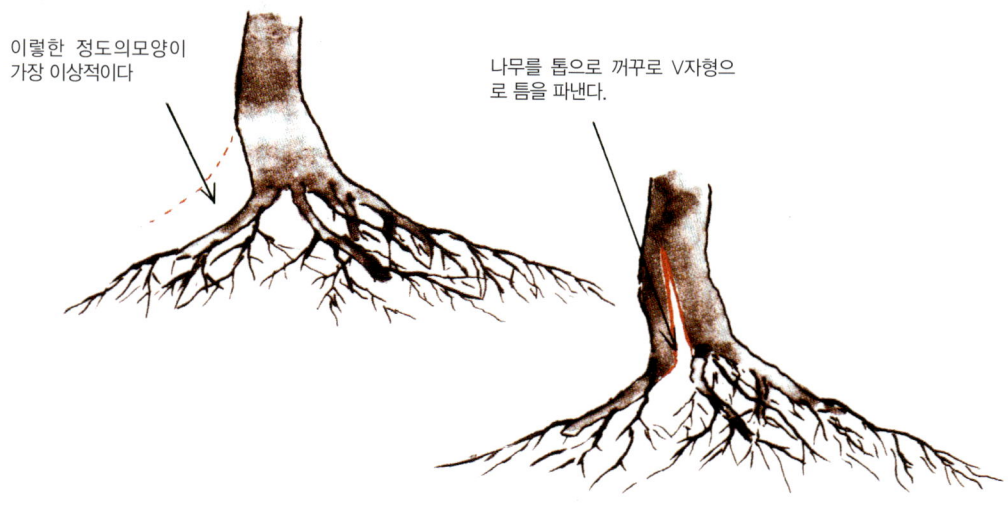

이렇한 정도의 모양이 가장 이상적이다

나무를 톱으로 꺼꾸로 V자형으로 틈을 파낸다.

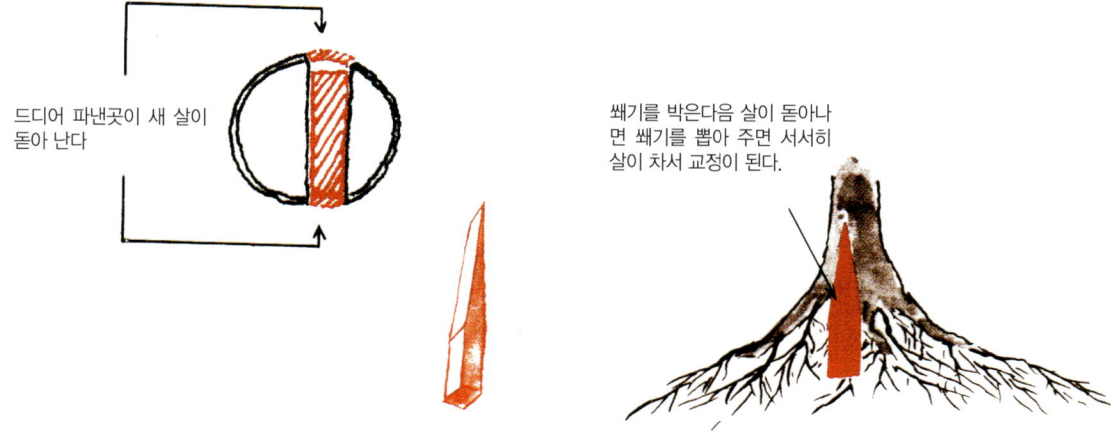

드디어 파낸곳이 새 살이 돋아 난다

쐐기를 박은다음 살이 돋아나면 쐐기를 뽑아 주면 서서히 살이 차서 교정이 된다.

초심자를 위한 분재기르기 강좌교실

잡목류 분지分枝의 교정
– 양 가지가 좌,우로 벌어짐 교정.

나쁜가지는 제거한다
곁가지, 엇갈린가지, 수레바퀴 가지車枝, 아래로 처진가지下向枝, 선가지立枝 등을 제거한다. 이때 선 가지의 긴 것은 자르지만, 짧은 것은 남겨서 선반가지로 만든다.

위와같이 좋지않는 가지를 제거하지 않고 그대로 두고 이용하는 묘미를 살릴수도 있으니 너무 빨리 제거하지 않아도 된다.

좌우로 너무 심하게 벌어진 가지라든가, 가지의 밑동이 너무 굵은 것 등은 이 방법으로 교정 한다.

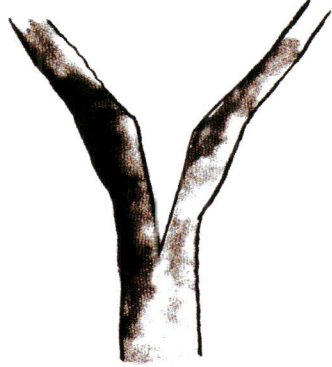

갈라진 부분에서 위로부터 밑으로 향해 톱으로 V자 형으로 홈을 판다.

줄기나 가지가 굵게 자라나기 전이라면 철사를 S자형으로 감아 교정을 한다.

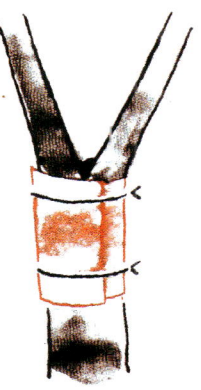

덮게를 만들어 감싸고 철사를 감아 조인다. 상처가 난 곳에는 유합제를 발라서 물이 들어 가지 않도록 한다

느티나무의 개작

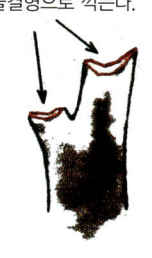
자르는 방법은 반드시 V자 형이나 물결형으로 깍는다.

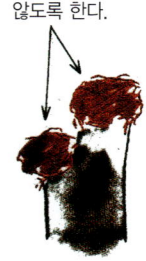
물 이끼를 덮고 마르지 않도록 한다.

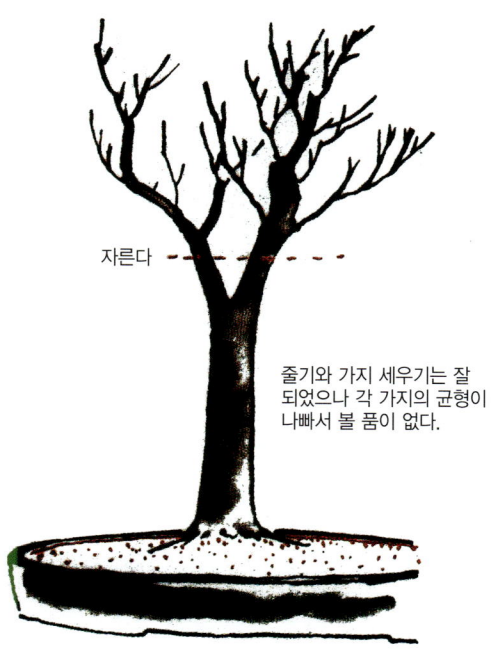
자른다

줄기와 가지 세우기는 잘 되었으나 각 가지의 균형이 나빠서 볼 품이 없다.

다음 해 이른 봄에 가지 치기를 한다.

6월 경에 새 줄기는 철사를 감아 바르게 세운다.

잘라낸 부분에서 돋는 새 순은 살리고 가장자리에서 나온 순은 잘라낸다.

불필요한순

불필요한 순

만일 당신이라면 어떻게, 가지치기를 하겠는가?

잡목분재의 예

포인트1
심초이 두개 서 있다. 한개로 정리하고 싶은데, 돋은 자리에서 잘라도 되는가?

포인트2
가지가 너무 빽빽하다. 어느 가지를 잘라야 하는가?

포인트3
겹 가지로써 가장 좋은 가지이다. 많은 활용을 하도록 한다.

포인트4
아랫 가지가 너무 낮다. 그렇다고 돋은 자리에서 자르기도 아까운데, 어떻게 처리 하는것이 좋은가?

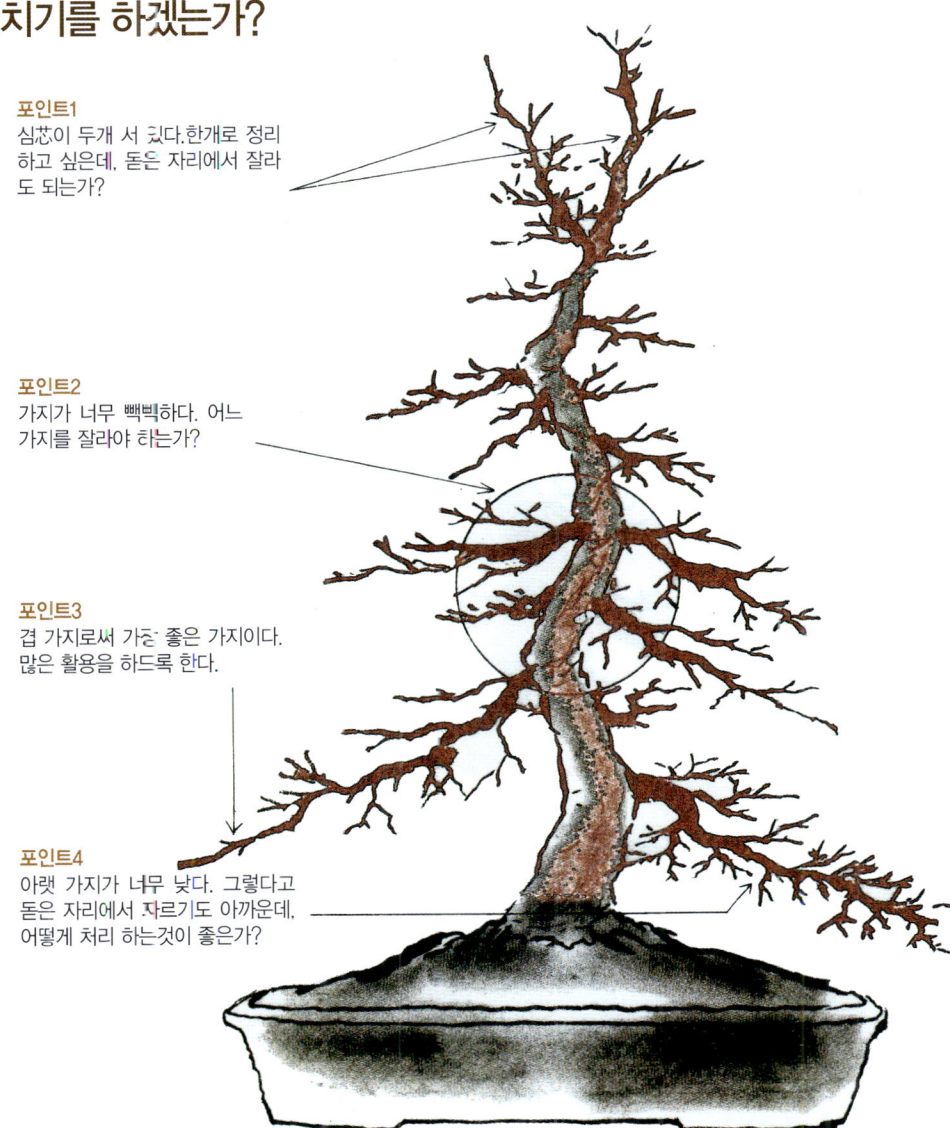

가지치기 실제

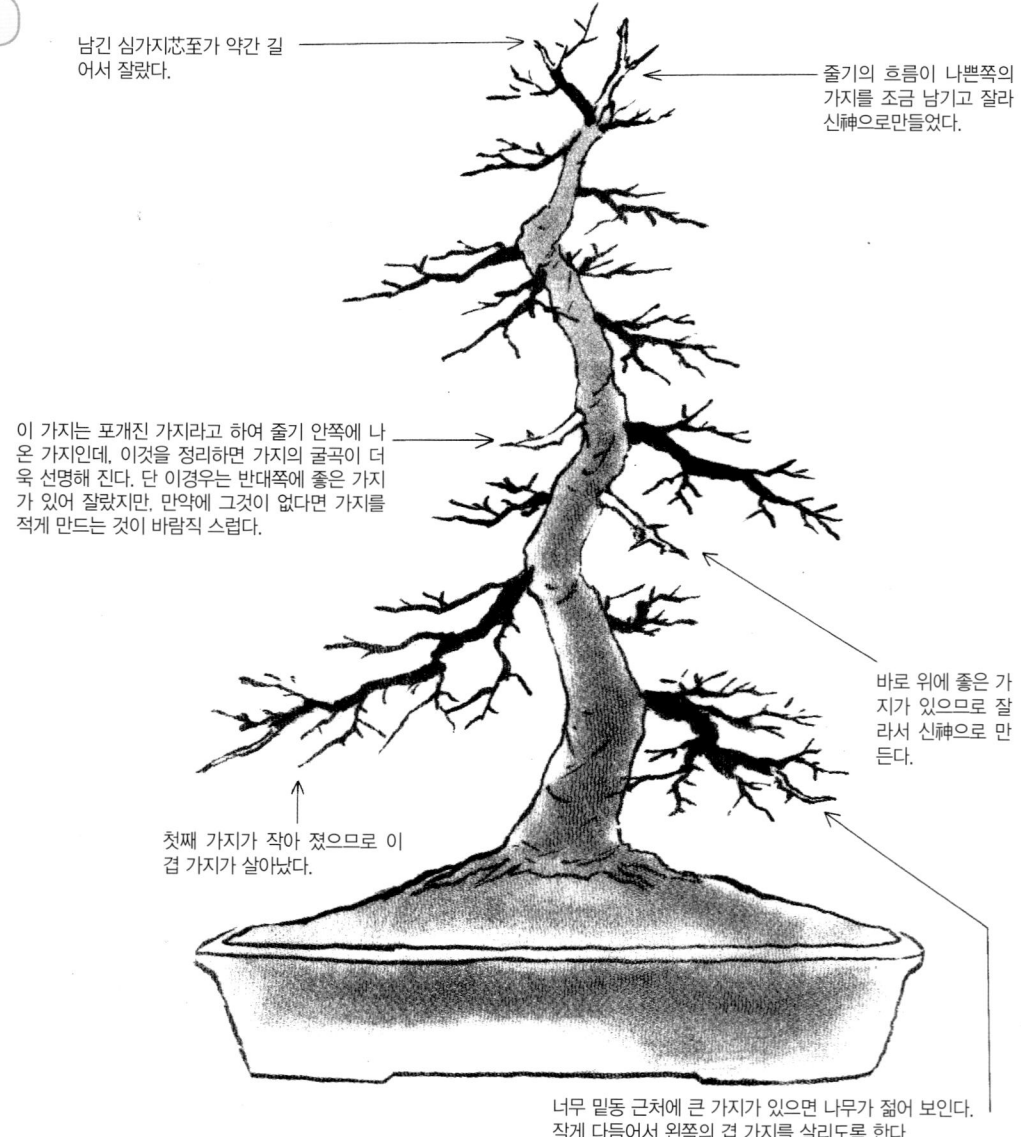

남긴 심가지芯至가 약간 길어서 잘랐다.

줄기의 흐름이 나쁜쪽의 가지를 조금 남기고 잘라 신神으로만들었다.

이 가지는 포개진 가지라고 하여 줄기 안쪽에 나온 가지인데, 이것을 정리하면 가지의 굴곡이 더욱 선명해 진다. 단 이경우는 반대쪽에 좋은 가지가 있어 잘랐지만, 만약에 그것이 없다면 가지를 적게 만드는 것이 바람직 스럽다.

바로 위에 좋은 가지가 있으므로 잘라서 신神으로 만든다.

첫째 가지가 작아 졌으므로 이 겹 가지가 살아났다.

너무 밑동 근처에 큰 가지가 있으면 나무가 젊어 보인다. 작게 다듬어서 왼쪽의 겹 가지를 살리도록 한다

수형 만들기와 관상점

섬잣나무〈五葉松〉

섬잣나무는 오엽백태五葉百態라고, 말할 것도 없이 분재수盆栽樹의 대표이다. 환경에 대한 적응성이 좋아 초심자나 숙달된 분재인들이 즐겨 기르기 하고 잇는 수종이다. 또한 튼튼하고 별다른 무리가 없기 때문에 어떻한 수형으로 만들건, 부자연스러운 느낌을 주지 않는 장점이 있다. 초심자에게 친밀감을 주며 수형 만들기도 쉬우며 한편으로는 아무리 기르기 하여도 실증이 나지 않을 뿐더러 심오하기 까지 한가하면, 풍부한 정취가 있어 가장 흥미있는 나무가 아닌가 싶다. 아울러 섬잣나무의 수형 만들기는 자생지에서의 감각을 염두에 두어야 할 것이다. "오엽백태" 라는 말이 나타내듯 자연에서는 약동감 넘치는 수형들을 볼 수가 있다.

섬잣나무는 지금 우리나라 어디에서나 분재소재도 쉽게 입수할 수 있기 때문에 원래는 생육 환경이 험준한 고산에서 자생하는 나무라는 것을 자칫 망각하기 쉽다. 고산의 자연 환경의 냉엄함과 가열苛烈함을 견디면서 살아가는 섬잣나무의 모습을 배우는 것이 수형 만들기의 첫 걸음이다.

직간-수형 만들기 전의 모습

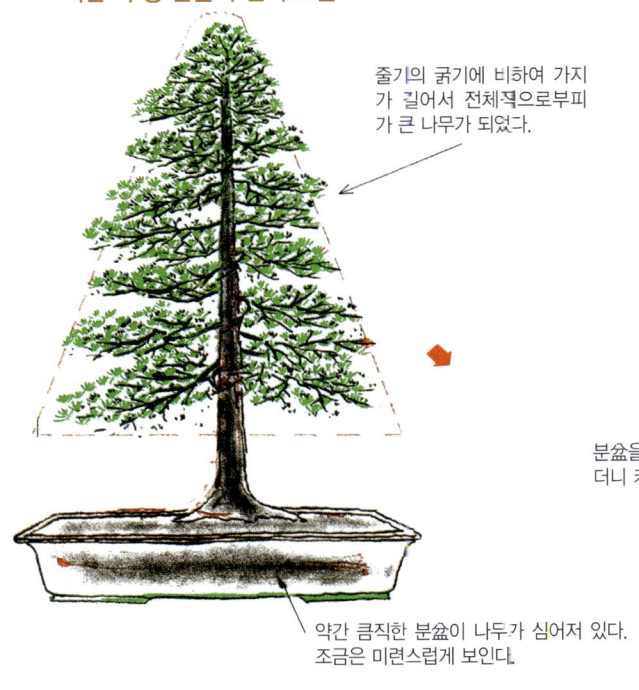

줄기의 굵기에 비하여 가지가 길어서 전체적으로 부피가 큰 나무가 되었다.

약간 큼직한 분盆이 나두가 심어져 있다. 조금은 미련스럽게 보인다.

직간-수형 다듬기 후의 모습

나무의 부피를 한 단계 줄이고 각 가지의 길이에 변화를 주었다.

분盆을 얄팍한 타원형으로 바꾸었더니 커 보이는 느낌이 든다.

초심자를 위한 분재기르기 강좌교실

쌍간雙幹—수형 다듬기 전의 상태

줄기의 모양에서 산山나무다운 풍취와 묘미가 있다.

이 쌍간체의 나무는 산 캐기한 나무로써 조건이 매우 열악한 곳에서 자란듯한 삼간三幹이지만, 연륜과 운치가 있는 줄기를 지니고 있음이 시선을 머물게 하고 있다. 이러한 장점을 최대한으로 살리려 한다.

수형 다듬기 후의 모습

주목主木의 흐름

부목副木의 흐름

주목과 부목의 흐름이 중요함

중앙에 작은 줄기가 서 있는 삼간三幹이 었으나, 양 줄기에 치이고 햇빛을 제대로 받지 못하여 제대로 자라지를 못했다. 만일 이것이 점선으로 표시한 주간 바깥쪽에 있었다면 그늘이 지지 않아 크게 자랐으면 삼간수형으로 좋았을 것이다.

가운데서 비실대는 줄기를 자르고 공간을 최대한으로 살렸다.

서로 떨어져 있는 쌍간도 그런데로 어울어울린다.

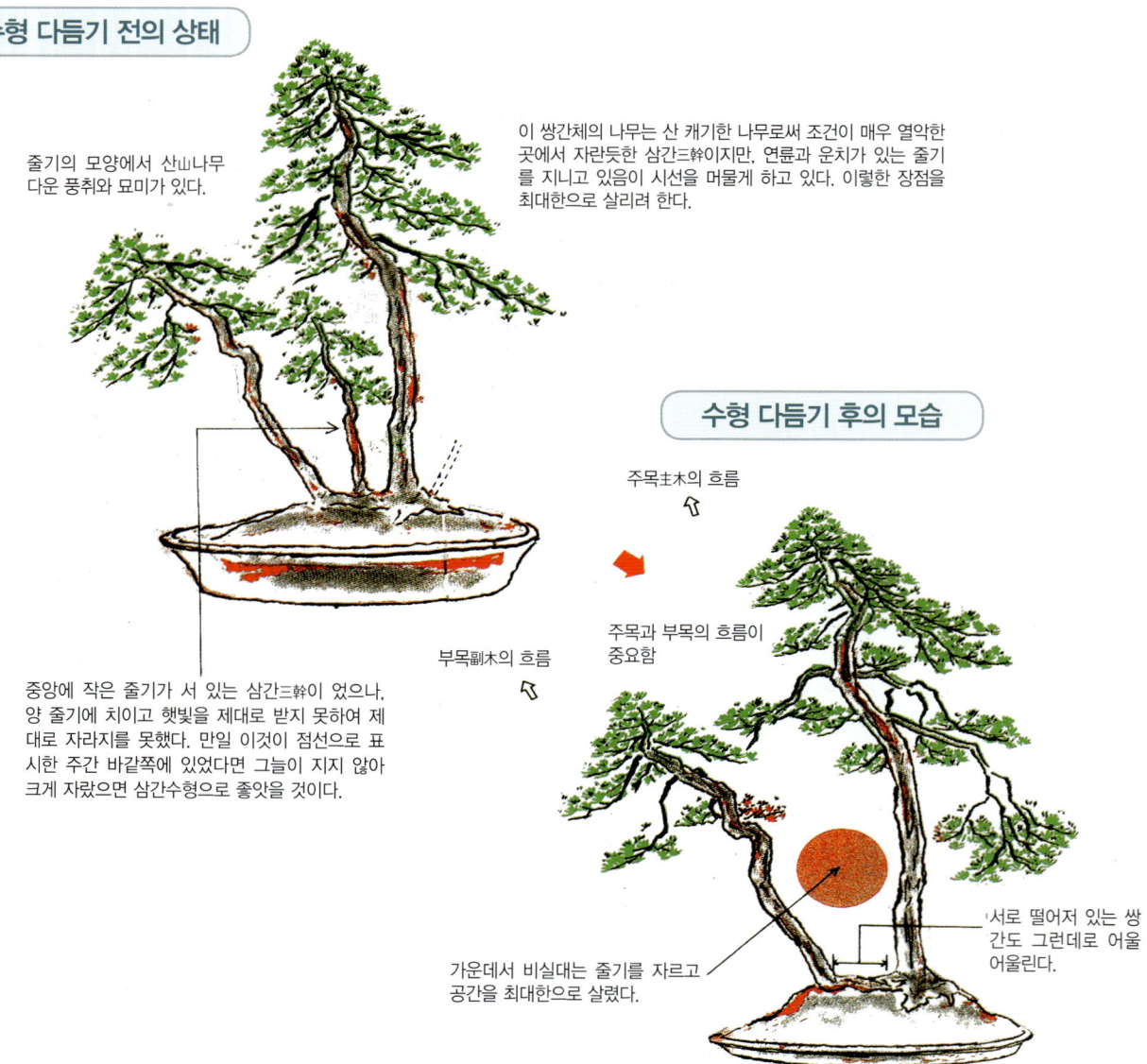

삼간三幹 – 수형 다듬기 전의 모습

쌍간雙幹

앞에서는 작은 줄기가 두 줄기 사이에 있어 삼간三幹이였는데 사이의 줄기가 생육이 나쁘고 또한 두줄기 사이에 방해가 되어 제거해 버렸다. 쌍간으로써는 친간親幹과 어린 줄기가 너무 떨어져 있다고 보는 경향이 있을지도 모르겠으나, 오히려 그것 때문에 풍취가 은은 하다고 생각된다.

삼간三幹

이 분재수도 삼간으로써는 특이한 수형에 속할지 모르겠으나, 앞으로 뻗은 지간이 바로 관상점이 되어있다. 이 지간은 꽤 굵엇는데 눈에 거슬림으로 사리간으로 만들어 수형상의 변화를 주었다. 친간의 겹 가지는 다소 길게 자랐으나 되독이면 늘어뜨려서 대담하게 보임으로써, 오히려 이 분수의 전체에 독특한 분위기를 자아내는데 성공 하였다. 그리고 분이 조금 적었으면 좋앗지 안을까 생각기운다.

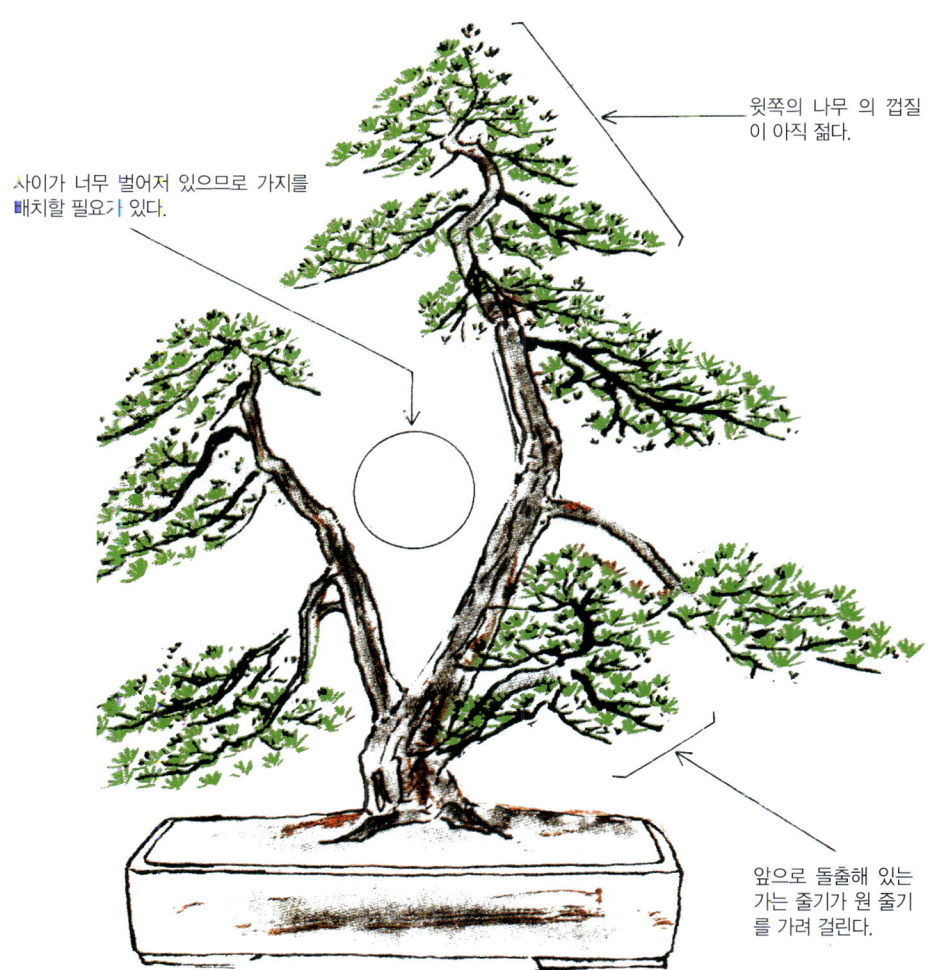

윗쪽의 나무 의 껍질이 아직 젊다.

사이가 너무 벌어저 있으므로 가지를 배치할 필요가 있다.

앞으로 돌출해 있는 가는 줄기가 원 줄기를 가려 걸린다.

삼간三幹 – 수형 다듬기 후의 모습

사간斜幹

이 나무는 아랫부분의 첫 굴곡이 최대의 특징인데 전체적으로 너무 다듬어진 경향이 있어 박력감이 부족하다. 문인풍의 아취를 연출하는 것이 수형 다듬기의 포인트다. 우선 아랫가지의 위치가 너무낮아 나무의 연륜이 부족한 듯 하여 가지신枾을 만들기로 하였다.

가지신은 줄기의 윗 부분의 섬세한 분지分枝를 알아 볼 수 있게끔 깍지만, 아랫부분에는 극히 생략화한 모습으로 남겨야 한다.

그래야만 나무의 고태감과 아랫부분의 굳센 힘이 살아나기 때문이다. 다음에는 곁 가지를 과감하게 내려서 질서정연한 나무의 흐름을 강조하고자 하였다.

곁 가지나 반대쪽에 잇는 가지는 모두 짧게 만들어 전체적인 윤곽선의 흐름을 손상 시키지 않는 것이 중요하다. 다소 단조로왔던 윗 줄기도 굴곡을 주어 아랫 부분의 국곡과 하모니를 이뤘다.

다소 길게자란 가지이지만, 반대로 보이게 하므로써 개성이 있는 수형으로 거듭났다.

가지의 수를 줄이고 줄기를 반으로 쪼개서 사리간舍利幹을 만들었다. 〈작게 만든 것이 좋다.〉

분은 조금 작았으면 하는 생각에 변함이 없다.

초심자를 위한 분재기르기 강좌교실

사간솖幹 - 수형 다듬기 전의 모습

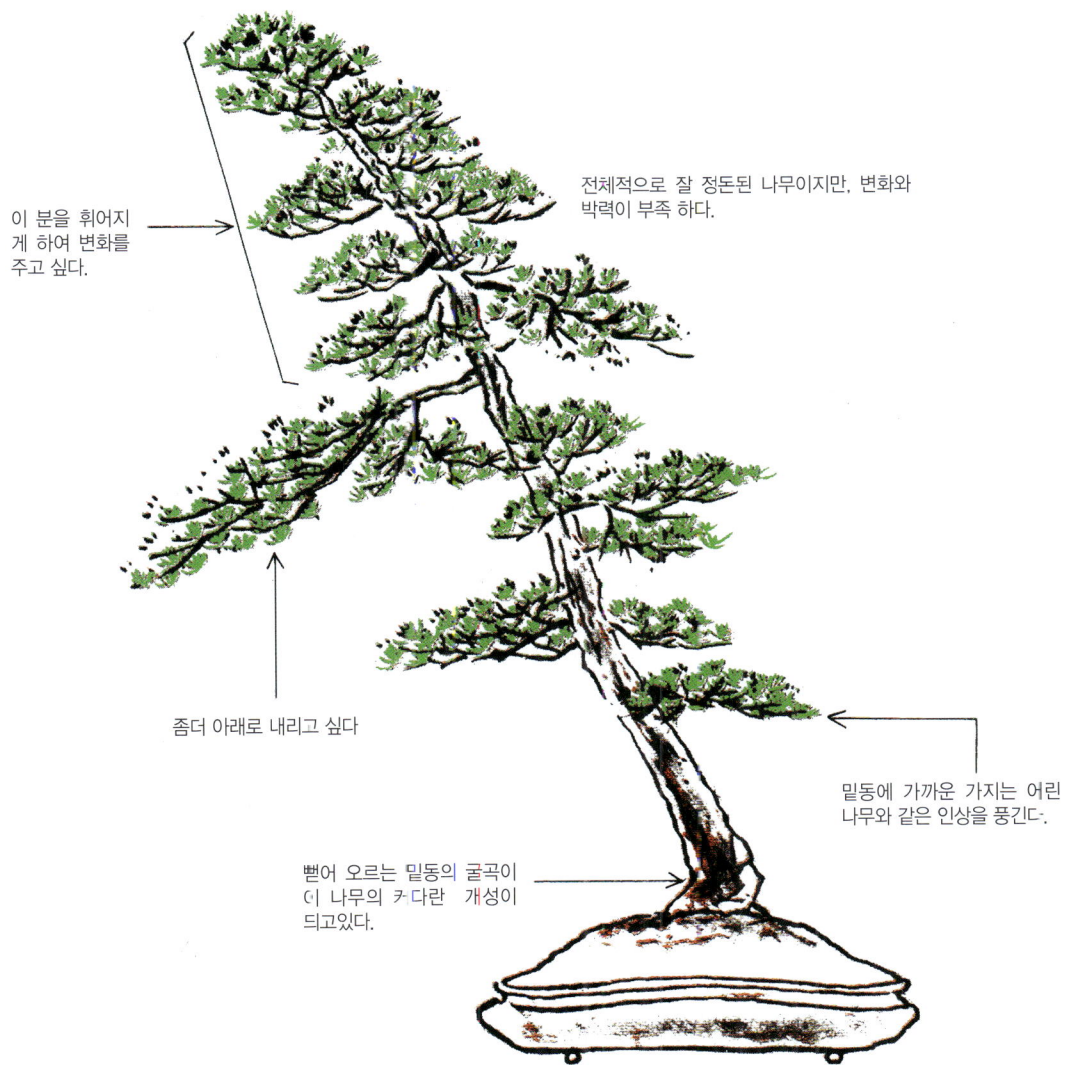

이 분을 휘어지게 하여 변화를 주고 싶다.

전체적으로 잘 정돈된 나무이지만, 변화와 박력이 부족 하다.

좀더 아래로 내리고 싶다

밑동에 가까운 가지는 어린 나무와 같은 인상을 풍긴다.

뻗어 오르는 밑동의 굴곡이 이 나무의 커다란 개성이 되고있다.

사간斜幹 - 수형 다듬기 후의 모습

수형 다듬기의 포인트

수형 만들기의 기초 지식으로써, 극히 일반적인 순따기, 2차순따기, 묵은 잎 제거, 가지치기, 철사감기의 방법을 소개한다.

순따기 - 목적은 가지를 단단히 조여서 만들고, 가지의 강약과 균형을 잡는 두 가지 점이다. 새순이 1cm 자란 것에서부터 차례로 2/1, 3/1 남기고 딴다. 약한 순은 따지 않는다. 또한 품종에 따라서 새순이 5mm 정도밖에 자라지 않는 것도 있는데, 이것은 딸 필요가 없다.

2차 순따기 - 약한 새순이 1cm 정도 자란 시점에서 그 순을 키우고 싶지 않은 곳이라면 순을 따 버리고, 그렇지 않으면 1년 쉬게 하려면 그대로 자라게 하면 된다.

묵은잎 제거 -1 1월 중순에 지난해의 묵은 잎을 뽑아 수세의 조절을 도모한다. 나무의 꼭대기 부분과 가지끝은 수세가 집중되기 쉬우므로 그곳은 많이뽑고 안쪽이나 아랫가지 등의 약한곳은 조금 뽑는다.

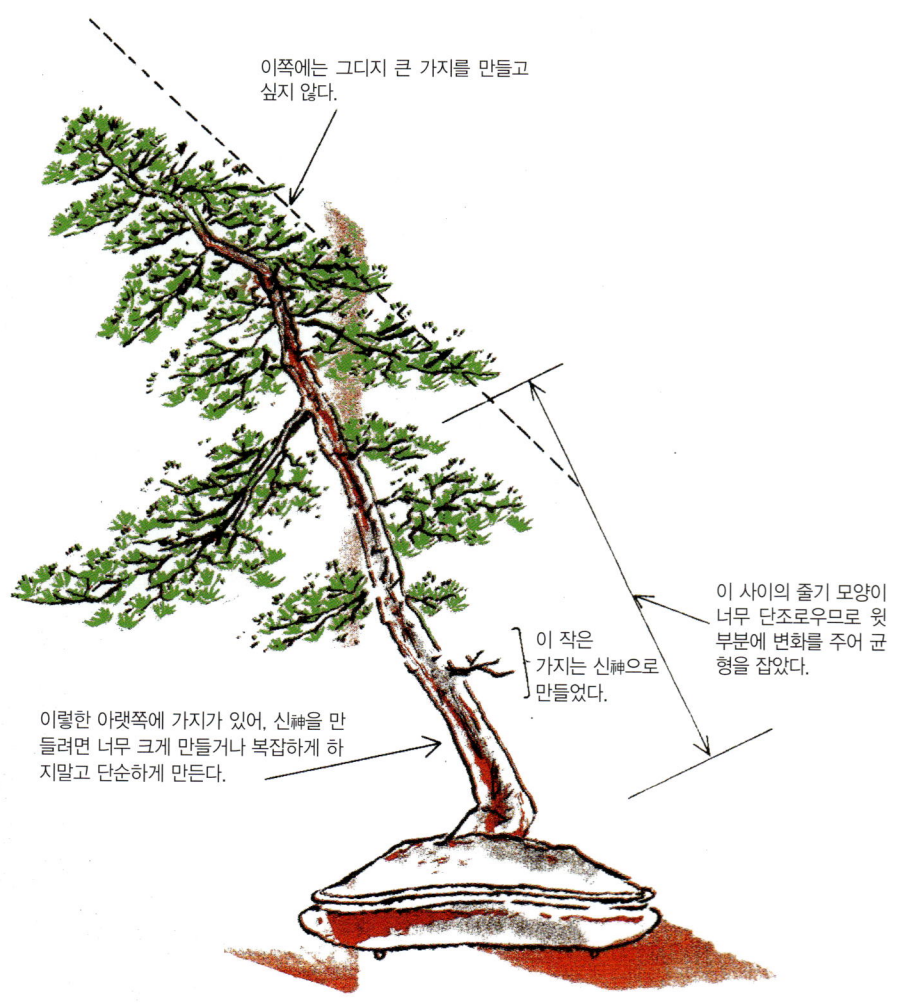

이쪽에는 그디지 큰 가지를 만들고 싶지 않다.

이 사이의 줄기 모양이 너무 단조로우므로 윗부분에 변화를 주어 균형을 잡았다.

이 작은 가지는 신神으로 만들었다.

이렇한 아랫쪽에 가지가 있어, 신神을 만들려면 너무 크게 만들거나 복잡하게 하지말고 단순하게 만든다.

용어 해설 用語解說

가엽~식물의 잎 꼭지가 변해 잎처럼 평평하게 되어 잎의 작용을 하는 부분이고 잎의 변형의 한가지로 흔히 아카시아 꽃에서 볼 수 있으며 헛잎이라고도 한다.

간할법~나무 밑 둥치를 열십자로 쪼개면, 피질이 격리된 공간에서 재 조직이 형성된 원리를 이용해 밑둥이 굵어지게 하는 기법

관목~키 2m 안팎의 목본 식물로 원줄기가 분명치 아니하고 밑동에서 가지가 많이 나는 나무. 진달래 사철나무 앵두나무 등이다.

관상식물~꽃 열매 잎을 보고 즐기거나 향기를 맡기위해 가꾸는 식물로 정원수 원예식물 공원수 가로수 등으로 나뉜다.

교목~줄기가 곧고 굵으며 높이 자라고 비교적 윗쪽에서 가지가 퍼지는 나무, 소나무 전나무 등이다.

기생식물~기생 생활로 하는 식물 등을 통 털어 이르는 말이며 좁은 뜻으로는 고등식물에 한해서만 해당되는 말이다. 겨우살이 긴 제비 꿀 수염 며느리 밥풀 따위의 반 기생식물과 새삼 실새삼 새균 다위의 전기 생식 식물이 있다.

광합성光合成~초록의 식물이 햇빛과 물 이산화탄소를 이용한 단백질 등의 유기 물질을 합성하는 과정을 말함.

교배~유성 생식을 행하는 것

근경~줄기가 변태된 땅속 줄기의 하나로 뿌리 비슷하게 땅속으로 자라 뻗어 나가며 많은 마디가 생기며 각 마디가 새 싹이 나 뿌리가 난다. 대나무 연 등의 땅속 줄기.

근두암병~뿌리 밑동에 혹이 생겨 양분을 흡취해 식물의 그루를 약화 시킨다.

깻묵~유채나 대두 땅콩 등의 기름을 짜고 남은 찌꺼기.

낙엽, 교목~가을에 잎이 떨어져서 겨울을 나고 이듬해 돋에 새 잎이 나는 것을 말함.

난형~아랫 부분의 넓은 잎 모양이 달걀처럼 생겼다.

내병성~병을 이길 수 있음

내서성~고온에 잘 견디는 힘

내한성~추위를 잘 견디는 힘

다육근~육질로 된 굵은 뿌리

단일성 식물~꽃이나 과실을 형성하기 위하여 하루의 일조 시간이 일정한 시간 이하로 되지 않으면 꽃이 피지 않은 식물을 말한다. 필요한 암흑 기간은 식물에 따라 다르다. 국화 나팔꽃 콩 조 옥수수 등이다.

단엽~하개의 엽신으로 되어 있는 잎

대생~식물의 잎이 떨어져서 줄기의 각 마디마다 두개씩 마주 붙어 나는 것으로 백일홍 패랭이 등이다. 마주나기.

덩굴형~주로 덩굴져서 뻗어 나가는 것

도장~농작물이나 식물이 무르고 부드럽게 키만 무성하게 크는 것을 말한다

단백질~동식물 그리고 미생물 등 모든 생물 세포의 주 성분으로 생명의 기본적 구성 물질이며 인간의 3대 영향소의 하나인 질소를 포함한 유기 화합물 약 80%가 카세인.

도장지~오랫동안 자는 눈으로 있다가 어떤 영향으로 나무가 잘 자라지 않을 때에 터서 세차게 뻗어 나가는 가지이고 몹시 연약해 열매를 맺지 못하므로 잘라 버린다.

돌연변이~유전자 또는 염색체의 변이로 말미암아 어버이의 계통에는 없는 새로운 형질이 돌연히 자손이 되는 생무레가 나타나 그것이 유전되는 것을 말한다. 자연적으로 일어 나기도 하고 방사선을 쬐이는 등 물리적인 자극을 주어 인공적으로 일으킬 수도 있다. 우연변이 돌연변이로 각각 나뉜다.

두상화서~꽃대의 끝이 평평 하거나 또는 공 모양을 이루어 그 끝에 여러개의 꽃자루 없는 꽃이 붙어서 겉으로 보기에는 여러 가지 모양 같고 아래에는 총포에 싸여서 꽃처럼 보인다.

떼알구조~흑 알갱이가 큰 것과 작은 것이 있어서 틈세가 있는 흙의 구조로 수분과 산소를 많이 함유 한다. 반대로 흙 틈새가 작은 호알 구조도 있다.

만성~식물의 줄기가 덩굴로 되어지는 성질을 말한다.

맥아~엿 기름, 싹 트는 힘

목질부~식물의 유관속 안에 도관, 가도관 목부 유도직 목질 점유로 이루어진 부분이다.

많은 가지형~소고목 또는 저목으로 줄기가 곧게 서지 않고 가지의 뻗음이 현저하게 많은 것

목추타법~부드러운 나무 망치로 상처가 심하게 나지 않도록 수시로 때리면서 수피가 굵어지게 하는 방법

발근~뿌리를 냄, 뿌리가 나옴

버미큐라이트~운모 모양의 질석을 1천도 이상의 고온에서 단시간에 구운 것 보수성과 보비성이 좋다.

복엽~두 개 이상의 옆신으로 되어 있는 잎 겹잎

분기~나뉘어서 갈라짐 또는 그 갈래

분지~원 줄기에서 갈라져 나간 자지

삭과~열과의 하나로 복자방이 발달 된 열매로 속이 여러간으로 나뉘고 각 간에 많은 씨가 들었으며 성숙하면 벌어져 씨가 나온다. 새로로 벌어진 것은 나팔꽃, 가로로 벌어진 것은 쇠비름, 뚜깔 등의 꽃이다.

뿌리 덩어리~포기를 화분이나 흙에서 뽑았을 때 뿌리에 붙어 있는 상태

산방화서~무한 꽃 차례의 하나로 총상 꽃 차례와 비슷하나 꽃

자루가 아랫쪽의 꽃일 수록 길고 윗쪽의 꽃일 수록 짧아 각 꽃자루의 꽃이 거의 평면을 이루며 늘어 서서 핀다. 개망초 돌미타리 뚜깔 등

상록~가을과 겨울에도 잎이 지지않고 일년을 통해 푸른색을 지닌다.

생육生育 ~나서 기름 또는 나서 자람〈작물의 성장 기간.

속생~식물이 한 곳에 더부룩 하게 모여 나는 것

수관~많은 가지와 잎이 무수히 달려 마치 갓 모양을 이루는 나무 줄기의 윗 부분이다. 잎이 충분한 빛을 받지 못하면 가지가 말라 죽으므로 수관의 발달 상태는 햇빛과 밀접한 관계가 있는 것으로 따로 서 있는 나무는 수관이 길며 숲속에 있는 나무의 수관은 매우 작다. 바늘 잎 나무의 수관은 원추형 비슷한 모양을 하고 있으며 넓은 잎 나무의 수관은 반구형이나 부채 모양을 하고 있다. 또한 수관이 모여서 임관을 이룬다.

산방화서~무한 꽃 차례의 하나로 총상 꽃 차례와 비슷하나 꽃자루가 아랫족의 꽃일수록 길고 윗쪽의 꽃일수록 짧아 각 꽃

자루의 꽃이 거의 평면을 이루며 늘어져 핀다

수관~많은 가지와 잎이 무수히 달려 마치 갓 모양을 이루는 나무 줄기의 윗부분이다. 잎이 충분한 햇빛을 받지 못하면 가지가 말라 죽으므로 수관의 발달 상태는 햇빛과 밀접한 관계가 있는 것으로 다로 서 있는 나무는 수관이 길며 숲속에 잇는 나무의 수관은 매우 작다. 바늘 잎 나무의 수관은 원추형 비슷한 모양을 하고 있으며 넓은 잎 나무의 수관은 반구형이나 부채꼴 모양을 하고 있다. 그릐고 수관이 모여서 임관을 이룬다.

수근~원 뿌리와 곁 뿌리의 구별이 없이 줄기 밑둥에서 수염처럼 나온 뿌리다.

수상화서~무한 꽃차례의 하나로 한 개의 긴 꽃대의 둘레에 꽃꼭지가 없는 여러개의 꽃이 촘촘히 붙어서 마치 히삭과 같은 모양으로 피는 꽃 차례를 말한다.

수세~나무가 힘차게 자라는 힘.

숙근초~여러해살이 풀

실생~씨를 부려 번식 시키는 것

싹 따주기~싹을 자라지 않게 하고 필요한 싹만 남기고 나머지는 아직 자라지 않을 때 제거해 주는 것 그렇게 해주므로 양분이 분산되지 않고 남은 싹의 생장이 좋아진다.

육묘상자~씨앗이나 나무의 삽목에 필요한 깊이가 있는 사각상자 작은 포트를 이용하면, 육묘가 편리하고 그 쓰임이 다양하다.

액엽~겨드랑이에서 나는 싹 눈식해~해충 쥐 등이 식물의 잎이나 줄기 따위를 먹어 해 치우는 것.

엽병~잎자르

엽심~잎의 중심

엽액~잎 겨드랑이

엽총~잎이 한 곳에 무더기로 나 있는 것

엽침~잎이 변해 바늘처럼 된 것 즉 잎 바늘을 말한다

우듬지~나무의 꼭대기 줄기, 말초

원추화서~복총상 꽃차례의 하나로 꽃차례의 축이 한 번 또는 몇 번 고르지 않게 갈라져 맨 나중의 각 분지가 총상 꽃차례를 이

루고 전체가 원뿔 모양을 나타낸다. 대나무 옻나무 바위취 범의 귀 등이다.

　유성생식~수컷과 암컷의 구별이 있는 두 배우자가 합쳐서 새로운 생명체가 발생하는 생식. ~반~무성생식

　윤생~식물의 줄기에 잎이 붙는 하나로 단 마디에 세개 이상의 잎이 바퀴 모양으로 나는 것

　이식~씨앗을 뿌리거나 삽목을 해 그른 모종을 처음으로 화분이나 분에 옮겨 심은 것

　인공수분~숫꽃의 수술을 암꽃 수술 머리에 가볍게 묻혀주어 인공적으로 꽃가루 받이를 하는 것

　이층~나뭇 잎이 떨어질 무렵 잎 꼭지가 가지와 붙은 곳에 생기는 특수한 세포층이다. 굳어져서 수분을 통하지 못하게 하고 이 부분에서 잎이 떨어지면 그 떨어진 곳을 보호한다.

　인경~줄기가 변태된 땅속 줄기의 하나로 줄기가 짧아져 그 둘레에 많은 양분을 저장해 살이 많고 두껍게 된 비닐 모양의 잎이 여러개 겹쳐서 공 모양 또는 달걀 모양으로 되었다. 파 마늘 나리 등의 부리 같은 것이다.

　자가 불임성~같은 개체나 같은 영양 분지계의 개체 중에서 수분을 해도 결심을 하지 않은 현상이다.

　자웅동주~암꽃과 숫꽃이 한 나무에서 피는 것 밤 오이꽃 등

　지웅이주~같은 종류의 식물에서 암 수의 구별이 있는 것

　자웅이주~같은 종류의 식물에서 암 수의 구별이 있는 것. 은행나무 잣나무 등 암수 딴 나무

　장상맥~잎 꼭지의 끝에서 여러개의 주맥이 뻗어나와 손바닥 모양으로 된 잎맥으로 단풍나무 포도나무 팔손이 몬스테리 등이다.

　장일성 식물~해가 길어져서 하루의 일조 시간이 12시간 이상이면 꽃봉오리를 맺는 식물, 일반적으로 가을에 심는 식무이 많으며 완두 시금치 무 등

　전요식물~줄기가 덩굴로 되여 다른 물체에 칭칭 감겨 위로 올라가는 식물 완두콩 등나무 칡 등이다.

　전정~과수의 생육과 결실을 균등히 하고 미관상 좋게 하려고 가지의 일부를 잘라 주는 것

　전지~가지치기

접~과실나무 수목 따위의 품종 개량과 번식을 위한 방법. 같은 종류나 비슷한 종류의 접수를 접본의 목질부에 밀착시켜 조직을 서로 연결 밀착 시키는 것.

정생~줄기의 맨 끝이나 꼭대기에 나는 것.

정지~순 자르기나 눈 따 주기 열매 솎아주기 나무가지 잘라주기 지주 세우기 등의 작업.

적심~성장이나 결실의 조정을 위해 나무나 농작물 끝 눈. 생장점 부위를 제거 해주는 일. 적아 곁순 치기 순 따주기 등.

조엽~광택이 나는 잎을 말한다.

종~생물 분류의 가장 기초가 되는 단위이다. 비슷한 종이 모여서 속을 이루고, 또 종의 상의에 의해서 이종 변종 등의 품종으로 나뉜다.

줄기 자람형~높은 나무로 줄기가 뻗어서 나가는 것.

지근~줄기에서 땅속에서 뻗어가는 굵은 뿌리이다. 우엉 무 큰 키나무 뿌리 등이다.

지면급수~분의 아랫 부분에서 물을 흡수 하도록 하는 것.

직립성~똑바로 서는 성질

차생맥~한 가닥의 유관속 두 가닥으로 동등하게 갈라짐이 계속되는 잎맥

총상화서~무한 꽃 차례의 하나로 긴 꽃대에 꽃 꼭지가 있는 여러개의 꽃이 어긋나게 붙어서 밑에서부터 피기 시작해 끝가지 미치어 피는 꽃으로 꼬리풀, 투구 꽃 냉초 등이다.

총생~여러개의 잎이 짤막한 등걸에서 무더기로 나는 것. 오엽송 등이